예수 그리스도의 보혈

말씀과 만남의 정신

도서출판 말씀과만남은 그리스도인들과 세상 모든 사람들이
하나님의 말씀과 만나 그 생각이 새로워지고 그 삶이 풍성해지도록 돕고 있습니다.

The Malsseum & Mannam Publishing House is helping Christians and men in the world to
meet with God's Word so that they may have their spirits renewed and an the abundant life.

예수 그리스도의 보혈

지은이 / 알 레이시
옮긴이 / 정 동 수

1판 1쇄 / 2003. 6. 20
발행처 / 말씀과만남
발행인 / 최 헌 근
꾸민이 / 정 희 숙, 이 신 애, 박 찬 숙, 명 희 선
등록번호 / 제20-444호
등록일자 / 1991. 6. 19

138-220 서울특별시 송파구 잠실동 339-3
Tel : (02) 3273-8369, Fax : (02) 3273-8367
전자우편 : mmpress@hanmail.net

ISBN 89-7508-073-0
       89-7508-072-2(세트)

정가 : 10,000원

잘못된 책은 바꾸어 드립니다.

예수 그리스도의 보혈

(The Blood of His Cross)

알 레이시 저, 정동수 역

말씀과만남

The Blood of His Cross

- Al Lacy -

일러두기

본서에 있는 성경 구절은 모두 2001년도에 우리말로 출간된 『킹제임스 흠정역 성경』
(그리스도예수안에 출판사, www.InChristJesus.net)에서 인용했습니다.

성경대로 믿는 사람들이 이 시간 꼭 읽어야 할 책이 있다면 저는 주저없이 레이시(Al Lacy) 박사의 이 책을 추천하고 싶습니다. 역사상 예수 그리스도의 피에 관한 교리가 지금처럼 심각하게 왜곡되며 사악한 공격을 받은 적은 없었습니다. 본서에서 레이시 박사는 이러한 마귀의 공격을 직시한 뒤 성령님의 검을 가지고 정면으로 대항하여 담대하게 이를 격퇴시켰습니다.

사실 수년 동안 레이시 박사를 가까운 친구로 알고 지내는 것을 저는 자랑스럽게 생각합니다. 그래서 저는 이분이 성경을 믿는 교회들과 목사들의 친구임을 입증할 수 있습니다. 이분은 바르고 정확하게 복음을 선포하는 능력 있는 설교자입니다. 저는 예전부터 레이시 박사가 힘차게 복음을 선포할 때에 많은 죄인들이 죄를 깨닫고 회개하는 것을 수없이 보아 왔습니다. 이분은 버림받은 영혼들에 대해 진심으로 마음 속에서 우러난 관심을 가지고 있으며 특별히 진리를 수호하는 일에 매우 용감합니다.

레이시 박사는 제가 시무하는 페이쓰침례교회(Faith Baptist Church)에서 매해 두 번씩 즉 우리 교회의 복음 집회와 신앙 부흥 전도 집회에서 설교하고 있습니다. 이런 복음 집회에서 우리는 참석자들의 수가 계속해서 증가함을 보았습니다. 또한 수십 명의 영혼들이 이런 집회에서 예수 그리스도를 자신의 구원자로 영접하였습니다. 미국의 유명한 미식 축구 팀인 워싱턴 레드스킨즈(Washington Redskins)에서 수비수로 활약했던 셀즈닉(Jack Selznick)은 1986년 우리 교회 집회에서 레이시 박사의 설교를 듣고 회심하였습니다. 그 이후로 그와 그의 아내는 매주일 예배에 참석하고 있습니다. 저의 막내아들 피터 역시 레드스킨즈 선수였던 셀즈닉이 구원받았던 날 밤 같은 집회에서 구원받았습니다. 레이시 박사는 신약 시대의 지역 교회를 돕는 복음 전도자이며, 지역 교회의 목사를 후원하고 든든히 교회를 세워 주고 있습니다.

　레이시 박사가 쓴 본서는 예수 그리스도의 피에 관하여 제가 신학대학에서 4년 동안 성경을 전공하면서 공부한 것과 졸업 이후 여러 해 동안 연구한 것보다 훨씬 더 많은 것을 가르쳐 주고 있습니다. 만일 성경이 그리스도의 피에 관하여 무엇을 가르치고 있는지 알기 원한다면 누구나 다 본서를 필수적으로 읽어야 할 것입니다. 레이시 박사는 성경이 예수 그리스도의 피에 관하여 가르치는 것을 분명하게 설명하고 있으며 딤(R. B. Theime)과 맥아더(John MacArthur) 등이 가르치는 이단 교리 즉 예수 그리스도의 피에 관한 치명적인 이단 교리를 확실하게 반박하고 있습니다. 이분은 대담하게 그들의 잘못된 가르침을 논박하며 그들을 이단자로 낙인찍고 있습니다. 본서야말로 이 배도의 시간에 정말로 필요한 책이고 특별히 자신의 가족과 교회를 치명적인 이단 교리 즉 예수님의 보혈에 관한 이단 교리로부터 보호해야겠다고 생각하는 사람들 — 성경대로 믿는 사람들 — 에게는 이 책이 필독서라고 저는 확신합니다.

라스므센 박사(Dr. Roland Rasmussen)
페이쓰침례교회 목사
카노가파크, 캘리포니아

역자 서문

　나이가 들면서 이제는 성도들의 신앙생활에 도움이 되는 영의 양식을 전해 주어야겠다는 생각을 자주 합니다. 레이시 박사님의 책들은 읽으면 읽을 수록 성도들에게 깊은 감명을 줍니다. 미국 내 유명한 크리스천 소설가이기도 하시며 근본적 침례교인으로 복음 전도자의 사역을 감당하는 박사님의 글을 통해 많은 영혼들이 하늘의 만나를 공급받았습니다. 박사님과 서신과 전화 통화를 주고받고 박사님의 모든 책을 번역해도 좋다는 허락을 받고는 때가 되면 반드시 다 번역하겠다고 다짐한 지가 엊그제 같은데 벌써 10여 년이 지나갔습니다. 이제 때가 온 것 같아 한 권 한 권 번역하고 있습니다.

　이번에 발간하는 『예수 그리스도의 보혈』(The Blood of His Cross)에서 박사님은 우리 크리스천들이 간과하기 쉬운 기본적인 진리를 하나 하나 제시하고 있습니다. 이분의 통찰력과 확고한 믿음 그리고 해박한 성경 지식 그리고 혼을 사랑하는 마음이 독자들에게 생생하게 전달되기를 바랍니다. 번역을 하면서 역자 역시 많은 감명과 새로운 사실을 알게 되었습니다. 무릎을 치면서 참으로 하나님과 그분의 말씀이 완벽함을 다시 한 번 깨달았습니다. 저와 여러분을 구원하신 예수님의 피가 어떤 것인지 확실히 가르쳐 주는 좋은 책이라고 생각합니다.

　이 좋은 책을 출간해 주신 '말씀과만남' 사의 최헌근 형제님과 출간 작업을 해 준 여러 자매님에게 감사를 드립니다.

　이 책을 통해 우리 주 예수님의 보혈(寶血)의 능력과 권세가 높임을 받기를 바랍니다.

너희가 알거니와 너희 조상들로부터 전통으로 물려받은 헛된 행실에서 너희가 구속 받은 것은 금이나 은 같은 썩을 것으로 된 것이 아니요, 오직 흠도 없고 점도 없는 어린양의 피 같은 그리스도의 보배로운 피로 된 것이니라. 참으로 그분께서는 창세 전에 미리 정하여졌으되 이 마지막 때에 너희를 위하여 드러나셨으며 너희는 그분을 의지하여 그분을 죽은 자들로부터 일으켜 세우시고 영광을 주신 하나님을 믿으니 이것은 너희의 믿음과 소망이 하나님 안에 있게 하려 함이니라.

너희가 성령을 통해 진리에 순종함으로 너희 혼을 깨끗하게 하여 거짓없이 형제들을 사랑하기에 이르렀으니 순수한 마음으로 뜨겁게 서로 사랑하라. 너희가 다시 태어난 것은 썩을 씨에서 난 것이 아니요, 썩지 아니할 씨에서 난 것이니 살아 있고 영원히 거하는 하나님의 말씀으로 된 것이니라. 이는 모든 육체는 풀과 같고 사람의 모든 영광은 풀의 꽃과 같기 때문이라. 풀은 마르고 꽃은 떨어지되 오직 주의 말씀은 영원토록 지속되나니 복음으로 너희에게 선포한 말씀이 곧 이 말씀이니라. (벧전 1:18-25)

　요한계시록 13장 8절에서 주 예수 그리스도는 '창세(創世)[1]로 부터 죽임을 당한 어린양' 으로 나타납니다. 이 말은 처음에 우리를 약간 어리둥절하게 만들지만 우리는 곧바로 이 말씀을 통해 하나님께서 이 땅에 사람을 창조하시기 이전 시대로 눈을 돌릴 수 있습니다. 다시 말해 우리는 이 말씀을 통해 시간이 시작되기 전의 그 무한한 영원으로 돌아가 영존하시는 삼위일체 하나님의 품에까지 이를 수 있습니다.

　이 뜻깊은 말씀은 우리에게 네 가지 중대한 사실을 알려 줍니다. 첫 번째 사실은 우주에서 먼 장래에 일어날 사건들을 영원하신 하나님께서는 이미 성취된 사건으로 보신다는 점입니다. 왜냐하면 예수 그리스도께서 창세 이후로 죽임을 당한 어린양일 뿐만 아니라 하나님께서는 처음부터 끝까지를 알 수 있기 때문입니다.

> 하나님 곧 우리 주 예수 그리스도의 아버지를 찬송하리로다. 그분께서 그리스도 안에서 하늘의 처소들에 있는 모든 영적인 복으로 우리에게 복 주시되 곧 <u>창세 전에 그리스도 안에서 우리를 택하사</u> 우리로 하여금 사랑 안에서 자신 앞에 거룩하고 흠이 없게 하시려고 자신의 크게 기뻐하시는 뜻에 따라 <u>우리를 예정하사</u> 예수 그리스도를 동하여 자신의 자녀로 입양하셨으니 이것은 그 사랑하시는 자 안에서 친히 우리를 받아 주시는 은혜 곧 자신의 은혜의 영광을 찬양하게 하려 하심이라. (엡 1:3-6)

　죽을 수밖에 없는 사람이 하나님의 이러한 신비들을 이해하기

---

1) 영어는 'foundation of the world' 이며 세상의 창립(創立)을 이야기함.

는 매우 어렵습니다. 그러나 성경은 예수 그리스도께서 입을 열어 창세로부터 비밀로 간직된 것들을 말씀하리라고 밝히 보여 주고 있습니다(마 13:35). 예수 그리스도께서는 친히 이러한 신비들을 사도 바울에게 계시해 주셨습니다(갈 1:11-12; 고전 15:51; 고후 12:1-4; 엡 3:3-5, 9, 6:19 등).

하나님께서는 우리에게 미래에 닥칠 일들을 이미 정해 놓으셨습니다. 그러므로 그분께서는 창세로부터 자신의 자녀가 될 사람들을 부르시고 택하시고 예정하실 수 있습니다. 왜 그렇습니까? 하나님의 어린양 예수 그리스도께서 이미 창세로부터 죽임을 당했기 때문입니다. 이 시점에서 우리는 결코 성경이 말하는 예정, 택하심, 부르심 등을 유아세례를 장려하며 성경 신자들을 핍박한 칼빈(John Calvin)이 만든 '극단적 칼빈주의'(Extreme Calvinism) 교리와 혼동해서는 안 됩니다. 칼빈의 이 사악한 교리에 따르면 하나님은 사람을 창조한 뒤 사람들이 구원받기를 원하든 원하지 않든 상관없이 그 중 일부를 선택하여 구원해 주시고 나머지 사람들에게는 전혀 선택의 기회도 주지 않은 채 지옥으로 갈 것을 요구하시는 악한 전제 군주로 나타납니다.

이것은 절대적으로 틀린 생각입니다! 누가 구원을 받고 누가 구원을 받지 못하는가에 관한 하나님의 예정은 누가 회개하고 그리스도를 믿으며 또 누가 그렇게 하지 않으려 하는가를 하나님께서 미리 아신다는 사실에 근거한 예정입니다(부록 1 참조).

예수 그리스도의 사도 베드로는 본도와 갈라디아와 갑바도기아와 아시아와 비두니아에 두루 흩어진 나그네 곧 하나님 아버지의 미리 아심에 따라 택하심을 받고 성령의 거룩히 구별하심으로 순종함과 예수 그리스도의 피뿌림에 이른 자들에게 편지하노니 은혜와 평강이 너희에게 더욱 많이 있을지어다. (벧전 1:1-2)

이는 하나님께서 미리 아신 자들을 또한 예정하사 자신의 아들의 형상과 같은 모습이 되게 하셨음이니 이것은 그분으로 하여금 많은 형제들 가운데서 처음 난 자가 되게 하려 하심이니라. (롬 8:29)

그러므로 구원의 문은 믿고자 하는 모든 사람들에게 항상 열려 있습니다(행 10:43; 롬 10:13; 계 22:17). 사람은 자신이 회개하고 그리스도를 받아들일 것인지 또는 그렇게 하지 않을 것인지에 대한 선택권을 가지고 있습니다(수 24:15; 요 3:18-20, 5:40). 따라서 구원받은 사람은 곧 회개하고 그리스도를 받아들이기로 작정한 사람이며 버림받아 지옥에 가는 사람은 그렇게 하지 않은 사람입니다.

오늘날 많은 그리스도인들은 비록 하나님께서 우리를 창세(創世) 전에 선택하셨지만 역사적으로 볼 때 우리를 구속하신 것은 지금부터 약 2천 년 전에 이루어졌다고 믿습니다. 다시 말해 창세 전에는 단지 우리를 구속하시려는 목적만이 존재했다고 그들은 생각합니다. 그러나 이것은 사실이 아닙니다! 예수 그리스도는 창세로부터 죽임을 당한 하나님의 어린양이십니다. 그러므로 하나님께서 우리를 선택하고 구속하신 것은 이미 창세로부터 확고히 정해진 사실입니다. 또한 예수님은 창세로부터 죽임을 당한 어린양이므로 그분의 십자가 역시 창세로부터 하나님의 마음 속에 확연히 자리를 잡고 있었습니다. 다시 한 번 말씀을 드리지만 저 십자가를 붉게 만든 예수님의 피는 창세로부터 우리 하나님의 마음 속에 확연히 자리를 잡고 있었습니다.

베드로가 영감을 받아 기록한 글을 통해 창세 이전으로 돌아가 우리를 위해 죽임을 당한 어린양 예수 그리스도의 피에 초점을 맞추어 봅시다.

너희가 알거니와 너희 조상들로부터 전통으로 물려받은 헛된 행실에서 너희가 구속받은 것은 금이나 은같이 썩을 것으로 된 것이 아니요, 오직 흠도 없고 점도 없는 <u>어린양의 피 같은 그리스도의 보배로운 피로</u> 된 것이니라. 참으로 <u>그분께서는 창세 전에 미리 정하여졌으되</u> 이 마지막 때에 너희를 위하여 드러나셨으며 (벧전 1:18-20)

전능하신 하늘의 하나님께서는 영원의 벽에 십자가 형상을 새겨 놓으셨으며 바로 그 십자가 위에 하나님의 어린양이 계시고 그분의 상처로부터 그분의 피가 강이 되어 흐릅니다. 만일 그 피가 그 십자가를 물들이지 않았다면 아담과 이브로부터 이 세상에 태어날 최후의 사람에 이르기까지 저 사악하고 지옥에 떨어질 수밖에 없는 죄인들은 구원받을 수 있다는 소망을 결코 가질 수 없었을 것입니다. 우리는 모두 지옥 불못에서 영원히 탈 수밖에 없으며 또한 그리됨이 마땅합니다. 예수님의 십자가의 보배로운 피 없이는 당신과 저 같이 몹시 악하고 거룩하지 못하고 잘못이 많은 죄인들은 하나님 앞에 거룩하고 흠 없고 책망할 것이 없는 모습으로 나타날 수 없습니다. 아, 그러나 주님을 찬양합시다. 우리 예수님은 창세로부터 죽임을 당한 어린양이십니다! 저 보배로운 붉은 색 피의 생명의 강은 창세로부터 하나님의 마음 속에 우뚝 자리를 잡고 있었으며 지금 이 시간에도 여전히 생동감 넘치며 권능을 가지고 흐르고 있습니다.

그분께서는 몸 곧 교회의 머리시라. 그분께서 시작이시요, 죽은 자들로부터 처음 난 자이시니 이것은 그분께서 친히 모든 것에서 으뜸이 되려 하심이라. 이는 아버지께서는 그분 안에 모든 충만이 거하는 것을 기뻐하시고 <u>그분의 십자가의 피를 통하여 화평을 이루사</u> 모든 것 곧 땅에 있는 것들이나 하늘에 있는 것들이 그분으로 말미암아 자신과 화해하게 하셨음이니라.

전에는 너희가 사악한 행위들로 인하여 멀리 떨어져 너희 마음에서 원수가 되었으나 이제는 그분께서 죽음을 통하여 자기 육체의 몸으로 너희를 화해하게 하사 거룩하고 흠 없고 책망할 것이 없는 자로 *아버지의* 눈앞에 드리고자 하셨으니 (골 1:18-22)

할렐루야, 예수님의 십자가의 피를 찬양합시다!

예수 그리스도는 '창세로부터 죽임을 당한 어린양'이십니다. 이런 진술로부터 우리가 알 수 있는 두 번째 중대한 사실은 자기를 희생하는 사랑의 원리가 창조 세계 속에 영원히 존재하는 원리라는 점입니다. 갈보리의 피묻은 십자가는 어떤 사건이 우연히 일어난 결과도 아니었고 어떤 비상 사태로 인한 피할 수 없는 결과도 아니었습니다. 그것은 창조 세계에 존재하는 하나님의 계획이 직접적으로 이루어 낸 결과였습니다.

하나님은 창세 전에 루시퍼가 자기를 대적하여 반항할 것을 알고 계셨습니다. 하나님은 분명히 죄가 루시퍼의 마음 속에서 싹틀 것을 알고 계셨습니다(사 14:12-13; 겔 28:15-16). 그럼에도 불구하고 하나님은 루시퍼를 만드셨고 루시퍼는 스스로 사탄이 되었습니다. 비록 하나님께서 이런 것을 유도하지는 않으셨지만 하나님은 자신의 모루(Anvil)에서 자신의 첫 피조물인 마귀를 내려치시기 전에 이 모든 것을 허용하셨습니다. 하나님께서 이런 것을 허용하신 것은 그분 자신의 사랑 때문이었습니다. 하나님은 사랑이십니다(요일 4:8, 16). 사랑이 최대한의 광채를 발하기 위해서는 먼저 증명되어야만 합니다.

사실 사랑은 자기 희생으로 가장 잘 설명됩니다. 그러므로 하나님은 사탄이 사람을 유혹해서 죄에 빠뜨리도록 하는 것을 허용하셨고 이로써 그분께서는 사람을 구속하기 위해 자신을 희생물로 삼음으로써 타락한 사람에게 자신의 사랑을 보여 주시고자 했습니다. 하나님은 어린양이 되셨으며 그 어린양은 '창세로부터' 죽임을 당하셨습니다. 이로써 하나님의 자기 희생적 사랑의 원리가 창조 세계에 존재하는 영원한 원리가 되었습니다. 예수님의 십자가의 피는 하나님의 정하신 뜻과 미리 아심을 통한 결과였습니다(행 2:23).

예수 그리스도는 '창세로부터 죽임을 당한 어린양' 이십니다. 이 말씀으로부터 우리가 알 수 있는 세 번째 중대한 사실은 하나님의 인류 구원 계획이 시대들이 지나가는 가운데 나중에 계획된 것이 임시 방편의 조치가 아니라는 점입니다. 창조에 대한 하나님의 완전한 계획은 갈보리의 십자가를 중심으로 이루어졌습니다. 창조의 참된 목적은 사탄에게 유혹을 받은 죄인들의 무리로부터 하나님의 사랑을 받는 한 백성을 만드는 것이었습니다. 그런데 하나님은 예수님의 십자가의 피로 이런 목적을 달성하려 하셨습니다. 이것은 시간이 이 땅에 들어오기 전부터 모든 만물이 예수 그리스도에 의해 창조되고 또 예수 그리스도를 위해 창조되도록 계획되었음을 의미합니다.

이는 모든 것이 그분에 의해 창조되었음이라. 하늘에 있는 것들과 땅에 있는 것들, 보이는 것들과 보이지 아니하는 것들 곧 왕좌들이나 통치들이나 정사들이나 권능들이나 모든 것이 그분에 의해 창조되고 그분을 위하여 창조되었노라. 또한 그분께서는 모든 것보다 먼저 계시고 모든 것은 그분으로 말미암아 존재하느니라. 그분께서는 몸 곧 교회의 머리시라. 그분께서 시작이시요, 죽은 자들로부터 처음 난 자이시니 이것은 그분께서 친히 모든 것에서 으뜸이 되려 하심이라. 이는 아버지께서는 그분 안에 모든 충만이 거하는 것을 기뻐하시고 그분의 십자가의 피를 통하여 화평을 이루사 모든 것 곧 땅에 있는 것들이나 하늘에 있는 것들이 그분으로 말미암아 자신과 화해하게 하셨음이니라. (골 1:16-20)

오, 하나님의 구원 계획 속에 들어 있는 무한한 지혜의 뛰어남이여! 이런 식으로 하나님의 어린양 예수 그리스도는 다가오는 모든 시대를 통해서 모든 영광을 받습니다. 만일 죄 많은 사람의 하찮은 노력이나 종교적 행위가 조금이라도 구원과 연관이 있다면 사람이 영광을 받을 것입니다. 그러나 하나님은 "어떤 육체도 하나님의 눈앞에서 자랑하지 못한다."(고전 1:29)고 확정해 놓으셨습니다. 예수 그리스도는 오직 홀로 이 모든 일을 하셨습니다. 그것은 바로 그분의 십자가였습니다! 그것은 바로 그 십자가를 붉게 물들인 그분의 피였습니다! 그것은 바로 그분의 고난이었습니다! 그것은 바로 그분의 부활이었습니다! 예수 그리스도께서는 시작부터 끝까지 오직 홀로 구원 사역을 다 이루셨습니다! 그러므로 모든 영광이 어린양에게 속합니다. 왜냐하면 예수님께서 '자신의 십자가의 피'로 구원하시기 때문입니다! 밧모 섬에 거하던 사도 요한은 미래의 망원경을 통해서 앞으로 올 모든 시대에서 어린양이 천국에서 모든 영광을 받는 것을 보았습니다.

> 내가 또 보고 들으매 왕좌와 짐승들과 장로들을 둘러싼 많은 천사들의 음성이 있으니 그들의 수가 만만이요, 천천이라. *그들이 큰 음성으로 이르되, 죽임을 당하신 어린양께서 권능과 부와 지혜와 힘과 존귀와 영광과 찬송을 받기에 합당하시도다,* 하더라. (계 5:11-12)

우리는 이런 것들을 통해 하나님의 인류 구속 계획이 창세(創世) 전에 시작되었으며 결코 나중에 이루어진 임시 방편의 조치가 아님을 알 수 있습니다. 이 구원 계획은 전적으로 하나님께서 사랑하시고 영원히 교제를 나눌 수 있는 사람들 즉 십자가의 피로 자기들을 구속한 하나님의 어린양에게 모든 찬양과 존귀와 영광을 드릴 사람들을 모으기 위하여 치밀하게 고안된 것입니다!

예수 그리스도는 '창세로부터 죽임을 당한 하나님의 어린양'입니다. 이 말씀으로부터 우리가 알 수 있는 네 번째 중대한 사실은 우리가 살고 있는 이 지구가 특별한 목적을 위해 만들어졌다는 점입니다. 하나님께서는 사람을 향하여 구속(救贖)의 사랑을 보여 주시고자 우주 안에서 특별하고도 유일한 장소로 이 땅을 택하셨습니다.

땅과 거기 충만한 것이 주의 것이요, 세상과 거기 거하는 자들도 그러하니 (시 24:1)

구속자 예수님께서는 이 작은 지구에서 태어나 그 안에서 살며 일하며 고난받으려 하셨습니다. 또한 이 예수님은 지구의 표면에서 자라난 한 그루 나무로 만들어진 십자가에 달려 지구의 내부에서 채굴된 쇠 못에 손발이 박혀 죽으려 하셨습니다. 또한 그분은 지구의 표면 안에 매장되고자 하셨습니다. 또 궁극적으로 그분은 죽은 자들로부터 부활하여 자신의 십자가의 피를 이 땅에서 하늘로 옮기고자 하셨습니다. 셀 수 없이 많은 은하계의 수많은 별들 가운데 하나에 불과한 이 조그만 지구는 하나님께서 가장 중요하게 생각하는 곳입니다. 하나님의 아들이 마치 온 세상을 품으려는 것 같이 두 팔을 벌려 십자가에 달렸을 때에 모든 시대와 세대를 향한 하나님의 드라마가 바로 이 땅 위에서 펼쳐졌습니다.

예수님은 "사람이 내 말들을 듣고 믿지 아니할지라도 내가 그를 심판하지 아니하노라. 이는 내가 세상을 심판하러 온 것이 아니요, 세상을 구원하러 왔음이라."(요 12:47)고 말씀하셨습니다. 십자가에서 양팔을 벌리신 예수님은 이렇게 외치고 계십니다. "누구든지 원하는 자는 다 내게로 오라. 내가 그를 구원하겠다!" 그분께서 이루신 영원한 속죄는 모든 것을 덮는 속죄입니다! 큰 죄를 지은 죄인의 죄 값이 아무리 크다 해도 예수님의 십자가의 피의 권능으로 다 지불할 수 있습니다.

저는 이 책에서 예수 그리스도의 보배로운 피 즉 보혈(寶血)에 관하여 설명하려 합니다. 왜냐하면 하나님을 사랑하고 섬기는 사람들에게 이것이 절대적으로 필요하다고 믿기 때문입니다. 얼마 전까지만 해도 현대주의자들, 자유주의자들, 이단자들, 천주교인들, 그리고 공산주의자들만이 우리의 구원자 예수님의 피를 공격하고 비웃고 격하시키곤 했습니다. 그러나 오늘날에는 스스로를 '근본주의자'요 성경대로 믿는 신자라고 말하는 사람들도 이런 견해를 수용하고 있습니다.

제가 고수하는 이 구식의 믿음은 임마누엘의 피의 샘에서 유래합니다(롬 3:25). 성령님은 마지막 때에 많은 사람들이 믿음에서 떠나리라고 명백하게 말씀하셨습니다(딤전 4:1). 저는 그들이 예수 그리스도의 피를 격하시키거나 그 피를 제거하는 성경을 출간하고 그런 내용을 담은 글을 잡지나 책에 쓰고 또한 그분의 피를 부정한 것으로 여기는 설교를 행하는 것을 지켜보고 있습니다(히 10:29). 사도 바울은 "때가 이르리니 사람들이 건전한 교리를 견디지 못하며 귀가 가려워 자기 욕심대로 선생들을 쌓아 두고 또 진리로부터 귀를 돌이켜 꾸며낸 이야기들을 따를 것이다."(딤후 4:3)라고 말했습니다. 또 그는 자신의 생애의 마지막 순간에 "내가 선한 싸움을 싸우고 나의 달려갈 길을 마치고 믿음을 지켰다."(딤후 4:7)고 말하였습니다. 그런데 믿음에서 떠난 사람들과 바른 교리를 대적하는 원수들이 오늘날에는 훨씬 더 많습니다.

유다는 우리에게 "단 한 번 전달된 믿음을 위해 힘써 싸우라."(유 1:3)고 소리쳤습니다. 전능하신 하나님의 은혜로 말미암아 이제 저는 제 몸에서 마지막 호흡이 멈출 때까지 믿음의 선한 싸움을 계속할 것입니다! 저는 "예수님의 십자가의 피를 떠나서는 어느 누구도 구원받을 수 없다."는 진리를 하늘 높은 곳까지, 지옥 밑에까지, 그리고 온 세상에 끝없이 멀리 선포할 것입니다!

이제부터 우리는 하나님께서 예수 그리스도의 피에 대해 성경에서 무어라 말씀하시는지 계속해서 알아볼 것입니다. 이제부터 우리는 다음과 같은 일곱 가지 기본적인 사실을 다룰 것입니다.

1. 십자가의 피로 구원받다(Saved by The Blood of His Cross).
2. 십자가의 피로 의롭게 되다(Justified by The Blood of His Cross).
3. 십자가의 피로 구속받다(Redeemed by The Blood of His Cross).
4. 십자가의 피로 용서받다(Forgiven by The Blood of His Cross).
5. 십자가의 피로 가깝게 되다(Made Nigh by The Blood of His Cross).
6. 십자가의 피로 깨끗하게 되다(Cleansed by The Blood of His Cross).
7. 십자가의 피로 승리하다(Victorious by The Blood of His Cross).

알 레이시 (Al Lacy)

목 차

The Blood of His Cross

십자가의 피로 구원받다

The Blood of His Cross

1903년 헨더슨(S. J. Henderson)이라는 그리스도인이 다음과 같은 찬송가 가사를 썼습니다.

> 십자가에 못박히신 예수님의 피로 구원받았네!
> 이제는 죄로부터 구속받아 새 일이 시작되었네.
> 하나님 아버지를 찬양하며 그분의 아들을 찬양하세.
> 십자가에 못박히신 예수님의 피로 구원받았네!
> 구원받았네! 구원받았네!
> 내 모든 죄를 용서받았네!
> 내 모든 허물이 사라졌다네!
> 구원받았네! 구원받았네!
> 나는 십자가에 못박히신 예수님의 피로 구원받았네!

핸더슨의 친구 중 하나인 타우너(D. B. Towner)는 이 가사에 곡을 붙였습니다. 이후에 핸더슨은 세 줄의 가사를 더 썼고 이 두 사람은 기독교계에 '피로 말미암아 구원받았네'(Saved by the Blood)라는 제목의 새로운 복음 찬송을 내놓았습니다. 1903년 이후로 현대주의자들과 자유주의 신학자들이 우리의 구원자 예수님의 보배로운 피를 비난해 왔으나 그럼에도 불구하고 우리 믿는 이들은 줄곧 기쁨과 즐거움으로 이 찬송을 불렀습니다.

'크리스천 사이언스[2]'라는 이단의 지도자인 에디(Mary Baker Glover Patterson Frye Eddy, 미국의 여류종교가)가 "그리스도의 피는 그리스도의 혈관에 흐르고 있었을 때나 십자가 위에 흘려졌을 때나 어떤 구원하는 능력도 지니고 있지 않았다."고 기록했음에도 불구하고 우리는 여전히 기쁘게 이 찬송을 부르고 있습니다. 현대의 새 역본 성경들이 예수 그리스도의 피를 약화시키며 성경에서 피를 삭제하고 심지어 '죽음'이란 말로 '피'를 대체시키려 함에도 불구하고 우리는 여전히 기쁨으로 이 찬송을 부르고 있습니다. 이 마지막 날에 근본주의 성경신자라 주장하는 사람들이 예수님의 피를 비난하고 부정함에도 불구하고 우리들 중에서 성경을 믿고 주 예수 그리스도의 보배로운 피를 믿는 사람들은 여전히 "피로 말미암아 구원받았네."(Saved by the Blood)와 기타 예수님의 피를 찬양하는 다른 찬송들을 기쁘게 부를 것입니다. 저는 텍사스주 휴스턴에 있는 베라카교회(Berachah Church)의 담임 목사인 딤(R. B. Thieme)이 지은 『그리스도의 피』(The Blood of Christ)라는 제목의 책을 가지고 있습니다. 많은 그리스도인들이 지난 수년 동안 딤 목사를 근본주의적 성경신자로 존경해 왔습니다. 1977년에 저작권을 얻은 그의 책의 표지에는 다음과 같이 적혀 있습니다.

---

2) 크리스천 사이언스: 1879년 메리 베이커 에디가 미국에 세운 교단. 이 교단에는 거의 3,000개가 넘는 교회들이 속해 있고 이 가운데 3분의 1 가량이 미국 밖의 56개국에서 개신교 전통이 강한 지역들에 자리잡고 있다. 크리스천 사이언스는 다윈의 진화론, 성서비평학, 그 밖의 세속화 영향이 개신교 정통 신앙의 초자연적 구조를 잠식하던 19세기말 미국에서 두각을 나타냈다. 에디 부인의 추종자들은 1866년 크리스천 사이언스를 탄생시켰다. 당시 에디는 『신약성서』에서 예수의 병고침 이야기를 읽고 있는 동안 과거에 큰 사고로 얻은 것으로 보이는 후유증이 씻은 듯이 낫는 경험을 했다. 이 사건의 세부 내용에 대해서는 논란이 많으나 에디는 이 사건을 계기로 삶의 방향을 바꾼 듯하며 이때부터 오랫동안 성서 연구와 집필에 정열을 쏟았고 치유 실습을 심도 있게 함으로써 자신이 이끌어낸 결론들을 시험했다. 1879년 에디 부인과 추종자 15명은 '초기 그리스도교와 후대에 상실된 치유 요소'를 회복한다는 목표를 내걸고 '과학자 그리스도의 교회'(크리스천 사이언스 제1교회)를 설립했다. 그 뒤 1882~1889년에 이 운동은 안정되고 항구적인 성장을 계속했는데 주로 에디 부인이 1881년에 설립한 '매사추세츠형이상학대학' 출신 학생들이 벌인 치유 사역에 힘입었다(브리태니커 백과사전).

딤 목사는 달라스 신학교를 다녔고 그곳에서 우등생으로 졸업하였다. 거기서 그는 본문 비평학을 배웠고 또한 원어를 많이 공부했으며 특별히 그리스어를 9년 간, 히브리어를 5년 간 공부하였다.

저는 그가 본문 비평학[3])의 대가임을 인정합니다. 왜냐하면 딤 목사가 자신의 책에서 제가 사랑하는 『킹제임스 흠정역 성경』 (King James Version)을 수정하고 다른 말로 대체시킨 것을 많이 보았기 때문입니다. 그러면서 그는 대담하게 자신의 '정확한 번역'을 옆에 적었습니다. 딤 목사가 9년 간 그리스어를 공부하고 5년 간 히브리어를 공부했으므로 어떤 사람들은 정말로 그가 『킹제임스 흠정역 성경』을 번역한 약 50여 명의 학자들보다 뛰어난 학자로 생각할지 모릅니다. 만일 여러분이 『킹제임스 흠정역 성경』을 번역한 사람들의 나이와 원어 수학 연수를 평균낸다면 그들의 평균 나이는 60세이며 그들의 평균 원어 수학 연수는 40년임을 금방 알 수 있을 것입니다. 한 마디로 딤 목사는 그들과 상대가 되지 않습니다. 딤 목사는 그리스도의 피에 관한 자신의 책의 4페이지에서 다음과 같이 말합니다.

나는 이것이 많은 신자들에게 민감한 주제라는 것을 압니다. 어떤 사람들에게는 '그리스도의 피'라는 말이 평생토록 지속되는 감정적인 경험과 관계가 있습니다. 어린 시절부터 그들은 조용하고도 경건한 어조로 '피'가 언급되는 것을 들어왔습니다. 또한 그들은 '피의 놀라운 능력'에 대한 찬송가들을 힘차게 불러왔습니다. 그런데 현재까지도 '그리스도의 피'라는 주제는 거의 무지의 상태로 매장된 채 있습니다. 그리고 피의 진정한 의미를 이해하지 못한 신자들은 그리스도가 그들을 위해 이루신 일들을 충분히 알 수 없으며 따라서 그릇되고 심지어 신성을 모독하는 개념을 받아들일 위험에 빠져 있습니다.

---

3) 영어로는 'Textual Criticism'으로 이는 성경이 초자연적인 영감으로 기록되어 섭리로 완전하게 보존되었음을 부인하고 성경 역시 다른 고대 문서들과 같이 역사를 통해 전달되는 동안 손상되었으므로 학자들이 이를 회복시켜야 한다고 주장하는 '과학적' 이론임. 본문 비평을 주장하는 이들은 대개 중세 암흑시대를 주도한 로마 카톨릭 교회의 몰락을 가져온 종교 개혁의 원동력이 된 그리스어 '공인 본문'을 부인하고 로마 카톨릭 교회의 산물인 '바티칸 사본'과 '시내 사본'을 가장 신뢰할 만한 사본으로 인정함.

제가 인용한 글에서 밑줄을 그은 부분은 딤 목사가 말한 것을 강조하기 위한 것입니다. 그의 글을 통해 저는 그가 강조하려는 점이 "누군가가 그리스도의 피에 대해 경의를 품으면 그는 무지에 잠긴 사람이다."라는 것임을 알게 됩니다. 만일 그의 주장대로라면 당신이 어린양 예수 그리스도의 피의 놀라운 능력을 찬양하는 존스(L. E. Jones, 찬송가 202장)의 훌륭한 찬송가를 부른다면 그 피의 진정한 의미를 이해하지 못한 것이며, 그리스도께서 당신을 위해 이루신 일들을 깨닫지 못한 것이며, 끝으로 그릇되고 심지어 신성을 모독하는 생각을 받아들인 것입니다. 딤 목사의 이 같은 주장에는 일종의 신성 모독이 있습니다. 그런데 이 같은 잘못은 우리의 구원자 예수님의 보배로운 피를 존중히 여기는 우리와 같은 사람들에 의해 발생한 것이 아닙니다!

　딤 목사는 우리가 그리스도의 피와 연관된 '감정적인 체험'을 가지고 있다고 비난합니다. 이것이 무슨 문제가 됩니까? 저는 감정에 의해 구원을 받지 않았습니다 그러나 제가 구원받지 못하고 방황하던 십대 시절에 예수 그리스도께서 저를 구원해 주신 것을 생각하면 확실히 감정이 북받쳐 오릅니다. 저는 영원한 지옥으로 이끄는 광대한 길로 향하고 있었습니다. 저는 거룩하신 하나님 앞에서 길을 잃은 상태였고 저주를 받은 상태에 있었습니다. 저는 하나님도 없고 그리스도도 없고 아무 희망도 없이 이 세상에 존재하였습니다. 저는 죄악의 굴레와 죄의 사슬과 사탄의 지배 하에 있었습니다. 하나님을 찬양하십시오! 바로 이러한 때에 저는 구식의 침례교 설교자를 통해 주 예수 그리스도만이 구원에 이르는 유일한 길이며 그분의 십자가의 보배로운 피만이 저의 죄를 정결하게 할 수 있는 유일한 수단이라는 설교를 들었습니다.

　지옥에 갈 수밖에 없는 자 즉 구원받지 못한 죄인으로서 저는 하나님 앞에 나아가 그분께 범한 모든 죄를 용서하고 위로를 주실 것을 간절히 구하였습니다. 저는 예수 그리스도만이 저의 죄에 대한 유일한 화해 헌물(propitiation)임을 깨달았습니다(요일 2:2). 여기서 말하는 화해 헌물은 '화해하게 하는 것'을 말합니다. 그러므로 제가 화해를 이루고 죄들의 용서를 받았다면 저는 구원을 받은 것입니다. 그러면 어떤 방법으로 제가 구원받을 수 있었겠습니까?

> 그리스도 예수님 안에 있는 구속을 통하여 하나님의 은혜로 값없이 의롭게 되었느니라. 이 예수님을 하나님께서 그분의 피를 믿는 믿음을 통하여 화해 헌물로 제시하셨으니 이것은 하나님께서 오래 참으심으로 과거의 죄들을 사면하사 자신의 의를 밝히 드러내려 하심이요. (롬 3:24-25)

이처럼 단순하고 간단합니다. 예수 그리스도의 피를 믿지 않으면 어느 누구도 하나님과 화해할 수 없고 죄들의 용서를 받을 수 없으며 따라서 구원을 받을 수 없습니다!

예수님의 피를 찬미합시다! 제가 너무 감정적이지 않느냐고요? 그렇습니다. 저는 이 점에 있어서 매우 감정적입니다. 하나님의 귀하신 어린양의 피 때문에 저는 결코 지옥의 불꽃 속에서 고통받지 않을 것입니다!

예수 그리스도가 흘리신 피 때문에 저는 결코 하나님의 불같은 진노를 받지 않을 것입니다! 저는 이러한 것을 달가워하지 않는 사람들에 대해서는 그리 신경을 쓰지 않습니다! 저는 제가 구원받은 것에 대해 이처럼 감정적으로 기쁘게 느낍니다.

딤 목사는 로마서 3장 25절을 수정함으로써 예수님의 피로 인해 제가 구원받은 것을 제거하려고 애썼습니다. 그는 5페이지에서 로마서 5장 25절을 다음과 같이 제시하였습니다.

이 예수님을 하나님께서 그분의 피를 믿는 믿음을 통하여 화해 헌물의 장소로 미리 정하셨으니 이것은 하나님께서 심판을 유보시킴으로써 과거의 죄들을 간과하사 자신의 의를 밝히 드러내려 하심이요. (롬 3:25)

독자께서는 이러한 공상적인 단어들의 미궁 속에서 예수 그리스도께서 자신의 피를 믿는 믿음을 통하여 화해 헌물로 세워졌다는 사실을 알 수 없을 것입니다. 딤 목사는 이것이 정확하게 자신이 의도하고자 한 것임을 보여 주기 위해 20페이지에서 예수 그리스도에 대하여 다음과 같이 대담하게 말했습니다.

예수 그리스도의 피 즉 문자 그대로의 그분의 피는 어떤 영적인 의미도 지니고 있지 않습니다.

딤 목사는 28페이지에서 "예수님의 육신의 몸에서 나온 분비액에는 구원과 상관 있는 것이 아무것도 없습니다."라고 말하면서 계속해서 자기의 잘못된 생각을 펴나갔습니다. 그는 29페이지에서 "이 교리의 중요한 영역에 대하여 감정적인 면과 무지함이 너무 많이 존재합니다."라고 논평했습니다. 그리고 그리스도의 피에 관한 이러한 감정적인 면과 무지함에 대해 우려를 표명하면서 그는 성경에서 '그리스도의 피'라는 말은 '예수 그리스도가 구약의 예표의 그림자를 실체로 완성한 것을 나타냄'을 보여 주는 기술적 표현에 지나지 않는다고 말합니다.

또한 딤 목사는 자주 접하게 되는 이 문구 즉 '그리스도의 피'라는 말이 단지 십자가 위에서의 그리스도의 영적 죽음을 묘사하기 위한 하나님의 진술 방법이라고 말하였습니다. 그러면서 그는 사실은 하나님은 임마누엘의 혈관에서 흘러나왔던 그 붉은 액체에는 관심이 없다고 말하였습니다. 그래서 그는 29페이지에서 "그리스도의 피는 우리 주님의 구원 사역에 붙여진 간략한 제목으로서 그분의 영적 죽음을 나타내는 동의어에 지나지 않습니다."라고 말하였습니다.

딤 목사는 계속하여 "구약에서 피는 문자적 의미의 진짜 피였고 심판은 상징적 의미였습니다. 그러나 십자가상에서는 피가 상징적 의미를 띠며 심판이 문자적 의미를 가졌습니다."라고 말합니다. 게다가 그는 "그릇된 것과 올바른 것을 구별할 줄 모르는 사람들은 항상 저에게 '당신은 도대체 어디서 그와 같은 생각을 얻게 되었고 어떻게 그것이 사실인지 아느냐?'고 묻습니다."라고 말했습니다.

아마 저도 그릇된 것과 올바른 것을 분별할 줄 모르는 무지한 사람들 중의 하나일 것입니다. 저는 도대체 딤 목사가 십자가 위에서 예수님이 흘리셨던 피가 상징적인 피이며 문자적인 피 즉 진짜 피가 아니라는 생각을 어디서 얻었는지 궁금합니다. 그는 분명히 그것을 성경에서 얻지 않았습니다.

우리의 구원자 예수님의 보배로운 피를 더욱 가볍게 취급하기 위하여 딤 목사는 "저는 예수님의 죽을 수밖에 없는 몸의 혈관조직 안에 일종의 특별한 능력이 있었다는 개념을 가지고 성장한 많은 사람들에게 이 주제가 감당하기 어려운 주제임을 알고 있습니다."라고 말합니다.

그러나 부디 이 시골 소년의 천박한 무지함을 용서해 주기 바랍니다.

만일 십자가 위에서 예수님이 흘린 피 안에 아무 능력이 없었다면 그리고 예수님께서 그 피를 흘릴 필요가 없었다면 왜 그분께서 굳이 피를 흘리고 죽으셔야만 했습니까? 저는 예수님이 우리를 구원하시기 위하여 영적으로 그리고 육적으로 죽어야만 하셨음을 압니다. 그러나 만일 피를 흘리고 죽을 필요가 없다면 십자가에 달려 피를 흘리며 비참하게 고통받으며 죽는 것보다 교수형으로 죽는 것이 더 쉽고 간편하지 않았을까요?

딤 목사는 자신의 책에서 그리스도의 피가 혼을 구원하는 것과 아무 상관이 없다는 것을 강조해서 보여 주려 했습니다. 그는 16 페이지에서 "죽을 수밖에 없는 예수님의 몸 안의 정맥과 동맥을 통해 흘러 다닌 피는 우리의 구원과 상관이 없습니다."라고 말하였습니다. 저는 딤 목사의 주장에 동의할 수 없습니다. 다만 저는 예수님의 몸의 정맥과 동맥을 통해 흘러 다닌 그 붉은 액체가 저의 구원과 관련이 있음을 여러분에게 확실히 말씀드리고자 합니다!

딤 목사는 자신의 책에서 예수님이 피를 흘려서 돌아가신 것이 아니었음을 강조하고 있으며 이 사실을 중심으로 해서 그분의 보배로운 피와 관련이 있는 중요한 것들을 다 제거하려 하고 있습니다. 그는 계속해서 '그리스도의 피'라는 말이 단지 '그리스도의 영적 죽음'을 상징하는 말이라고 주장합니다. 그는 '그리스도의 피'라는 말을 성경에서 자주 접할 수 있음을 인정하면서도 그것이 그리스도의 영적 죽음만을 의미할 뿐이라고 주장합니다. 자, 저는 예수님께서 피를 흘려서 죽기에 이른 것은 아니라는 점에는 동의합니다. 거기에는 의심의 여지가 없습니다. 그러나 만일 그분의 피가 단지 그분의 영적 죽음만을 의미한다면 왜 성령님께서 '피'라는 단어를 그렇게 자주 사용하셨을까요? 왜 그분께서는 '피' 대신 '영적 죽음'이라는 말을 사용하지 아니하셨을까요? 독자께서는 제가 저의 구원자 예수 그리스도의 피를 계속해서 '보배로운 피'(precious blood)라고 말하는 것을 주목하셨을 것입니다. 제가 그와 같이 강조하는 이유는 그 피가 제게 보배로울 뿐만 아니라 그 말이 성경적이기 때문입니다.

너희가 알거니와 너희 조상들로부터 전통으로 물려받은 헛된 행실에서 너희가 구속 받은 것은 금이나 은같이 썩을 것으로 된 것이 아니요, 오직 흠도 없고 점도 없는 어린양의 피 같은 그리스도의 <u>보배로운 피(precious blood)</u>로 된 것이니라. (벧전 1:18-19)

만일 우리를 구원한 것이 그리스도의 영적 죽음 그 자체였다면 왜 성령님께서는 베드로에게 다음과 같이 쓰도록 하지 않으셨을까요? "너희가 구속 받은 것은 금이나 은같이 썩을 것으로 된 것이 아니요, 오직 그리스도의 <u>보배로운 영적 죽음(precious spiritual death)</u>으로 된 것이니라."

저는 저의 구원자 예수 그리스도의 영적이고 육체적인 죽음에 대해 영원토록 감사할 것입니다. 그러나 만일 주님께서 보배로운 피를 흘리지 않고 돌아가셨다면 어느 누구도 구원받지 못했을 것입니다!(이 사실은 조금 뒤에 입증할 것입니다)

딤 목사는 자신의 책의 마지막 페이지에서 다음과 같이 말하면서 자신의 주장을 마무리짓고 있습니다.

사람들은 신자가 되자마자 문 입구에서 자기들의 상식을 점검 받는 것처럼 보입니다. 더 잘 알아야 함에도 불구하고 그들은 '그리스도의 피'라는 문구가 정말로 문자적 의미를 지니고 있다는 잘못된 개념을 맹목적으로 받아들이며 이렇게 함으로써 자기 자신을 우스운 존재로 만들어 버립니다. 그런데 이와는 대조적으로 우리는 문자적인 피가 어느 누구도 구원할 수 없다는 사실과 그리스도의 피란 그분의 영적 죽음을 나타내는 상징적인 표현임에 불과하다는 사실을 알고 있습니다.

저는 그의 책을 여러 번 읽어 보았지만 아직도 그리스도의 피가 그분의 영적 죽음을 의미한다는 것을 납득할 수 없습니다. 그는 자기의 주장을 지지하는 성경 구절을 단 하나도 제시하지 않았습니다. 만일 예수님께서 흘리신 피가 필요가 없었다면 왜 그분께서 피를 흘리셨습니까? 그분은 피를 흘리지 않고도 영적으로 돌아가실 수 있었습니다. 저는 이 책의 뒤에서 다음과 같은 사실을 입증하려고 합니다. 즉 문자 그대로 예수 그리스도의 육체로부터 흘러 나와 문자 그대로 십자가를 얼룩지게 만든 문자 그대로의 피가 사실상 예수님에 의해 문자 그대로 천국에 도달되어 문자 그대로 긍휼의 자리(mercy seat, 시은소) 위에 뿌려졌습니다. 만일 그 피가 문자 그대로 거기에 없다면 문자 그대로 죄인들이 구원받는 일은 없었을 것이며 우리 모두는 아무 희망 없이 문자 그대로 실재하는 지옥으로 갈 것입니다!

저는 현대주의자들, 자유주의자들, 카톨릭 신자들, 공산주의자들 그리고 이단에 속한 자들이 예수 그리스도의 보배로운 피에 대해 그릇된 태도를 보이리라 예상합니다. 그러나 구원받았다고 말하며 하나님의 말씀인 성경을 믿는다고 주장하는 사람들이 이러한 태도를 보인다는 것은 예상하지 않습니다. 그럼에도 불구하고 이러한 불경건한 태도는 딤 목사가 쓴 『그리스도의 피』라는 제목의 그릇된 책에 뚜렷하게 나타나 있습니다.

그러나 딤 목사말고도 제 구원자의 피를 모욕하면서 스스로 구속받은 성경 신자라고 주장하는 사람이 있습니다. 미국의 서부 해안에는 딤 목사의 발자취를 좇는 것으로 보이는 한 인기 있는 라디오 설교자가 있습니다. 그는 캘리포니아주 선벨리에 있는 은혜교회(Grace Community Church) 담임 목사인 존 맥아더(John MacArthur)[4] 입니다.

1976년 맥아더 목사가 하나의 글을 출판했는데 그것은 그리스도의 피에 관한 자기의 설교에 대하여 질문을 했던 자기 교회의 한 성도에게 직접 적어서 보낸 편지였습니다. 이를 보아 맥아더 목사는 분명히 강단에서 그리스도의 피에 대해 설교했음

---

4) 맥아더는 『은사 I, II』, 『주님의 교회 계획』, 『헌금의 원리』 등 상당수의 좋은 저서를 통해 우리 나라 교계에 널리 알려진 인물이지만 그리스도의 피에 대한 이단 교리와 소위 'Lordship salvation'이라 불리는 이상한 교리로 미국에서는 근본주의 성경 신자들이 꺼리는 인물임.

이 확실합니다. 특별히 출판된 그 글은 맨 위에 『그분의 피흘림이 아니라 그분의 죽음』(Not His Bleeding But His Dying)이란 제목이 붙어 있습니다. 거기에는 먼저 그 성도의 질문이 나오고 이에 대한 맥아더 목사의 답변이 나옵니다. 이제 저는 맥아더 목사의 말을 문맥 밖에서 해석하였다는 비난을 피하기 위해 그 글을 생략하지 않고 전부 제시하겠습니다.

· 친애하는 맥아더 목사에게,

저는 최근에 당신이 '그리스도의 피'와 관련하여 설교한 것에 대하여 묻고 싶은 것이 있습니다. 당신이 무엇을 의미했는지 시간을 내서 제게 더 자세히 설명해 주시길 바랍니다. 감사합니다.

학습 회원 드림

· 친애하는 학습 회원에게,

편지를 주셔서 감사합니다. 저는 사람들이 저의 가르침에 대하여 자기들의 반응을 표현할 수 있는 기회를 갖게 될 때 매우 감사함을 느낍니다. 말씀의 근본적인 진리들에 대한 당신의 관심은 저희 교회에서 우리 모두가 함께 나누어야 할 그런 것입니다. 저는 결코 그러한 진리들을 위배하고 싶지 않습니다. 그것들은 바로 나의 삶이며 사역입니다. 자유주의, 타협주의, 그리고 빈약한 신학은 우리가 참을 수 없습니다.

그리스도의 피에 대한 당신의 의문에 관해서 저는 당신과 몇 가지 생각을 나누고 싶고 사실 이런 생각들이 이 주제에 대해 우리에게 빛을 밝혀 주리라고 믿습니다. 당신은 어린양의 죽음이 아니라 문설주에 뿌려진 어린양의 피가 중요하다고 말하였습니다. 저는 그 사실에 동의할 수 없습니다. 출애굽기 12장의 중요 요점은 어린양의 죽음이었으며 피를 뿌린 것은 어린양이 죽임을 당하였다는 것을 공적으로 보여 준 것이었습니다. 그것은 죽음의 천사를 향한 표적에 지나지 않았습니다. 만일 죽음이 논점이 아니었다면 어린양은 단지 피를 흘리면 되었지 죽을 필요는 없었을 것입니다. 죄에 대한 형벌은 피흘림이 아니라 죽음이었습니다. 구약에서 언급된 피는 항상 생명이 죽어서 죄로 인한 희생으로 주어짐을 표시할 뿐입니다(레 17:10-11). 그리스도의 경우에 피라는 단어는 그분의 죽음이 가혹하고 희생적인 죽음이었음을 나타냅니다. 그것은 예수님께서 죄로 인해 죽은 마지막 어린양으로서 완전한 희생 예물이 되심을 강조하는 것입니다.

그러므로 우리에게 효력을 끼치는 것은 예수님의 피가 아니라 예수님의 죽음이었습니다. 베드로는 예수님의 피를 '보배로운 피'라고 했는데 저도 그것에 동의합니다. 왜냐하면 예수님은 보배로우셨고 그분의 모든 부분이 값으로 매길 수 없을 정도로 귀중하기 때문입니다. 그러나 베드로의 언급 또한 예수님의 죽음의 희생적 측면을 보여 줍니다. 거기 사용된 말들은 짐승을 희생 제물로 바쳤던 구약의 패턴을 만족시키기 위한 것입니다. "그리스도께서 우리의 죄로 인해 죽으셨다."(롬 5:3; 고전 15:3)는 구절은 피가 아니라 죽음이 형벌이었음을 나타내고 있습니다. 고린도전서 15장 4절의 복음은 '그리스도께서 죽으셨다.'는 논점을 명확히 포함하고 있습니다. 베드로전서 2장 24절은 또한 우리가 예수님의 상처로 인해 구원받았다고 말하는 것이 아닙니다. 그것은 그분의 죽음을 지칭하는 하나의 상징입니다.

만일 우리를 구원하는 것이 피라면 예수님의 육체의 실제적인 피가 우리를 구원한다는 것입니까? 혹은 일부 사람들이 지지하는 로마 카톨릭 교회의 '영속하는 제물' 즉 미사의 견해를 우리가 지지한단 말입니까? 사실 이 견해는 그리스도가 영속적으로 자신을 희생물로 바침을 나타내며 또한 예수님께서 자신의 피를 하늘(천국)로 가져가셨으며 계속해서 그것을 바치고 계신다고 주장합니다. 그러나 히브리서 10장 12-14절은 이러한 견해를 지지하지 않습니다. 분명히 그것은 단 한 번 이루어진 그분의 죽음이었습니다. 예수님이 흘리신 피는 예수님의 죽음이 처참한 것이었으며 그래서 그것을 희생이라 말해 주고 있습니다. 그러나 우리는 우리를 위해 그리스도께서 대신 죽으신 것으로 인해 구원을 받지 결코 그분의 피 안에 있는 화학 물질에 의해 구원을 받지 않습니다.

게다가 그리스도는 피를 흘려서 결국 죽음에 이른 것이 아닙니다. 피를 흘린 것은 피가 나온 것과 아무 상관이 없으며 사실 그것은 단지 죽음 즉 참혹하게 죽은 것을 의미합니다. 요한복음 19장 34절은 우리에게 흥미 있는 것을 보여 줍니다. 그것은 문자 그대로 '핏덩어리와 림프액'을 언급하고 있습니다. 창으로 예수님의 옆구리를 찔렀던 군병은 예수님께서 피를 흘려서 결국 죽음에 이르신 것이 아님을 증명하였습니다. 예수님의 피는 그분께서 육체적으로 죽은 후에도 계속해서 그분의 혈관에 있었습니다. 피를 흘려서 죽지 않고 갑자기 죽은 사람의 몸에는 핏덩어리와 림프액이 있습니다. 그러므로 그리스도께서는 피를 너무 많이 흘려서 죽으신 것이 아닙니다. 예수님 몸 안의 피에는 우리를 구원하는 요소가 전혀 없습니다. 예수님께서 흘리신 피는 우리를 위해서 그분께서 희생적으로 육체적으로 영적으로 죽은 것을 나타냅니다.

저는 『킹제임스 흠정역 성경』에서 혼란을 주고 있는 요한계시록 1장 5절에 대하여 주를 덧붙이고자 합니다. 거기에 나오는 '씻으시고'(Washed)라는 말은 맞지 않습니다. 그리스어는 '해방하시고'(Delivered)입니다. 저도 그리스도께서 저를 위하여 죽으셨다는 것과 또 그분께서 죄로 인해 완전한 희생물이 되셨음을 생각하면 참으로 감정적이 됩니다. 그러나 제가 사랑하는 것은 예수님의 피가 아니라 예수님 자신입니다. 저를 구원한 것은 그분의 피흘림이 아니라 그분의 죽음입니다.

저는 저의 답변이 도움이 되기를 바랍니다. 우리 두 사람은 모두 구원의 진리에 대하여 동의하고 있습니다. 저는 오직 성경 안에 있는 진리를 정직하고 공정하게 다루려고 노력하고 있습니다. 그리스도의 피에 대한 논의가 우리 신경의 감정적인 부분을 건드린다는 사실을 알지만 제가 나눈 진리가 확인되길 바랍니다. 당신의 관심과 교제에 다시 한 번 감사드립니다.

주님을 섬기며 존 맥아더 목사 (John MacArthur, Pastor)

맥아더 목사의 사역을 지켜보는 대부분의 그리스도인들은 그가 성경을 믿는 근본주의자라고 생각합니다. 하지만 저는 이 글과 또 후에 제시할 다른 글들을 통해서 그가 근본주의 성경 신자가 아니라고 믿습니다. 성경을 정정하는 사람은 분명히 성경을 믿는 사람이 아닙니다. 만일 『킹제임스 흠정역 성경』이 하나님의 말씀이 아니라면 (그는 『흠정역 성경』을 정정했으므로 분명히 그것이 하나님의 말씀이 아니라고 생각합니다) 성경 신자라 자칭하는 맥아더 목사가 믿고 있는 성경은 도대체 무슨 성경입니까? 그는 자신의 글에서 빈약한 신학을 참을 수 없다고 말하는데 사실 그의 글은 빈약한 신학으로 가득 차 있습니다.

그는 "피를 흘린 것은 피가 나온 것과 아무 상관이 없으며 사실 그것은 단지 죽음 즉 참혹하게 죽은 것을 의미합니다."라고 말했습니다. 피를 흘린 것이 피가 나온 것과 아무 상관이 없단 말입니까? 이것은 마치 당신의 맹장을 제거하는 것이 외과 수술과 상관이 없다고 말하는 것과 같습니다. 또한 저는 묻고 싶습니다. 왜 피를 흘린 것이 참혹한 희생적인 죽음을 의미합니까? 저는 여러 번 피를 흘린 적이 있습니다. 그러나 저는 그때에 희생 제물도 아니었고 죽지도 않았습니다. 하나님께서 성경에서 피흘림에 관해 말씀하시면서 분명하게 문자 그대로 피흘림을 의미하셨다고 저는 믿습니다. 실로 맥아더 목사의 신학은 빈약한 것입니다.

성령님의 영감을 받아서 사도 베드로는 구원받은 우리가 '그리스도의 보배로운 피' 로 구속되었다고 기록했습니다(벧전 1:9).
그러나 맥아더 목사는 성령님이나 베드로는 결코 우리가 그리
스도의 보배로운 피로 구속받은 것이 아님을 의미했다고 말했
습니다. 그는 성령님과 베드로는 실제로 우리가 예수 그리스도
의 희생적인 죽음으로 인해 구원받았음을 의미했다고 말했습니
다.

맥아더 목사는 베드로가 그리스도의 피를 '보배로운 피' 라고
한 것은 단지 그리스도 자신이 보배로웠고 그분의 모든 부분이
가치를 뛰어 넘어 값을 매길 수 없이 귀중하였기 때문이라고 말
합니다. 저는 예수님이 전에도 보배로우셨을 뿐만 아니라 지금
도 그러하시다는 것에 동의합니다! 그리고 그분의 모든 부분이
가치를 뛰어 넘어 값을 매길 수 없이 귀중하다는 것에 진심으로
동의합니다. 그럼에도 불구하고 성령님과 베드로가 특별히 예
수님의 모든 부분 중 피를 선택하여 그것이 보배롭다고 말하였
던 점은 여전히 진리로 남아 있습니다. 사실 예수님은 갈보리에
서 피 외에도 다른 것을 흘리셨습니다.

> 예수님께 이르러서는 이미 죽으신 것을 보고 다리를 꺾지 아니하였으나 그
> 군사들 가운데 하나가 창으로 그분의 옆구리를 찌르니 즉시로 거기서 피와
> 물이 나오더라. (요 19:33-34)

맥아더 목사는 『흠정역 성경』이 이 부분에서는 정확하지 않으
며 '피와 물' 이 아니라 '핏덩어리와 림프액' 이 맞는다고 재빠르
게 지적합니다. 그럼에도 불구하고 성경은 분명하게 '피와 물'
이라고 말합니다. 딤 목사 역시 자신의 책 20페이지에서 요한복
음 19장 34절의 하나님 말씀을 정확하게 맥아더와 같은 방식으
로 정정했는데 이 사실은 참으로 흥미롭습니다.

예수님께서 십자가 위에서 물을 흘리셨는데 왜 베드로는 예수

님의 모든 부분이 보배롭다는 사실에 근거하여 '보배로운 물'이라 쓰지 않았을까요? 이에 대한 답변은 성경 신자에게 매우 간단합니다. 예수님께서 흘리신 물은 우리의 구원과 아무 상관이 없기 때문입니다. 그러나 그분의 피는 상관이 있습니다. 이처럼 명백한 성경적 사실에도 불구하고 맥아더 목사는 '그리스도의 피'가 우리를 구원하는 것이 아니라고 말합니다.

그는 "우리에게 효력을 끼치는 것은 예수님의 피가 아니라 예수님의 죽음이었습니다."라고 말합니다. 그는 "예수님 몸 안의 피에는 우리를 구원하는 요소가 전혀 없습니다. 예수님께서 흘리신 피는 우리를 위해서 그분께서 희생적으로 육체적으로 영적으로 죽은 것을 나타냅니다. 우리를 구원하는 것은 그분의 피 흘림이 아니라 그분의 죽음입니다."라고 말합니다.

성경은 예수님의 피흘림과 그분의 죽음이 우리를 구원한다는 사실을 매우 명백히 보여 줍니다. 주 예수 그리스도는 십자가에 못박히시기 전 날 밤 주의 만찬을 제정하시면서 자신의 문자 그대로의 피를 나타내는 상징으로서 포도나무 열매 즉 포도즙을 사용하셨습니다.

> 제자들이 먹을 때에 예수님께서 빵을 집으사 축복하시고 나누어 그들에게 주시며 이르시되, 받아서 먹으라. 이것은 내 몸이니라, 하시고 또 잔을 집으사 감사를 드리시고 그들에게 주시며 이르시되, 너희가 다 이것을 마시라. 그 까닭은 이것이 죄들의 사면을 얻게 하려고 많은 사람을 위하여 흘린 나의 피 곧 새 상속 언약의 피이기 때문이라. (마 26:26-28)

이제 이 시점에서 우리는 딤 목사와 맥아더 목사를 믿든지 혹은 예수 그리스도를 믿든지 둘 중 하나를 믿어야 합니다. 예수 그리스도는 버림받은 죄인들의 죄들을 사면하기 위해 자신이 피를 흘려야만 한다고 말씀하셨습니다. 성경을 잘 알고 있는 사람이라면 누구나 우리의 죄가 사면되면 우리는 구원받은 것이

며 우리의 죄가 사면되지 않으면 구원받지 못하고 결국 우리의
죄 가운데서 죽는다는 것을 압니다. 딤 목사와 맥아더 목사는
예수님께서 위의 말씀을 하시면서 문자적 의미의 피흘림을 뜻
하신 것이 아니라고 말합니다. 이들은 예수님께서 잔에 담긴 포
도즙이 가혹하고 희생적인 자신의 죽음을 상징하는 것임을 보
여 주었다고 주장합니다. 참으로 안 된 일입니다. 우리 예수님
마저도 성령님과 베드로처럼 불신자들에 의해 동일한 고난을
당하고 있습니다. 우리 예수님이 자기가 표현하려 했던 것조차
제대로 표현하지 못한 사람이 되었으니 이 얼마나 비참한 일입
니까?

진정하시기 바랍니다. 이제 제가 조용히 진실을 말하겠습니
다. 예수님은 진실로 자신이 뜻하는 바를 그대로 말씀하셨고 저
는 그분의 말씀을 문자 그대로 믿습니다!

예수님은 많은 사람의 죄들을 사면하시기 위하여 문자 그대로
자신의 피를 흘리려 하신다고 말씀하셨습니다. 그러므로 그분
은 우리를 구원하기 위하여 자신의 피를 흘려야만 했습니다.

예수님은 또한 우리를 구원하기 위하여 죽으셔야만 했습니다.

이는 나 역시 전해 받은 것을 무엇보다 먼저 너희에게 전하였음이니 그것은
곧 성경대로 그리스도께서 우리의 죄들로 인하여 죽으시고 (고전 15:3)

그러므로 예수님의 피흘림과 그분의 죽음이 우리를 구원합니
다. 만일 예수님께서 죽지 않고 단지 자신의 피만을 흘리셨다면
우리를 구원할 수 없었을 것입니다. 만일 예수님께서 자신의 피
를 흘리지 않고 죽기만 하셨다면 우리를 구원할 수 없었을 것입
니다. 이와 다른 것을 가르치는 신학은 다 빈약한 신학입니다.
사도 바울은 예수 그리스도의 피흘림과 죽음을 함께 합하여 이
둘이 없이는 속죄가 있을 수 없음을 명백히 보여 줍니다. 물론

속죄가 없으면 구원이 있을 수 없습니다.

소망이 우리를 부끄럽게 하지 아니함은 우리에게 주신 성령님에 의하여 하나님의 사랑이 우리 마음에 넓게 부어졌음이니 이는 우리가 아직 힘이 없을 때에 그리스도께서 정하신 때가 되어 경건치 아니한 자들을 위하여 죽으셨음이라. 의로운 사람을 위하여 죽는 자가 거의 없고 선한 사람을 위하여 용감히 죽고자 하는 자가 혹 있거니와 우리가 아직 죄인이었을 때에 <u>그리스도께서 우리를 위하여 죽으심으로</u> 하나님께서 우리를 향한 자신의 사랑을 당당히 제시하시느니라. 그러면 이제 <u>우리가 그분의 피로 말미암아 의롭게 되었은즉</u> 더욱더 그분을 통하여 <u>진노로부터 구원을 받으리니</u> 이는 우리가 원수였을 때에 하나님의 아들의 죽음으로 말미암아 하나님과 화해하게 되었은즉 화해하게 된 자로서 더욱더 그분의 생명으로 말미암아 구원을 받을 것임이라. 이뿐 아니라 이제 우리로 하여금 속죄 받게 하신 우리 주 예수 그리스도를 통하여 우리가 하나님 안에서 또한 기뻐하느니라. (롬 5:6-11)

성령의 영감을 받아 이 글을 기록한 바울에 의하면 우리는 예수 그리스도를 통해 하나님의 진노로부터 구원을 받습니다. 그리고 예수님께서는 피흘림과 죽음으로 이 같은 구원을 우리를 위해 획득하셨습니다. 그 뿐만 아니라 만일 예수님께서 죽은 상태로 계셨다면 우리를 위한 구원이란 있을 수 없었을 것입니다. 부활이 필요하였습니다. 그 때문에 바울은 "더욱더 우리가 그분의 생명으로 말미암아 구원을 받을 것이다."라고 덧붙였습니다. 주님을 찬양하십시오! 예수님은 살아 계시며 그래서 구원받기 위해 오직 그분만을 믿고 신뢰하며 회개하는 모든 죄인을 구원하실 수 있습니다. 예수님께서는 갈보리에서 흘리신 피와 그곳에서의 죽음으로 인하여 우리를 구원하실 수 있습니다. 이 사실을 부인하는 가르침은 모두 빈약한 신학입니다.

어떤 사람들은 "그러나 레이시 형제님, 아마 맥아더 형제도 1976년 이래로 그리스도의 피가 갖는 구원의 능력에 대한 자신의 생각을 바꿔서 더 이상 그 같은 견해를 표명하지 않을 수도 있지 않습니까?"라고 말할 수 있습니다.

사실 저도 맥아더 목사가 자신의 생각을 고쳤다고 여러분에게 말할 수 있기를 바랍니다. 그러나 그렇게 보이질 않습니다. 그는 1983년 무디 신학교(Moody Bible Institute)가 출판한 히브리서 주석에서 동일한 견해를 피력하고 있습니다. 그 책의 237페이지에서 그는 다음과 같이 말했습니다.

그리스도의 희생적인 죽음에 대해 섬뜩하게 느낀다거나 그분의 고난과 피 흘리심에 대해 편견을 갖는 일은 얼마든지 있을 수 있습니다. 특히 예수님의 죽음을 육체적인 면에서 비성경적인 편견을 갖는 것도 가능합니다. 우리를 구원하는 것은 예수님의 육체적인 피가 아니라 우리를 대신해서 죽으신 예수님의 죽음이었습니다. 단지 그분의 죽음은 예수님께서 육신의 피를 흘리신 것으로 상징적으로 표현되었습니다.

1983년에도 맥아더 목사가 여전히 그리스도께서 흘리신 피의 능력을 믿지 않고 있음을 강조하기 위해 제가 밑줄을 그었습니다.

저는 1986년 4월 4일에 존 맥아더가 쓴 편지의 사본을 가지고 있습니다. 그것은 남부의 한 주에 사는 웨이들릭(Tim Weidlich)에게 쓴 것이었습니다. 그 편지에서 맥아더 목사는 다음과 같이 말했습니다.

우리를 구원하는 것은 분명히 예수님의 피가 아니었습니다. 그분께서는 우리를 위해 죽지 않고 단지 피를 흘릴 수도 있었을 것입니다. 우리를 구원하는 것은 우리의 죄로 인한 그분의 죽음이었습니다. 로마서 3장 25절이 "그분의 피를 믿는 믿음을 통하여"라고 말할 때 모든 사람들은 이 표현이 그분의 죽음을 언급하는 것이며 예수님의 몸에서 흐르는 피를 언급한 것이 아님을 이해합니다.

저는 위의 인용문에서 그가 가리킨 '모든 사람'이 누구인지 잘 모르겠습니다. 그러나 저는 거기에 포함되지 않습니다. 저는 "그분의 피를 믿는 믿음을 통하여"(Faith in his blood)가 말 그대로 '그분의 피를 실제로 문자 그대로 믿는 믿음을 통하여'라고 이해하고 있습니다. 로마서 3장 25절에 의하면 우리는 오직 피를 믿는 믿음을 통해 즉 문자 그대로 그분의 피를 믿음을 통해 화해 헌물을 소유하고 있습니다. 그래서 이 구절은 2 더하기 2가 여전히 4인 것처럼 제게는 너무나 당연한 사실로 보입니다.

만일 당신이 화해 헌물을 가지고 있다면 당신은 구원을 받은 것입니다. 그러나 만일 당신이 화해 헌물을 가지고 있지 않다면 당신은 구원을 받은 것이 아닙니다. 너무나도 명백한 성경은 우리가 오직 그분의 피를 믿는 믿음을 통하여 그런 화해 헌물을 갖는다고 말합니다. 딤 목사와 맥아더 목사 그리고 그들과 같은 것을 주장하는 다른 사람들은 그리스도의 피를 믿는 믿음이 없이 하나님을 대면하기 위해 영원에 들어가는 것에 대해 아무 거리낌도 갖지 않을지 모릅니다. 그러나 이 무지하고 교육을 제대로 받지 못한 침례교 목사인 저는 — 저는 단지 4년 동안 대학을 다녔을 뿐 그리스어와 히브리어 학자는 아닙니다 — 예수 그리스도의 피와 절대 무오한 성경을 굳게 믿는 믿음을 통해 영원에 들어가 하나님을 대면할 것입니다.

저는 하나님과 죄 많은 내 자신과의 사이에 화평을 유지하지 않은 채 만유의 심판자 하나님과 대면하기를 원치 않습니다. 그러므로 저는 오직 예수 그리스도의 피를 믿는 믿음을 가지고 하나님과 대면할 것입니다. 왜냐하면 예수님께서는 자신의 죽음뿐 아니라 '자신의 십자가의 피로' 화평을 이루셨기 때문입니다!

> 이는 아버지께서는 그분 안에 모든 충만이 거하는 것을 기뻐하시고 그분의 십자가의 피를 통하여 화평을 이루사 모든 것 곧 땅에 있는 것들이나 하늘에 있는 것들이 그분으로 말미암아 자신과 화해하게 하셨음이니라. (골 1:19-20)

맥아더에게 편지를 보낸 '학습 회원'은 그 편지에서 분명하게 출애굽기 12장에 나타난 이집트에서의 유월절 밤에 대해 언급 했습니다. 맥아더 목사가 진술한 바에 따르면 그 학습 회원은 어린양의 죽음이 중요한 것이 아니라 어린양의 피를 뿌리는 것이 중요하다고 하였습니다. 이에 대해 맥아더 목사는 계속해서 다음과 같이 말하였습니다.

> 저는 그 사실에 동의할 수 없습니다. 출애굽기 12장의 중요 요점은 어린양의 죽음이었으며 피를 뿌린 것은 어린양이 죽임을 당하였다는 것을 공적으로 보여 준 것이었습니다. 그것은 죽음의 천사를 향한 표적에 지나지 않았습니다. 만일 죽음이 논점이 아니었다면 어린양은 단지 피를 흘리면 되었지 죽을 필요는 없었을 것입니다.

저는 맥아더 목사와 그의 학습 회원의 의견에 다 동의하지 않습니다.

하나님의 말씀인 성경에 의하면 어린양의 죽음과 그 피를 문설주에 뿌리는 것 두 가지가 논점이었습니다. 아래 구절을 살펴봅시다!

> 너희의 어린양은 흠이 없고 일 년 된 수컷으로 하되 양이나 염소 중에서 취하고 같은 달 십사일까지 간직하였다가 저녁때에 이스라엘 회중의 전체 집회에서 그 양을 잡고 피를 취하여 그 양을 먹을 집의 양옆 기둥과 위에 있는 문기둥에 뿌리고 (출 12:5-7)

확실히 어린양의 죽음은 하나의 논점이었습니다. 살아 있는 어린양을 먹기란 매우 어렵습니다. 그래서 하나님은 그들에게 어린양을 죽이라고 하셨습니다. "만일 죽음이 논점이 아니었다면 어린양은 단지 피를 흘리면 되었지 죽을 필요는 없었을 것이다."라는 맥아더 목사의 의견은 다소 어리석은 것입니다. 그는 마치 누군가가 하나님을 속일 수 있는 것처럼 말하였습니다! 아마도 이스라엘 사람들이 맥아더 목사가 만들어 낸 '죽음의 천사'를 속일 수 있었을는지는 모르지만 어느 누구도 하나님을 속일 수는 없습니다! 출애굽기 12장에는 '죽음의 천사'가 나오지 않습니다. '죽음의 천사'가 아니라 하나님께서 직접 그 땅에 오셔서 문기둥 위에 뿌려진 어린양의 피를 찾으셨습니다. 저는 여기서 문기둥 위의 피가 어린양의 죽음만큼이나 꼭 필요했다는 사실을 서둘러 이야기하고 싶습니다. 만일 어린양이 죽임을 당하지 않고 단지 피만 흘렸다면 반드시 사망이 그 집의 대문을 통해 이스라엘 사람들의 집에 들어갔을 것입니다. 만일 어린양이 죽임을 당했지만 그 피를 문기둥에 뿌리지 않았다면 역시 사망이 문을 통해 들어갔을 것입니다.

어느 누구도 하나님을 속일 수는 없습니다. 그러므로 그 무시무시한 밤에 이집트 땅을 두루 다니시면서 하나님께서는 어린양이 죽임을 당했는지를 아실 수 있었습니다. 그래서 하나님은 자신의 입을 통해 "내가 그 피를 볼 때에 너희를 넘어가리라!"(출 12:13)라고 단호히 선포하셨습니다.

출애굽기 12장의 유월절은 주 예수 그리스도 안에 있는 구원을 보여 주는 완벽한 그림입니다. 우리 예수님께서 친히 피흘림과 죽음을 함께 묶으셨습니다. 우리는 결코 예수님의 피를 죽음보다 낮은 위치에 둘 수 없습니다.

> 이제 무교절의 첫 날에 제자들이 예수님께 나아와 이르되, 선생님께서 유월절 어린양을 잡수시도록 우리가 예비하려 하오니 어디에서 하기를 원하시나이까? 하매 그분께서 이르시되, 도시로 들어가 이런 사람에게 가서 이르되, 선생님께서 말씀하시기를, 내 때가 가까이 왔으니 내 제자들과 함께 네 집에서 유월절을 지키겠다, 하시더라, 하라. 이에 제자들이 예수님께서 명하신 대로 행하여 유월절을 예비하였더라. 이제 날이 저물 때에 그분께서 열둘과 함께 앉으시니라. (마 26:17-20)

우리 주 예수 그리스도께서 그 밤에 그 빌린 다락방에서 자신의 제자들과 함께 앉으셔서 이집트 땅에서 수세기 전에 일어났던 사건을 기념하셨다는 것에는 의심의 여지가 없습니다. 그들은 다 유월절에 희생된 어린양과 그 피를 문기둥 위에 뿌린 이야기를 잘 알고 있었습니다. 이제 예수님께서 그들 앞에서 유월절 희생의 어린양을 들어 올리시고 그것을 자신과 비유하신 사실을 주목하십시오. 당신은 예수님이 자신의 몸에 관해 말씀하시며 자신의 죽음을 가리키신 것을 알게 될 것입니다. 그것은 죽게 될 그분의 몸이었습니다. 그분은 또한 자신이 흘린 피에 대해 말씀하셨습니다. 이 부분을 읽는 사람은 결코 그분의 피가 그분의 죽음보다 덜 중요하다고 생각하지 않을 것입니다. 그분의 죽음은 반드시 피를 흘리는 죽음이어야만 했습니다. 왜냐하면 피가 죄 많은 혼을 속죄하기 때문입니다(레 17:11; 롬 5:9, 11).

> 제자들이 먹을 때에 예수님께서 빵을 집으사 축복하시고 나누어 그들에게 주시며 이르시되, 받아서 먹으라. 이것은 내 몸이니라, 하시고 또 잔을 집으사 감사를 드리시고 그들에게 주시며 이르시되, 너희가 다 이것을 마시라. 그 까닭은 이것이 죄들의 사면을 얻게 하려고 많은 사람을 위하여 흘린 나의 피 곧 새 상속 언약의 피이기 때문이라. (마 26:26-28)

　이제 제자들이 유월절을 지키고 있음을 기억하십시오. 당신은 피가 절대적으로 중요하다는 것을 볼 것입니다. 이집트에 있는 집의 문기둥에 피가 없었다면 그 집의 처음 난 것은 살지 못했을 것입니다. 마찬가지로 하나님의 어린양이 자신의 귀중한 피를 흘리지 않았다면 우리 혼을 위한 속죄가 없었을 것입니다. 어떻게 딤 목사와 맥아더 목사 또는 그들과 같은 생각을 가진 사람들이 이렇게 중요한 사실을 놓칠 수 있는지 저는 알 수가 없습니다. 우리는 예수 그리스도께서 우리의 죄들로 인해 십자가에서 죽으시면서 흘린 그 보배로운 피로 말미암아 구원받을 수 있습니다.

저는 출애굽기 12장에서 언급된 유월절 이야기가 예수 그리스도 안에 있는 구원을 보여 주는 완벽한 그림이라고 앞에서 말하였습니다. 이제 그 사실을 입증해 보이겠습니다. 자, 아래 구절을 읽어 보십시오!

주께서 이집트 땅에서 모세와 아론에게 말씀하여 이르시되, 이 달이 너희에게 달들의 시작 곧 한 해의 첫 달이 될지니라. 너희는 이스라엘 온 회중에게 말하여 이르기를, 이 달 십일에 너희 각 사람이 어린양(a lamb)을 취하되 자기 조상 집에 따라 한 집에 어린양 한 마리를 취할지니 그 어린양(the lamb)에 대하여 가족이 너무 적으면 그와 그 집의 이웃이 혼들의 수에 따라 그것을 취하되 각 사람이 자기가 먹는 양에 따라 그 어린양에 대하여 계산할지니라. 너희의 어린양(your lamb)은 흠이 없고 일 년 된 수컷으로 하되 양이나 염소 중에서 취하고 같은 달 십사일까지 간직하였다가 저녁때에 이스라엘 회중의 전체 집회에서 그 양을 잡고 피를 취하여 그 양을 먹을 집의 양옆 기둥과 위에 있는 문기둥에 뿌리고 (출 12:1-7)

너희는 그것을 이렇게 먹을지니 허리에 띠를 띠고 발에 신을 신고 손에 지팡이를 잡고 급히 먹으라. 이것이 주의 유월절이니라. 이는 내가 그 밤에 이집트 땅을 두루 지나가며 사람이나 짐승을 막론하고 이집트 땅의 처음 난 것을 다 치고 또 이집트의 모든 신에게 심판을 집행할 것임이라. 나는 주라. 내가 이집트 땅을 칠 때에 그 피가 너희가 거하는 집 위에 있어 너희를 위하여 표가 되게 할지니라. 내가 그 피를 볼 때에 너희를 넘어가리니 그 재앙이 너희 위에 임하여 너희를 멸하지 아니하리라. (출 12:11-13)

이에 모세가 이스라엘의 모든 장로들을 불러 그들에게 이르되, 너희는 나가서 너희 가족에 따라 어린양을 택하여 그 유월절 어린양을 죽이고 우슬초 한 묶음을 가져다가 대야에 담은 피에 적셔서 대야에 있는 피를 문의 인방과 양 옆 기둥에 뿌리고 아침까지 한 사람도 자기 집 문 밖에 나가지 말지니 이는 주께서 두루 지나가시며 이집트 사람들을 치실 때에 문의 인방과 양 옆 기둥의 피를 보시면 그 문을 넘어가시고 파멸시키는 자로 하여금 너희 집에 들어가서 너희를 치지 못하게 하실 것임이니라. (출 12:21-23)

이스라엘 자손이 물러가서 그대로 행하되 주께서 모세와 아론에게 명령하신 대로 행하니라. 한밤중에 주께서 이집트 땅의 처음 난 것 곧 왕좌에 앉은 파라오의 처음 난 자로부터 옥에 갇힌 자의 처음 난 자까지 다 치시고 또 가축의 처음 난 것을 다 치시매 그 밤에 파라오와 그의 신하들과 온 이집트 사람들이 다 일어나고 이집트에 큰 부르짖음이 있었으니 이는 그곳에서 사람이 죽지 아니한 집이 하나도 없었음이더라. (출 12:28-30)

여러분은 이 말씀에서 유월절 희생의 어린양이 세 가지로 즉 '어린양'과 '그 어린양'과 '너희의 어린양'으로 묘사되고 있음을 알게 될 것입니다. 이것은 하나님의 어린양이신 주 예수 그리스도를 보여 주는 완벽한 그림입니다. 여러분은 하나님께서 "유월절 어린양을 죽이라."고 말씀하셨던 것을 기억할 것입니다. 이에 대해 사도 바울은 "너희는 누룩 없는 자들인즉 새 덩어리가 되기 위하여 묵은 누룩을 내버리라. 이는 우리의 유월절(逾越節) 어린양 곧 그리스도께서 우리를 위하여 희생물이 되셨음이라."(고전 5:7)라고 하였습니다. 그러므로 우리는 유월절 어린양으로 묘사된 예수님과 예수님으로 묘사된 유월절 어린양을 보면서 결코 실수를 범할 수 없습니다.

1. 우리 주님은 어린양(A Lamb)이십니다.

예수님은 신약성경의 여러 곳에서 어린양으로 불렸습니다. 이 유월절 어린양은 갈보리 십자가 위에 달린 하나님의 어린양으로서의 예수님을 보여 주고 있으며 창세기에서는 이것이 세 번이나 암시되어 있습니다. 그 중 첫 번째 것은 창세기 3장에 기록되어 있습니다. 아담과 이브는 죄를 짓자마자 자기들이 벌거벗은 줄을 알고 무화과 나뭇잎을 엮어 자기들의 벌거벗음을 가렸습니다(창 3:7). 이때에 하나님께서 오셔서 이런 일을 하셨습니다.

주 하나님께서 또한 아담과 그의 아내에게 가죽옷을 만들어 입히시니라. (창 3:21)

잘 보시기 바랍니다. 어떤 짐승이 아담과 이브가 입을 가죽옷을 제공하기 위해 반드시 죽어야만 하였습니다. 저는 그것이 양이었음을 곧 보여 드리겠지만 우선 죄에 빠져 타락한 한 쌍의 남녀의 옷을 제공하기 위해 하나님께서 희생 짐승의 피를 흘려야만 했다는 사실을 지적하고 싶습니다. 흠 있는 죄인들인 저와 여러분이 거룩하신 하나님 앞에 서려면 그와 같은 일이 있어야 합니다. 우리는 반드시 하나님의 의로움의 옷을 입어야 합니다. 그렇지 않으면 지옥 불꽃에서 영원히 고통을 받을 것입니다. 예수님께서 하나님의 어린양으로 십자가 위에서 처형되어 스스로 피를 흘리셨기 때문에 그분께서는 회개하는 죄인들을 하나님의 의로움의 옷으로 입히실 수 있었습니다(롬 10:1-13; 고전 1:30).

하나님께서 죄를 알지도 못하신 그분을 우리를 위하여 죄가 되게 하신 것은 우리로 하여금 그분 안에서 하나님의 의가 되게 하려 하심이라. (고후 5:21)

창세기에서 예수님이 하나님의 어린양으로 묘사된 두 번째 부분은 4장이며 거기서 우리는 아담과 이브의 옷을 제공하기 위해 어떤 짐승이 죽었는지 알 수 있습니다.

이브가 또 가인의 동생 아벨을 낳았는데 아벨은 양을 지키는 자이나 가인은 땅을 가는 자더라. 시간이 흐른 뒤에 가인은 땅의 열매 중에서 헌물을 가져와 주께 드렸고 아벨도 자기 양떼의 첫 새끼들과 그 기름 중에서 가져왔더니 주께서 아벨과 그의 헌물에는 관심을 가지셨으나 가인과 그의 헌물에는 관심을 갖지 아니하시므로 가인이 몹시 분하여 침통해하니 (창 4:2-5)

저는 아벨의 부모가 아벨에게 가르쳤기 때문에 그가 어떤 종류의 짐승을 하나님께 희생 제물로 바쳐야 할지 알았다는 사실을 먼저 지적하고 싶습니다. 가인과 아벨의 부모인 아담과 이브는 어린양을 죽여야 함을 알았습니다. 왜냐하면 하나님께서 자기들에게 가죽옷을 만들어 주기 위해 어린양을 죽이는 것을 직접 보았기 때문입니다. 이와 같이 우리는 예수 그리스도께서 창세기 3장과 4장에 어린양으로 묘사되어 있음을 압니다.

창세기에서 양이 언급된 세 번째 부분은 22장입니다. 하나님께서 아브라함에게 그의 아들 이삭을 모리아산으로 데리고 가서 그를 하나님께 희생물로 드리라고 말씀하시면서 아브라함을 시험하신 것을 당신은 기억할 것입니다. 이에 아브라함이 순종하여 칼을 집어들고 이삭의 가슴을 찌르려고 하였을 때 다음과 같은 일이 생겼습니다.

> 주의 천사가 하늘에서부터 그를 불러 이르시되, 아브라함아, 아브라함아, 하므로 그가 이르되, 내가 여기 있나이다, 하매 그가 이르되, 네 손을 그 아이에게 대지 말라. 아무 일도 그에게 하지 말라. 이는 네가 네 아들 곧 네 유일한 아들이라도 내게 아끼지 아니하였으므로 내가 이제야 비로소 네가 하나님을 두려워하는 줄 알기 때문이니라. 아브라함이 눈을 들어 살펴본즉 뿔이 덤불에 걸린 <u>숫양</u> 한 마리가 자기 뒤에 있으므로 이에 아브라함이 가서 그 숫양을 가져다가 <u>자기 아들을 대신하여</u> 번제 헌물로 드렸더라. (창 22:11-13)

할렐루야! 얼마나 멋있는 그림입니까! 여기 나타난 이삭은 죄 때문에 죽을 수밖에 없는 저와 여러분을 나타냅니다. 숫양은 우리 대신 돌아가신 주 예수님을 나타냅니다.

이와 같이 우리는 성경의 첫 번째 책인 창세기에서 세 번이나 예수님이 어린양으로 묘사되고 있음을 발견합니다.

2. 우리 주님은 그 어린양(The Lamb)이십니다.

그런데 어린양이라고 다 되는 것은 아닙니다. 그것은 반드시

'그 어린양'이어야만 합니다. 대언자 이사야는 예수님을 가리켜 말하며 그 어린양을 의인화해서 묘사하였습니다.

그는 멸시를 당해 사람들에게 버림을 받았으며 슬픔의 사람(man)이요, 고통을 잘 아는 자라. 우리는 그를 피하려는 것같이 우리의 얼굴을 감추었으니 그는 멸시를 당하였고 우리는 그를 귀히 여기지 아니하였도다 … 그가 학대를 당하고 고난을 당하였어도 자기 입을 열지 아니하였으며 도살장으로 향하는 어린양(lamb)같이 끌려가 털 깎는 자 앞에서 잠잠한 양(sheep)같이 자기 입을 열지 아니하였도다. (사 53:3, 7)

그 어린양은 분명히 사람입니다! 이사야는 그분을 어린양으로 묘사했습니다.

그 어린양의 정체는 침례자 요한에 의해 확인되었습니다. 어느 날 침례자 요한은 요르단 강에서 허리까지 닿는 흙탕물에 섰으며 이때에 예수님께서 둑 밑으로 오는 것을 보았습니다. 예수님께서 강변의 부들을 가르며 오셔서 물에 발을 들여놓으시자 요한은 양쪽 둑에 모여 선 사람들을 바라보며 "보라, 세상 죄를 제거하시는 하나님의 어린양이시로다."(요 1:29)라고 외쳤습니다.

이제 하나님의 어린양의 정체에 대해서는 의문의 여지가 없습니다. 그 어린양 앞을 달려갈 선두 주자가 되기 위해 하나님께서 보내신 침례자 요한은 예수님이 바로 그 어린양임을 밝히 보여 주었습니다! 우리 예수 그리스도는 하나님의 그 어린양이십니다!

그 어린양은 하나님 아버지에 의해 영광을 받았습니다. 하늘에 계신 아버지께서 자신의 아들을 어린양으로 자기 옆의 왕좌에 앉히시고 그분께서 영광을 받도록 하셨습니다.

내가 또 보니, 보라, 왕좌와 네 짐승의 한가운데와 장로들의 한가운데에 어린양께서 서 계시는데 전에 죽임을 당하신 것 같더라. 그분께 일곱 뿔과 일곱 눈이 있으니 이 눈들은 온 땅에 보내심을 받은 하나님의 일곱 영이더라. 그 어린양께서 나아오사 왕좌에 앉으신 분의 오른손에서 그 책을 취하시니라. 그분께서 그 책을 취하시매 네 짐승과 스물네 장로가 저마다 하프와 향이 가득한 금 대접들을 가지고 어린양 앞에 엎드리니 이 향은 성도들의 기도라. 그들이 새 노래를 불러 이르되, 주께서 그 책을 취하시고 그 책의 봉인들을 열기에 합당하시오니 이는 주께서 죽임을 당하사 주의 피로 모든 족속과 언어와 백성과 민족 가운데서 우리를 구속하여 하나님께 드리시고 또 우리 하나님을 위하여 우리를 왕과 제사장으로 삼으셨음이니 우리가 땅에서 통치하리로다, 하더라. 내가 또 보고 들으매 왕좌와 짐승들과 장로들을 둘러싼 많은 천사들의 음성이 있으니 그들의 수가 만만이요, 천천이라. 그들이 큰 음성으로 이르되, 죽임을 당하신 어린양께서 권능과 부와 지혜와 힘과 존귀와 영광과 찬송을 받기에 합당하시도다, 하더라. (계 5:6-12)

그 어린양이 하나님 아버지에 의해 영광을 받으셨다는 것은 아주 분명합니다. 그 어린양은 구유에서 태어났으며 죽을 수밖에 없는 목자들은 구유 속에서 이렇게 비천한 사람이 되신 어린양을 바라보았습니다. 그럼에도 불구하고 하늘의 군대들이 영광 중에 계신 그분을 쳐다볼 때 먼저 스랍들은 얼굴을 가리고 "거룩하다! 거룩하다! 거룩하다!"라고 외쳤으며 그룹들은 두려움을 표시하면서 날개를 접었고 천사들은 그분을 찬양하며 소리를 질렀고 하나님의 성도들은 무릎을 꿇었습니다.

예수님은 어린양이십니다. 우리 예수님은 그 어린양이십니다. 그러나 당신은 이것을 아십니까? 예수님이 어린양이라는 것이 무슨 의미가 있습니까? 예수님이 그 어린양이라는 것이 무슨 의미가 있습니까? 예수님이 당신의 어린양이 아니라면 아무 의미도 없는 것입니다. 당신은 당신의 죄를 회개하고 마음 속에 예수님을 당신 개인의 구원자로 받아들여야만 합니다. 그렇지 않으면 당신은 당신의 죄 가운데서 죽어 영원히 지옥 불못에서 고통 당할 것입니다. 만일 예수님이 당신의 어린양이 아니라면 당신은 구원받지 못한 채 죽게 될 것입니다.

당신은 출애굽기 12장에서 하나님께서 유월절 어린양의 피를 모든 집 앞에 어떻게 놓아야 할지 분명하게 명령하신 것을 기억할 것입니다.

> 이에 모세가 이스라엘의 모든 장로들을 불러 그들에게 이르되, 너희는 나가서 너희 가족에 따라 어린양을 택하여 그 유월절 어린양을 죽이고 우슬초 한 묶음을 가져다가 대야에 담은 피에 적셔서 대야에 있는 피를 문의 인방(lintel)과 양 옆 기둥(posts)에 뿌리고 아침까지 한 사람도 자기 집 문 밖에 나가지 말지니 (출 12:21-22)

'문 인방'은 문 위를 가로지르는 막대이며 기둥은 문과 수직을 이루며 위아래로 뻗은 나무를 말합니다. 어떤 가정의 가장이 우슬초를 취해 어린양의 피에 적셔서 문 인방의 맨 가운데에 내려치는 것을 상상해 보십시오. 그 피가 어떻게 되겠습니까? 그렇습니다. 그 피는 일직선으로 문의 중앙에서 아래로 흐를 것입니다. 자, 이제 그가 우슬초를 피에 적셔서 눈 높이에서 왼쪽의 문기둥에 내려치고 문을 가로질러 오른쪽 문기둥에 내려치는 것을 주시하십시오. 이제 당신은 무엇을 보게 되겠습니까? 그렇습니다! 그 집의 대문에는 피에 젖은 십자가가 있습니다. 아, 갈보리의 십자가여!

이제 그 날 하나님께서는 한밤중에 그 땅에 두루 다니시고 계셨습니다. 우리 하나님은 문에서 어떤 것을 보지 못하면 그 집의 처음 난 자를 죽이려 하셨습니다. 그것이 무엇이었겠습니까? 그것은 피였습니다!

> 내가 이집트 땅을 칠 때에 그 피가 너희가 거하는 집 위에 있어 너희를 위하여 표가 되게 할지니라. 내가 그 피를 볼 때에 너희를 넘어가리니 그 재앙이 너희 위에 임하여 너희를 멸하지 아니하리라. (출 12:13)

독자 여러분, 이제 잘 들으시기 바랍니다. 우리 하나님께서는 그 날부터 지금까지 전혀 마음을 바꾸지 않으셨습니다. 그분은 여전히 문 위의 피를 찾고 계십니다. 당신은 "무슨 문을 말합니까?"라고 물을지 모릅니다. 그것은 바로 당신의 마음 문입니다!

요한복음 1장 12절을 보면 "그분을 영접한 자 곧 그분의 이름을 믿는 자들에게는 다 하나님의 아들들이 되는 권능을 주셨으니"라고 기록되어 있습니다. 또한 에베소서 3장 17절을 보면 "믿음을 통하여 그리스도께서 너희 마음 속에 거하게 하옵시고"라고 기록되어 있습니다. 그러므로 하나님의 자녀가 되기 위해 당신은 주 예수 그리스도를 당신 마음 속에 당신 개인의 구원자로 모셔들여야만 함을 분명히 알 수 있습니다. 어떻게 예수님께서 당신의 마음에 들어오십니까? 문을 통해 들어오시지 않습니까? 예수님의 말씀을 들어봅시다.

> 볼지어다, 내가 문 앞에 서서 두드리노니 누구든지 내 음성을 듣고 문을 열면 내가 그에게로 들어가 그와 함께 만찬을 먹고 그는 나와 함께 먹으리라. (계 3:20)

주 예수 그리스도께서 당신의 죄로 인해 갈보리 십자가에서 피를 흘리고 죽으셨으며 영원히 불타는 지옥에서 당신을 구하기 위해 땅에 묻히셨다가 부활하셔서 지금도 살아 계신다는 아름다운 복음의 소식을 들을 때 당신이 회개하여 죄로부터 돌아서고 당신 마음의 문을 두드리고 계시는 예수님께 구원해 달라고 요청하면서 그분을 당신 마음 속으로 초청하면 예수님께서 친히 당신 마음의 문으로 들어오셔서 당신을 구원해 주실 것입니다! 예수님은 어린양이며 위대하신 대제사장이십니다. 어린양으로서 우리 예수님은 당신을 위해 십자가에서 피를 흘리셨습니다. 위대한 대제사장으로서 우리 예수님은 그 피를 땅에서 하늘로 옮기셨고 거룩한 곳에 있는 긍휼의 자리(시은소) 위에 그것을 뿌리셨습니다. 그래서 그 피는 지금 이 시간 바로 그곳에 있습니다.

> 그러나 그리스도께서는 앞으로 올 좋은 일들의 대제사장으로 오시되 손으로 만들지 아니한 성막 곧 이 건물에 속하지 아니한 더 크고 완전한 성막을 통하여 오셔서 염소와 송아지의 피가 아니라 오직 자기 피를 힘입어 단 한 번 거룩한 곳에 들어가사 우리를 위하여 영원한 구속을 얻으셨느니라. (히 9:11-12)

위대하신 대제사장으로서 오직 예수님만 그 피에 접근할 수 있습니다. 오직 그분의 피만이 우리 죄를 깨끗하게 할 수 있습니다.

> 만일 그분께서 빛 가운데 계신 것같이 우리가 빛 가운데 걸으면 우리가 서로 사귐이 있고 그분의 아들 예수 그리스도의 피가 모든 죄에서 우리를 깨끗하게 하시느니라. (요일 1:7)

구원받지 못한 죄인이 거룩한 하나님 앞에서 자신의 비참한 상태를 깨닫고 자기의 죄 가운데서 죽으면 지옥에 갈 것이라는 것을 이해할 때 그는 구원받기를 원하게 되고 바로 그 순간 영원히 구원받을 수 있습니다. 죄인이 복음을 들을 때에 예수님께서는 그의 마음 문을 두드리십니다. 그분께서 이미 구원의 대가를 다 치르셨습니다. 이미 그분의 피가 흘려졌고 그것은 지금 이 시간 하늘(천국)의 긍휼의 자리에 있습니다. 구원받지 못한 죄인이 오직 예수님만이 자기를 구원할 수 있음을 믿으며 처음부터 끝까지 예수님이 모든 것을 이룰 수 있다고 믿을 때 그가 해야 할 일은 예수님을 부르며 자기 마음 속으로 그분을 초대함으로 문을 두드리시는 예수님의 초청에 응답하는 것입니다.

> 이는 누구든지 주의 이름을 부르는 자는 구원을 받을 것임이라. (롬 10:13)

구원받지 못한 사람이 예수님께 구원을 요청하고 그 마음에 예수님을 구원자로 영접하면서 정직하게 회개하여 자기 죄들에서 돌이키면 우리 예수님은 그 피를 가져 오셔서 그들의 마음 문 위에 피의 십자가를 만드시고 안으로 들어가 문을 닫으시고 성령님으로 그것을 봉인하십니다.

> 너희도 진리의 말씀 곧 너희를 구원하는 복음을 들은 뒤에 그분을 신뢰하고 또한 그분을 믿은 뒤에 저 거룩하신 약속의 영으로 봉인되었나니 이 영께서는 우리의 상속의 보증이 되사 값 주고 사신 그 소유물이 구속을 받기까지 그분의 영광을 찬양하게 하시느니라. (엡 1:13-14)

그 사람이 죽음의 문을 통해 영원으로 들어갈 때 모든 것을 살피시는 하나님의 눈은 오직 한 가지 즉 피를 찾습니다.

> 내가 이집트 땅을 칠 때에 그 피가 너희가 거하는 집 위에 있어 너희를 위하여 표가 되게 할지니라. 내가 그 피를 볼 때에 너희를 넘어가리니 그 재앙이 너희 위에 임하여 너희를 멸하지 아니하리라. (출 12:13)

하나님은 종교를 찾지 않습니다! 그분은 피를 찾습니다! 하나님은 침례를 찾지 않습니다! 그분은 피를 찾습니다! 하나님은 선행, 아베마리아, 방언, '끝까지 믿음을 지키는 것' 등을 찾지 않으시며 당신의 성실함을 찾지도 않으십니다! 그분은 피를 찾습니다.

> 내가 그 피를 볼 때에 너희를 넘어가리라.

이 사실은 지금부터 약 3500년 전에 그 어두운 밤에 이집트에서 유월절 사건이 처음 일어난 이후로 지금 이 시각까지 전혀 변하지 않았습니다. 하나님께서는 여전히 그 어린양의 피를 찾고 계십니다! 만일 여러분이 죽을 때 여러분 마음 문에 그것이 없다면 여러분은 둘째 사망인 불못에서 영원을 보내게 될 것입니다(계 20:14, 21:8).

이제 한 비유를 들어보겠습니다.

한 남자가 비행장으로 갔습니다. 그는 넓은 중앙 홀로 갔습니다. 출구 밖에는 이 남자가 가고자 하는 목적지로 출발할 비행기가 있었습니다. 그는 앞사람들이 비행기 티켓을 제시하고 탑승권을 받는 동안 줄에 서 있었습니다.

그 남자의 차례가 되어 창구에 가까이 가자 티켓 검사원이 말했습니다.

"티켓을 보여 주세요, 선생님."

"저는 티켓이 없습니다. 그러나 어떻게든지 비행기를 타고 싶습니다."

그러자 티켓 검사원은 곁눈질로 그를 보며 애써 웃으려고 노력하며 말했습니다. "선생님, 어느 누구도 티켓이 없이는 탑승할 수 없습니다."

그 남자는 얼굴을 붉히며 재빠르게 말했습니다. "보세요, 너무 까다롭게 그러지 마십시오! 자, 나를 탑승하게 해 주십시오!" 그러자 티켓 검사원은 화를 내며 대답하였습니다. "선생님, 제가 분명히 말씀드리지만 티켓이 없으면 탑승할 수 없습니다."

그 남자는 불끈해서 투덜거렸습니다. "검사원 양반, 나는 이 지역의 유지입니다. 그러니 나를 탑승시켜 주십시오!"

티켓 검사원은 완고하게 반박하였습니다. "선생님, 선생님이 이 도시의 시장이라도 아무 상관이 없습니다! 티켓이 없으면 탑승할 수 없습니다!"

"자, 여기를 보시오." 소리를 높이며 그 남자는 말했습니다.

"내 이름은 조지 아차(George Atcha)이고 2차 세계대전 당시 진주만에서 싸웠습니다!"

티켓 검사원은 눈을 가늘게 뜨고 입술을 꼭 다문 채로 이야기했습니다. "저는 선생님의 이름이 대비 크로켓(Davey Crokett)이든 또 당신이 알라모에서 싸웠든 상관하지 않습니다! 티켓이 없이는 탑승할 수 없습니다! 자, 티켓을 가진 다른 사람들을 위해 옆으로 비켜 주십시오!"

드디어 아차 씨의 얼굴은 붉어졌고 그는 사나운 기세로 입을 다물었습니다. 그리고는 격노한 입술로 고함을 쳤습니다. "나는 유명한 법률 회사에 다니고 있소! 자, 비행기를 태워 주시오!"

그러자 분노로 눈을 번뜩이며 티켓 검사원은 흥분하여 말했습니다.

"보세요. 선생님, 저는 선생님이 유명한 변호사 메이슨이라 해도 상관하지 않습니다! 저는 여기서 티켓을 받고 있습니다! 제가 티켓을 볼 수 있으면 선생님이 비행기에 탑승하도록 하겠습니다. 자, 비켜 주시기 바랍니다!"

아차 씨는 더욱 화가 나서 고함쳤습니다. "자, 이것 보십시오. 나는 로마 카톨릭 교도이고 내 아내는 포스퀘어 오순절 교회에 다니며 내 할아버지는 침례교 목사였습니다! 자, 그러니 나를 저 비행기에 태워 주십시오!"

티켓 검사원은 화가 나서 무서운 목소리로 말했습니다. "보십시오. 저는 선생님이 로마 교황이라도 상관하지 않습니다! 저는 선생님 부인이 오순절 여자 목사 맥퍼슨(Aimee McPherson)이라 해도 상관하지 않습니다. 저는 선생님의 할아버지가 침례자 요한이라도 상관하지 않습니다. 티켓 없이는 탑승할 수 없습니다! 자, 줄에서 비켜 서십시오!"

감정이 격해지자 아차 씨의 목소리는 더 험악해졌습니다. "당신에게 할 말이 있습니다. 티켓 검사원 양반! 나는 사실 중앙 정보부 국장입니다!"

티켓 검사원의 이마에 주름이 잡혔습니다. "중앙 정보부라고

요?"

음흉하게 씩 웃으며 티켓 검사원은 딱 잘라 말했습니다. "보십시오. 저는 선생님이 KKK단의 단장이라도 상관하지 않습니다! 티켓을 제시하든지 아니면 줄에서 비켜 서십시오!"

"좋소!" 무겁게 숨을 내쉬며 아차 씨의 눈은 격정으로 인해 분노의 바다가 되었습니다. "여보시오. 당신에게 말할 것이 있습니다! 나는 당신이 탑승시키고 있는 사람들보다 더 나은 삶을 살고 있습니다! 그것은 확실합니다."

"글쎄요 … ."

"선생님이 비행기에 탑승하고 있는 대부분의 사람들보다 더 나은 삶을 살지는 모르지만, 아차 씨 그러나 … "

"정말 그렇습니다." 아차 씨는 가로채며 말했습니다.

"저는 그것에 관해 논의하지 않겠습니다." 검사원은 말했습니다. "그러나 선생님과 이 사람들 사이에는 두 가지 차이가 있습니다."

"오, 그래요? 그것이 무엇입니까?"

아차 씨에게 차갑게 시선을 고정하고 티켓 검사원은 확실하게 말했습니다. "그들은 티켓이 있고 선생님은 없습니다! 또한 그들은 여행을 떠날 수 있으며 선생님은 그럴 수 없습니다!"

여러분은 티켓 검사원이 오직 한 가지만을 찾고 있다는 사실을 주목해야 합니다. 그 외에 아무것도 필요치 않았습니다. 그는 아차 씨가 어떤 시민이었는가에 관심이 없었습니다. 그는 그의 가문과 사회적 신분과 그가 속했던 단체가 무엇이든 개의하지 않았습니다. 또한 그의 종교에 대해서도 개의하지 않았습니다. 티켓 검사원은 그 사람이 어떤 삶을 살았는지 관심을 두지 않았습니다. 그는 오직 티켓에만 관심을 두었습니다.

하나님도 구원에 관한 한 그와 같은 방법을 취하십니다. 하나님은 당신이 어떤 종류의 시민인가에 대하여 관심을 갖지 않으십니다. 하나님은 당신의 가문이나 사회적 신분 그리고 당신이 속한 단체가 어떤 것인가에 관심을 갖지 않으십니다. 하나님은 또한 당신의 종교에 대해서도 상관하지 않으십니다. 당신이 어떤 삶을 살든지 그것 역시 조금도 하나님께 감명을 주지 않습니다. 하나님은 한 가지 즉 피만을 찾고 계십니다!

내가 그 피를 볼 때에 너희를 넘어가리라!

당신은 당신의 죄를 회개하고 주 예수 그리스도를 당신 마음에 모셔들였습니까? 당신 마음의 문 위에 그분의 피가 있습니까? 그분의 피가 없이는 구원이 있을 수 없습니다! 당신이 쌓은 선행을 잊어버리십시오.

당신에게는 하나님 보시기에 선한 것이 없습니다(롬 3:12). 당신의 종교를 잊어버리십시오. 하나님은 그것을 매우 싫어하십니다(사 1:13-15). 바로 지금 당신의 죄를 회개하십시오. 주 예수 그리스도께 나아가 당신의 모든 죄를 용서해 달라고 부탁하십시오. 예수님만이 구원을 베푸는 분이란 사실을 믿는다고 그분께 고백하고 당신 마음 속에 들어오셔서 당신의 구원자가 되어 달라고 부탁하십시오. 그러면 예수님께서 당신 마음의 문에 오셔서 그 문 위에 피를 바르시고 영원히 당신 속에 들어오실 것입니다.

저는 가끔 출애굽기 12장 후반부의 상황을 미음 속에 그려 보곤 합니다. 하나님께서 모세에게 자세한 것을 지시하자 그는 밖으로 나가 그 말씀을 알리기 시작했습니다. 저는 모세가 사람들에게 유월절 어린양의 피와 그 달 14일 한밤중에 하나님께서 이집트 땅을 두루 다니실 것에 대해 말하였을 때 길모퉁이에서 모세 주위로 몰려든 많은 군중을 그려 볼 수 있습니다. 모세는 하나님께서 모든 집의 문 위에서 어린양의 피를 찾으실 것임을 강조합니다. 만일 거기에 피가 없으면 그 집의 맏아들은 죽을 것입니다.

저는 군중 속에서 두 명의 어린 소년을 봅니다. 그곳에 있던 두 소년은 서로 상대방이 거기 있다는 것을 깨닫지 못했습니다. 군중 속의 한 소년은 히브리 소년입니다. 그는 근교의 한 집에 살고 있으며 그 집의 맏아들입니다. 군중 속의 다른 한 소년은 이집트 소년입니다. 그는 파라오의 아들이며 시 중심부에 있는 왕궁에 살고 있습니다. 그 역시 그의 맏아들입니다.

두 소년은 모세의 말을 듣고 두려워서 마음이 흔들렸습니다. 만일 그들의 집 문 위에 피가 없다면 맏아들인 그들은 14일 한밤중에 죽을 것입니다. 두려움에 찬 히브리 소년은 집으로 달려 갔습니다. 집에 뛰어 들어간 그는 아버지를 붙들고 외쳤습니다. "아버지! 아버지! 우리 목사님인 모세가 마을 길모퉁이에서 말씀을 전하고 있어요!"

그 소년의 아버지는 그를 내려다보며 말했습니다. "무엇 때문에 너는 그렇게 흥분했니? 모세 목사가 무엇이라 했니?"

그 소년은 자기 아버지에게 모세가 유월절 어린양에 대해서 그리고 하나님께서 14일 한밤중에 두루 다니실 때 문 위에 어린양의 피가 없으면 모든 집의 맏아들을 죽일 것에 대해 이야기했다고 말했습니다. 또 헐떡거리며 그는 말했습니다.

"아버지, 어린양 하나를 택해서 그것을 죽여 그 피를 문 위에 바르실 거죠?"

아버지는 웃으며 자기 아들의 머리를 가볍게 두드렸습니다. 그 가족은 모두가 모세를 목사로 둔 히브리 제일 침례 교회에 다니고 있었습니다. 그들은 모세가 하나님께 속한 사람이며 하나님의 진리를 말한다는 것을 알고 있었습니다.

"물론 그렇게 할 것이란다, 애야." 아버지는 부드럽게 말했습니다. "나는 너를 사랑한다. 그리고 네가 죽는 것을 원치 않는다. 모세 목사는 우리에게 하나님께서 항상 정말로 뜻하신 것만을 말씀하시며 또 무엇을 말씀하실 때는 항상 진실을 말씀하신다고 우리에게 가르쳐 왔다. 그러므로 하나님께서 문 위의 피를 볼 때 우리 집을 넘어가시겠다고 말씀하셨다면 정말로 하나님께서 그렇게 하시리라는 것을 우리는 안단다. 그러니 나는 문 위에 피를 바를 것이다."

히브리 소년은 안도의 한숨을 쉬며 말했습니다. "고맙습니다. 아버지, 저는 아버지가 하나님을 믿으므로 정말 기뻐요."

한편 왕의 궁전에서는 파라오의 맏아들이 왕실로 달려들어가 두려움으로 인해 눈을 동그랗게 뜨고 외쳤습니다.

"아버지! 아버지! 히브리 제일 침례 교회의 모세 목사가 어린 양을 취해서 14일 저녁에 그것을 죽이고 그 피를 집의 문 위에 뿌려야 하며 만일 그렇게 하지 않으면 하나님께서 나를 죽일 것이라고 말했어요!"

바로는 눈썹을 치켜 뜨고 말했습니다.

"만일 문 위에 어린양의 피를 바르지 않으면 하나님이 너를 죽일 것이라고?"

"그래요, 아버지!"

"자, 들어 봐라, 애야." 왕은 불쾌하게 느끼며 말했습니다.

"너는 지금 오랄 로버츠와 같이 터무니없는 이야기를 꾸며 대고 있구나! 네가 정말로 그렇게 하길 원한다면 로버츠처럼 단번에 몇 백만 달러를 모아야 하지 않겠니?"

"아니에요, 아버지!" 소년은 간청했습니다.

"이것은 만들어 낸 것이 아니에요. 모세 목사가 정말로 그렇게 말했어요!"

파라오는 불쾌감을 느끼며 숨을 내셨습니다. "얘야, 모세는 침례교인이다! 내가 전에 네게 절대로 침례교인들의 말을 듣지 말라고 했지! 그들은 이상한 사람들이다! 그들은 또한 하나님의 말씀을 문자 그대로 받아들인다. 모세는 정신이 좀 나간 사람이다! 게다가 내가 가진 『개정표준역』(Revised Standard Version)은 이 피에 대해 조금 다르게 묘사하고 있단다. 자, 나가 놀아라. 그 늙은 얼간이의 말에 귀를 기울이지 말아라. 14일 밤에 우리 문 위에 피가 없다고 해서 하나님이 너를 죽이지는 않을 것이다."

어린 왕자는 자기 아버지 말에 위안을 얻고 두려움을 떨쳐 버렸습니다. 시간이 흘러 그 달 10일 아침이 되었습니다. 이스라엘 사람들은 들로 나가 어린 숫양을 가져왔습니다. 그 히브리 사람의 집에서는 어린 소년이 아침을 먹기 위해서 부엌으로 들어와 자기 아버지에게 말했습니다. "아버지, 저는 침실 창문을 통해 우리 친구들과 이웃 사람들을 지켜보았어요. 그들은 어린 양을 가져오고 있었어요. 아버지도 어린양을 한 마리 취하실 거지요?" 아버지는 웃으며 말했습니다. "얘야, 오늘 아침 네가 일어나기 전에 나는 이미 어린양을 가져왔단다. 뒤뜰에 나가서 보아라." 어린 소년은 뒷뜰로 뛰어나가 우리 안에 갇힌 흠 없는 어린 숫양을 보았습니다. 그리고 부엌으로 돌아와 그는 말했습니다. "아버지, 저는 아버지가 하나님을 믿으므로 정말 기뻐요."

한편 궁전에서는 어린 왕자가 아침 식탁에 와서 말했습니다. "아버지, 저는 오늘 아침 침실 창문을 내다보고 있었어요. 히브리 사람들은 하나님께서 모세 목사가 말했던 대로 어린양들을 데려오고 있었어요. 아버지, 저는 아버지가 어린양 한 마리를 취하시면 정말 좋을 것 같아요."

파라오는 웃으며 "걱정하지 말아라. 얘야, 내가 가진 『신미국

표준역』(*New American Standard Bible*)에는 각주가 있는데 각주는 그것이 거짓이며 원문에는 없던 거라고 말한다. 게다가 너도 알다시피 우리는 캠벨파 즉 '그리스도의 교회'[5] 회원이 아니니? 여하튼 피는 아니다. 애야, 실제로는 물이다. 물이야! 너는 우리 교회에서 물 침례를 받았지. 그렇지? 그러면 되었다."" 그래요 아버지, 하지만 … " "자, 내가 말한 것처럼 걱정하지 말아라, 애야, 우리 교회가 바른 교회이다. 즉 물 침례를 받으면 구원받는다고 가르치는 '그리스도의 교회'야말로 바른 교회란 말이다. 그렇지 않니?"

"네, 아버지. 그러나 모세 목사는 말하기를 … "" 오, 그 얼간이 침례교인이 했던 말은 잊어버려라, 애야!" "그런데 아버지, 저는 그 피를 갖고 싶어요 … " 파라오는 단호하게 말합니다. "잊어버려라, 애야, 방금 말했지만 물이 중요한 거다. 물이 중요해."

어린 왕자는 신경이 예민해졌지만 그래도 자기 아버지 의견을 신뢰하고자 합니다. 이렇게 해서 나흘이 지났고 드디어 14일 아침이 되었습니다.

히브리 소년은 아침에 식탁에 나아가 아버지에게 말했습니다. "아버지, 오늘은 14일이에요. 오늘 어린양을 죽이고 그 피를 문에 뿌리실 거지요?"

아버지는 웃음을 지으면서 아이의 머리를 쓰다듬으며 말했습니다. "물론이지. 우리는 하나님이 무엇을 말씀하실 때 반드시 진실을 말씀하심을 알고 있단다. 그러므로 오늘 저녁에 그 어린양을 죽이고 하나님께서 명령하신 대로 문에 그 피를 뿌릴 것이다." 이에 소년은 한숨을 쉬며 말했습니다. "아버지, 아버지가

---

5) 캠벨파(Campbellites)는 사람이 물로 침례를 받아야만 구원을 받는다는 이단 교리를 주장함.

하나님을 믿으므로 기뻐요."

같은 시간에 궁전에서는 파라오의 아들이 식탁에 나아와 아버지에게 말합니다. "아버지, 저는 무서워요. 오늘이 14일이에요. 하나님이 오늘 밤 이집트 땅을 두루 다니실 거예요. 저는 죽기 싫어요. 무서워요. 아직도 시간이 있어요. 서둘러 어린양을 취하세요. 오늘 저녁에 그것을 죽여서 … "

파라오는 중얼댑니다. "얘야, 제발 그만 해라. 그런 일은 있지 않을 거야. 저 멍청이 침례교인들은 구식의 『킹제임스 흠정역 성경』만 믿는데 내가 가진 성경은 … 라고 말한다." "아버지, 그래도 저는 그 피를 취해 … "

"얘야, 몇 번 말하지 않았니. 물이 중요하다고! 물 침례 받으면 아무 문제가 없다니까. 들들볶지 말고 기다려라. 내가 다 해결할 테니까." "아버지, 그게 무슨 뜻이에요?" "오늘 아침 네가 일어나기 전에 나는 우리 집 대문을 뜯어서 교회에 들고 갔다. 그리고 목사님이 거기에다 물로 침례를 주었지. 캠벨파의 물 침례는 효력이 있으니 너는 이제 내 말만 믿기 바란다. 걱정하지 말아라."

소년은 의심이 들긴 했지만 여전히 자기 아버지 말을 믿으려 했습니다. '그리스도의 교회'가 틀리지는 않을 것이라 생각하고 자위했습니다. 드디어 해가 지기 시작했고 땅에 어둠이 스며들기 시작했습니다. 그 히브리 사람의 집에서 어린 소년은 자기 아버지가 우리에서 어린양을 가져다가 죽여서 그 피를 대야에 담는 것을 보았습니다. 이 소년은 아버지가 이 피를 집 앞으로 가지고 가서 하나님이 명령하신 대로 우슬초에 찍어 문의 인방과 양쪽 기둥에 뿌리는 것을 보았습니다.

아버지가 일을 끝내자 그 집의 대문에는 붉은 색 십자가가 그려졌습니다. 아버지는 말했습니다. "얘야, 잘 보았지? 나는 하나님이 하라고 명령하신 대로 다 했다. 이제 그 피가 문에 있다. 그러니 모든 것이 잘 될 것이다. 하나님은 피를 찾으실 터이지만 피가 문에 있으므로 걱정할 것이 없단다. 자, 이제 안으로 들어가자."

소년은 자기 집 대문의 피 십자가를 살펴보고는 그것이 제대로 이루어진 것에 만족해서 아버지를 따라 집으로 들어갑니다.

한편 파라오는 선반 위의 오래 된 괘종시계를 바라본 뒤 이렇게 말했습니다. "자, 봐라. 애야, 우리는 이미 이런 일을 여러 차례 경험했단다. 나를 믿어라. 모든 것이 잘 될 것이다. 너에게 말했듯이 우리 집 대문은 아침에 물 침례를 받았단다. 게다가 『현대인을 위한 좋은 소식』(Good News for Modern Man)이라는 성경 역본은 피를 중요하게 생각하지 않는단다. 그래서 많은 부분을 삭제했다. 거기에는 피가 없단다. 게다가 나는 딤 목사가 지은 『그리스도의 피』라는 훌륭한 책을 읽어 왔다. 그는 마지막 페이지에서 '그들은 더 잘 알아야 함에도 불구하고 '그리스도의 피'라는 문구가 정말로 문자적 의미를 지니고 있다는 잘못된 개념을 맹목적으로 받아들이며 이렇게 함으로써 자기 자신을 우스운 존재로 만들어 버립니다.'라고 말한다. 그리고 그는 결론적으로 '그리스도의 피는 어느 누구도 구원할 수 없습니다.'고 말한다."

"그러나, 아버지 … ""말을 끊지 말아라, 애야! 나는 맥아더 목사가 자기 교회의 학습 회원에게 보낸 편지를 읽어 보았다. 그는 분명하게 하나님이 피를 찾고 계시지 않는다고 말했다. 그는 하나님이 단지 죽은 양을 찾고 계신다고 말했다. 그러니 만약 하나님께서 죽은 어린양을 찾고 계신다면 확실히 이 침례교 광신자들이 오늘 밤 죽인 양떼를 발견할 것이다. 하! 하! 하! 자, 가서 자거라, 거의 11시가 되어 간다." 소년은 떨리는 목소리로 말합니다. "그러나 아버지, 저는 두려워요! 저는 자러 가기 싫어요! 저는 … " 이 말을 할 때 그의 몸은 전율하였습니다. 화가 나서 눈이 볼록해진 파라오는 애타는 소리로 말했습니다. "내 말을 잘 들어라, 애야! 잘 시간이다! 자, 이제 너를 침대 속으로 밀어 넣을 거다. 더 이상 건방진 말을 하지 마라!"

파라오는 자기의 맏아들을 데리고 강제로 그의 침실로 가서 침대에 밀어 넣었습니다. 그리고는 불쾌한 목소리로 말했습니다. "자, 잘 자거라. 내일 아침에 보자." "하지만, 아버지, 제발!" 소년은 소리쳤습니다. "제발 어린양을 취해 그 피를 문에 바르세요! 하나님께서 한 시간 내에 오실 거예요! 『킹제임스 흠정역 성경』은 하나님께서 피를 찾고 계신다고 했어요!"

파라오는 냉소적으로 싱긋 웃으며 말했습니다. "너는 그것이 원본에 있다는 것을 어떻게 알고 있니? 나의 『신국제역』(NIV)에는 모든 장에 각주가 있으며 거기에는 『킹제임스 흠정역 성경』에 있는 많은 구절이 거기 있어서는 안 된다고 설명을 하고 있단다. 아마도 이 유월절 어린양에 대한 부분은 NIV 등이 추앙하는 '보다 좋은 사본' 6)에는 없는것 같다! 또한 맥아더 목사는 『흠정역 성경』에 틀리게 번역된 부분이 많다고 했다! 또 그는 히브리서 주석에서 … 라고 말했다지."

어린 왕자는 울부짖었습니다. "아버지, 왜 하나님을 믿지 않으세요?" "조용히 하고 그만 자거라." 파라오는 자기 아들에게 말했습니다. 그는 방을 나와 문을 탕 닫았습니다. 파라오는 서재로 가서 『리빙바이블』(Living Bible)을 읽었습니다. 그는 몇몇 구절에서 발견되는 불경스러운 말들을 보고는 낄낄대고 웃었습니다. 잠시 후에 그는 잠이 와서 책을 덮고 침실로 가서 옷을 벗

---

6) 『한글개역성경』, 『공동번역』, NIV, NASV 등이 각주에서 좋다고 추천하는 '더 좋은 사본', '더 오래 된 사본'은 한결같이 천주교의 '바티칸 사본'과 '시내 사본'임

고 침대 안으로 미끄러져 들어갔습니다. 하품을 하고 기지개를 켜면서 그는 큰 침대로 기어 들어갔습니다. 그가 베개를 끌어안았을 때 거실 아래에서 12시를 알리는 대형 괘종시계 소리가 들렸습니다.

한편 히브리 사람의 집에서도 선반 위의 오래 된 대형 괘종시계가 12시를 알렸습니다. 어린 소년과 그의 아버지는 거실에 앉아 있었습니다.

소년은 흥분하고 있었습니다. 그의 얼굴은 창백하였습니다. 마지막 시계 소리가 공중으로 사라졌을 때 갑자기 검은 그림자가 창문을 가로질러 지나갔습니다. 소년은 오싹해서 숨을 들이쉬며 소리쳤습니다. "아버지! 저것이 뭐지요?" "왜 그러니 아들아. 그것은 죽음의 그림자란다." 아버지가 대꾸했습니다. 소년은 두려움에 차서 헐떡거렸습니다. "죽음의 그림자라고요?" "그렇단다." 아버지는 조용히 대답하였습니다. "너는 아직도 깨닫지 못했니? 하나님께서 지금 막 지나가셨다!" 소년은 안도하며 눈이 동그래졌습니다. "그래요, 하나님께서 우리 집을 넘어가셨지요. 그렇지요, 아버지? 하나님께서 지금 막 넘어가셨지요?" "이해하겠니, 애야? 죽음이 이미 오늘밤 우리 집을 넘어갔다. 어린양이 너를 대신하여 죽었지 않았니!"

소년은 기뻐서 눈물을 흘리기 시작했습니다. "오, 그래요, 아버지! 이제 알겠어요! 어린양이 저를 대신해서 죽었어요! 그리고 문 위의 그 피가 저를 죽음으로부터 구해 주었어요! 주님을 찬양해요! 그 어린양으로 인해 주님을 찬양해요! 저 피로 인해 주님을 찬양해요!"

파라오의 궁전에서도 시계가 12시를 알렸습니다. 왕은 잠시 동안 어떤 이상한 소리를 들으며 누워 있었습니다. 모든 것이 조용해지자 그는 혼자서 싱글벙글 웃었습니다. "하! 하! 나는 저

오래된 구식의 『킹제임스 흠정역 성경』이 틀린 줄 이미 알았지! 12시가 되었지만 모든 것이 이상이 없잖아! 하! 하! 하! 현대역본들의 창시자인 웨스트코트와 호르트[7]는 정말로 대단해. 그들이 제대로 했으리라 믿었는데 정말 잘 되었어. 딤 목사와 맥아더 목사 그들도 대단해! 누군가가 그 목사들에게 메달을 주어야할 텐데! 그들은 피에 관한 한 줄곧 옳았어! 그들은 … "

파라오가 기뻐서 독백을 하는데 갑자기 궁전 정문에서 큰 노크 소리가 났습니다. 베개에서 머리를 쳐들고 그는 투덜거렸습니다. "누가 이 밤중에 문을 두드리고 있는 거야?"

문 두드리는 소리가 다시 한 번 더 크게 나자 왕은 맹세하며 외쳤습니다. "돌아가, 당신이 누구든지! 당신은 이 시각에 내 문을 두드릴 일이 없어! 돌아가!"

다시 한 번 더 크게 문 두드리는 소리가 났습니다. 파라오는 중얼거렸습니다. "그런데 바보 같은 하인들은 어디에 있는 거야? 왜 나가서 문을 열어 주지 않지?"

방문객은 끈덕졌습니다. 문 두드리는 소리가 이번에는 너무 커서 집 전체를 흔들었습니다. 파라오는 대꾸하며 소리쳤습니다. "좋아, 내가 직접 가지!" 그는 파자마를 입은 채 침대를 빠져나와 문으로 향했습니다. 문 두드리는 소리가 다시 한 번 우레같이 들렸습니다. "알았다고! 알았다니까!" 왕은 고함쳤습니다. "나 간다고!"

파라오는 문고리를 잡고 그것을 돌려 문을 열었습니다. 그런

---

7) 웨스트코트(Brook Foss Westcott, 1825-1903)와 호르트(Fenton John Anthony Hort, 1828-1892)는 거듭나지 않은 성공회 목사들로서 이들은 "어떤 성경도 완전하지 않다."는 알렉산드리아 철학에 완전히 심취되어 『킹제임스 흠정역 성경』과 안디옥 계열의 그리스어 본문인 '공인 본문'(Textus Receptus)에 대해 악의와 혐오감을 가지고 있으면서 1880년대에 알렉산드리아 사본들을 가지고 '수정된 그리스어 본문'을 편집 출간함. NIV, 『한글개역성경』등 모든 현대 역본들은 이들이 개악한 그리스어 본문 즉 '비평 본문'(Critical Text)에 기초해서 번역됨.

데 자기 앞에 다가온 무시무시한 공포의 영을 보자 그의 피는 얼음장처럼 차갑게 변했습니다. 검은 옷에 싸여 창백한 얼굴과 움푹 꺼진 눈과 패인 볼을 가진 사망이 거기 서 있었습니다. 뼈만 앙상한 그의 손에는 피에 흠뻑 젖은 큰 검이 있었습니다.

파라오는 공포에 굳어서 문을 닫으려고 애썼습니다. 그러나 사망은 문을 차서 벽에 꽝하고 부딪히게 했습니다. 파라오는 숨이 차서 헐떡거리며 "사망은 안 돼! 너는 여기에 들어 올 수 없어!"라고 외쳤습니다.

"비켜라!" 사망은 세차게 말하며 강제로 궁전으로 들어갔습니다. "문에 피가 없기 때문에 내가 들어온 것이다!" "그러나 사망이여, 나는 어제 아침 캠벨파 그리스도의 교회에서 저 문에 물로 침례를 주었습니다!" "이봐, 나는 물을 찾고 있지 않아. 나는 피를 찾고 있어." "그러나 사망이여, 당신은 피를 찾는 게 아니지요. 맥아더 목사는 중요한 것은 죽은 양이라고 말했소. 당신은 … "

"맥아더가 무엇이라고 했는지 모르지만 하나님은 '내가 그 피를 볼 때에 너희를 넘어가리라!' 고 말씀하셨다. 너는 하나님의 말씀에 귀를 기울이는 법을 배워야 한다. 그게 좋을 것이다!"

파라오는 사망 앞에 서서 반항적으로 말했습니다. "당신은 여기에 들어올 수 없소! 여기는 왕의 궁전이오!"

"여기가 타지마할이라고 해도 상관없다!" 사망은 세차게 말했습니다. "문에 피가 있지 않아!" 그는 피로 물들은 검을 들이대며 또 말을 덧붙였습니다. "나는 피를 보지 못하면 피를 만들어 내느니라!"

파라오의 얼굴은 백짓장처럼 창백했습니다. "그러나 『현대인을 위한 좋은 소식』은 피가 중요하지 않다고 분명히 말하며 많이 제거했습니다!"

"파라오, 그것이 바로 너의 문제이다!" 사망은 비웃었습니다.

"너는 하나님 대신 현대인의 말에 귀를 기울여왔다! 자, 비켜라. 이제 들어가야겠다!"

"잠, 잠깐만, 기다려요, 사망이여! 내 성경에 있는 각주는 모세가 말하는 피는 단지 비유일 뿐이라고 말해 주었소. 그것은 실제 피가 아니라 단지 비유입니다!" 사망은 바로의 눈높이로 피묻은 검을 휘두르며 말했습니다. "이 검에서 떨어지는 피가 네게는 비유로 보이느냐?"

파라오의 이마에는 땀방울이 맺혔습니다. 소맷자락으로 얼굴을 가리며 그는 더듬더듬 말했습니다. "잠, 잠깐만, 사망이여, 우, 우리 타협을 합시다!"

사망은 팔꿈치로 왕을 제치며 말했습니다. "나는 타협을 안 한다!" 검은 옷을 입은 그 영(靈)은 이제 궁궐의 뒤쪽으로 향했습니다. 파라오는 그의 옆을 따라 달려가서 헐떡이며 말했습니다. "좋아요, 사망이여, 내가 잘못했습니다! 이제 깨달았습니다! 내게 잠시 시간을 주십시오! 내일까지만이라도!"

사망은 자기가 맡은 임무를 수행하기 위해 단호하게 행동하며 우렁차게 대답하였습니다. "보라. 이제 너무 늦었다. 너는 진작 하나님의 말씀을 들었어야 했다!"

절망에 빠져 파라오는 사망을 지나 자기 맏아들의 침실 문 앞에 달려가 팔을 넓게 벌리고 버티었습니다. 그의 눈은 부풀어올랐고 그의 가슴은 압축되었습니다. 그리고 그는 짧게 숨을 내쉬며 헐떡거리고 있었습니다. 속에서 솟아나는 공포를 억제하려고 애쓰면서 그는 고결하게 말했습니다. "만약 당신이 누군가를 죽이기 원한다면 나를 죽이시오! 제발 내 아들을 데려가지 마시오, 제발!"

사망은 그의 머리를 옆으로 젖히며 파라오를 주의 깊게 쳐다

보고 이렇게 말했습니다. "이 늙은 양반아, 너는 확실히 성경을 잘 알지 못하는도다. 성경을 읽어 봐라. 이제 나는 이틀 안에 너를 홍해에서 데려갈 것이다! 자, 길을 비켜!"

사망은 왕을 밀쳐 내고 침실 문을 박차고 열었습니다. 어린 왕자는 침대 한가운데서 두려움에 몸을 떨며 무릎을 꿇고 있었습니다. 그의 눈은 동그랗게 되었습니다. "아버지!" 그는 비명을 질렀습니다. "왜 하나님을 믿지 않으셨어요?" 검이 높이 올라갔고 사망의 손은 인정사정 없이 파라오의 맏아들을 내리쳤습니다. 자, 아래 구절을 주목해 보시기 바랍니다.

> 한밤중에 주께서 이집트 땅의 처음 난 것 곧 왕좌에 앉은 파라오의 처음 난 자로부터 옥에 갇힌 자의 처음 난 자까지 다 치시고 또 가축의 처음 난 것을 다 치시매 그 밤에 파라오와 그의 신하들과 온 이집트 사람들이 다 일어나고 이집트에 큰 부르짖음이 있었으니 이는 그곳에서 사람이 죽지 아니한 집이 하나도 없었음이더라. (출 12:29-30)

독자 여러분, 하나님은 자신이 뜻하신 것만을 말씀하시고 또 무엇을 말씀하실 때는 정말로 그것을 뜻합니다.

내가 그 피를 볼 때에 너희를 넘어가리라!

이제 당신의 마음의 문에 그 피가 없다면 결코 구원받을 수 없습니다!

당신이 아직도 구원받지 않았다면 지금 이 시간 그리스도를 받아들이십시오! 조소하는 사람들과 성경 개정자들이 무어라 말하든지 상관없이 우리는 예수 그리스도의 죽음만으로 구원받는 것이 아니고 예수 그리스도의 죽음과 그분의 피로 말미암아 구원받습니다.

십자가에 못박히신 예수님의 피로 구원받았네!
이제는 죄로부터 구속받아 새 일이 시작되었네.
하나님 아버지를 찬양하며 그분의 아들을 찬양하세.
십자가에 못박히신 예수님의 피로 구원받았네!
구원받았네! 구원받았네!
내 모든 죄를 용서받았네!
내 모든 허물이 사라졌다네!
구원받았네! 구원받았네!
나는 십자가에 못박히신 예수님의 피로 구원받았네!

제2장

 십자가의 피로 의롭게 되다
The Blood of His Cross

네덜란드의 로테르담에 있는 시장에는 지금까지 '천 가지 공포의 집' 이라 알려진 구식의 집이 한 모퉁이에 있습니다. 16세기 경 네덜란드 사람들은 스페인의 잔인한 필립2세(King Philip II)에 대항하여 반란을 일으켰습니다. 필립왕은 반란을 진압하기 위하여 알바 공의 지휘아래 많은 군대를 보냈습니다. 로테르담은 몇 주간 저항했지만 끝내 항복했습니다.

잔인한 정복자들은 이 집 저 집을 다니며 로테르담 시민들을 찾아내어 그들의 집에서 그들을 무자비하게 학살하였습니다. 칼이 모든 집을 피로 물들일 때 사람들의 차가운 비명소리와 울부짖음이 시 전체를 뒤흔들었습니다. 겁에 질린 남녀들과 어린 아이들의 무리는 정복자들의 무거운 발자국 소리가 가까이 접근해 옴을 들었을 때 그 모퉁이 집으로 숨었습니다. 필립왕의 잔인한 군인들이 다가오고 있었습니다. 말 그대로 '천 가지 공포' 가 그들의 마음을 죄었습니다.

그때 그들 중 한 젊은이가 갑자기 한 가지 꾀를 생각해 내었습니다. 그 집의 뒷뜰에는 염소 한 마리가 있었습니다. 그는 달려나가 염소를 가져다가 칼로 죽여 그 피를 문 안쪽에 뿌렸습니다. 그는 피가 문 입구에서 흘러나가도록 빗자루로 피를 문에다 발랐습니다.

드디어 군인들이 집에 도착했고 문을 차고 들어갈 준비를 하고 있었습니다. 이때 군인들 중 한 명이 문 밑으로부터 흘러나온 선명한 피를 가리키며 다른 군인들에게 말했습니다. "다른 곳으로 가자. 우리 동료들이 이미 여기에 왔다 갔다. 문 밑으로 흘러나온 피를 봐라."

집안에 모여 있던 사람들은 그 피로 인해 죽음을 면했습니다.

바로 이와 같이 예수 그리스도의 피로 의롭게 된 사람들은 영원한 죽음을 면할 것입니다. 필립 2세는 자기의 통치에 대한 반란의 죄로 로테르담 시민들을 정죄하고 죽였습니다. 그러나 오직 피로 말미암아 그 모퉁이 집에 숨은 사람들은 목숨을 건졌습니다.

하나님의 의(righteousness)와 거룩(holiness)이 하나님의 법을 어기고 반역한 저와 여러분의 반란 죄를 찾아 낼 것입니다. 어떤 식으로든 그 죄가 용서되거나 제거되지 않는다면 우리는 둘째 사망 즉 불못에서 영원토록 하나님의 진노를 맞이할 것입니다(계 20:14, 21:8).

이 땅에서 인류 역사의 최초에 하나님께서는 사람에게 선과 악을 선택할 수 있는 자유를 주셨습니다. 하나님은 사람을 등에 단추가 달린 로봇으로 만들지 아니하시고 스스로 자유 의지를 지니고 그에 따라 행동하는 자유로운 존재로 만드셨습니다. 그 이야기는 다음과 같이 시작됩니다.

> 주 하나님께서 그 남자를 데려다가 에덴의 동산에 두시고 그것을 가꾸고 지키게 하셨더라. 주 하나님께서 그 남자에게 명령하여 이르시되, 동산 모든 나무에서 나는 것은 네가 마음대로 먹어도 되나 선악을 알게 하는 나무에서 나는 것은 먹지 말라. 이는 그 나무에서 나는 것을 먹는 날에 네가 반드시 죽을 것임이라, 하시니라. (창 2:15-17)

이 이야기는 계속해서 하나님께서 남자를 위해 여자를 만드시고 그들을 남편과 아내로 선언하셨음을 말해 주고 있습니다. 그런데 결혼이 이루어지자마자 마귀가 나타났습니다. 그는 이브가 혼자 있는 것을 알아채고 그녀를 유혹해서 하나님을 거역하게 했습니다. 이브는 유혹에 넘어갔고 또 자기 남편에게 금지된 과일을 주었습니다. 이렇게 해서 아담과 이브는 타락했습니다.

이제 저는 독자께서 아담과 이브가 하나님을 거역하고 그분께 죄를 범한 후 즉시 어떤 일을 했는가 주목해서 보기 원합니다.

> 이에 이 두 사람의 눈이 열리매 그들이 자기들이 벌거벗은 줄을 알고는 무화과나무 잎을 함께 엮어 자기들을 위해 앞치마를 만들었더라. 그들이 그 날 서늘한 때에 동산에서 거니시는 주 하나님의 음성을 듣고 아담과 그의 아내가 주 하나님의 눈앞을 떠나 동산 나무들 가운데 숨으매 주 하나님께서 아담을 부르시며 그에게 이르시되, 네가 어디 있느냐? 하시니 그가 이르되, 내가 동산에서 하나님의 음성을 듣고 벌거벗었으므로 두려워하여 숨었나이다, 하매 하나님께서 이르시되, 네가 벌거벗은 것을 누가 네게 알려 주었느냐? 내가 네게 먹지 말라 명령한 그 나무에서 나는 것을 네가 먹었느냐? 하시니 그 남자가 이르되, 하나님께서 나와 함께 있으라고 주신 <u>여자 곧 그 여자가 그 나무에서 나는 것을 내게 주므로 내가 먹었나이다</u>, 하매 주 하나님께서 여자에게 이르시되, 네가 어찌하여 이 일을 행하였느냐? 하니 여자가 이르되, <u>뱀이 나를 속이므로</u> 내가 먹었나이다, 하매 (창 3:7-13)

인류 최초의 부부는 하나님께 대항하여 죄를 범하고 곧 두 가지 일을 했습니다. 첫째, 그들은 하나님 앞에서 자기들의 벌거벗음을 감추려 했습니다. 둘째, 그들은 하나님 앞에서 스스로를 의롭게 하려고 했습니다.

본능적으로 그리고 천성적으로 우리 사람은 하나님이 존재하는 것을 압니다. 사실 진정한 무신론자는 결코 없습니다. 모든 사람은 하나님께서 존재하는 것과 하나님께서 자기를 대적하는 자들의 죄로 인해 진노를 쏟아 부으시는 거룩한 분이심을 알고 있습니다. 성경을 본 적이 있든 없든 모든 사람은 이것을 알고 있습니다. 하나님께서 이렇게 말씀하십니다.

이는 하나님의 진노가 불의 안에서 진리를 억누르는 자들의 온갖 불경건과 불의를 대적하여 하늘로부터 계시되었음이니 그 까닭은 하나님을 알 만한 것이 그들 속에 분명히 드러나 있기 때문이라. 하나님께서 그것을 그들에게 보이셨나니 (롬 1:18-19)

우리를 창조하신 하나님에 의하면 무신론자들과 불가지론자들[8]은 다 거짓말쟁이들입니다. 그들은 하나님이 존재함을 압니다. 왜냐하면 하나님께서 바로 그 사실을 그들 속에 나타내셨고 그렇게 하심으로써 하나님이 존재함을 그들에게 보이셨기 때문입니다. 저와 여러분처럼 그들도 자기들이 하나님 앞에서 죄인임을 압니다.

예수 그리스도에 대해 하나님께서는 이렇게 말씀하십니다.

이것은 참 빛으로 세상에 들어오는 모든 사람을 비추느니라. (요 1:9)

우리는 다 하나님이 존재한다는 것과 하나님이 우리의 죄를 싫어하신다는 것을 알기 때문에 스스로 우리의 죄를 감추려 노력하며 우리의 죄 가운데서 우리 스스로를 의롭게 만들려고 합니다. 이것은 정말로 사실입니다. 사람은 자신의 잘못된 행실에 대해 의롭다고 인정받는 것을 필요로 하며 그래서 본능적으로 자기 힘으로 자기 자신을 의롭게 만들려고 합니다. 그런데 한 가지 문제가 있는데 그것은 사람이 하나님 앞에서 결코 자기 스스로를 의롭게 할 수 없다는 것입니다. 이 일은 절대로 불가능합니다.

우리는 사람이 처음에 하나님께 죄를 범했을 때 무슨 일이 벌어졌는지 살펴보면서 이것을 재빨리 알 수 있습니다. 여러분은

---

8) 불가지론: ① 인간은 신을 인식할 수 없다는 종교적 인식론. 이 학설은 유신론과 무신론을 모두 배격한다. ② 사물의 본질이나 궁극적 실재의 참 모습은 사람의 경험으로는 결코 인식할 수 없다는 이론. ≒불가사의론(표준국어대사전).

아담과 이브가 무화과 나뭇잎으로 엮은 앞치마를 입었지만 하나님 보시기에는 여전히 벌거벗고 있었다는 사실을 주목했습니까? 동산에서 하나님의 음성을 듣기 전에 그들은 앞치마를 만들어 입었습니다. 이렇게 앞만 가리는 짧은 치마를 입고는 아담은 부끄러워서 얼굴이 붉어져 이렇게 말했습니다.

내가 동산에서 하나님의 음성을 듣고 벌거벗었으므로 두려워하여 숨었나이다. (창 3:10)

사실 아담은 오늘날 반바지, 노출이 심한 운동복, 수영복과 비키니를 입고 여기 저기를 오가는 많은 그리스도인들보다 분별력이 더 있었습니다.

독자께서는 하나님께서 아담과 이브에게 옷을 지어 주셨다는 사실에 주목하기 바랍니다.

주 하나님께서 또한 아담과 그의 아내에게 가죽옷을 만들어 입히시니라. (창 3:21)

하나님께서는 앞치마로 만족하지 않으셨습니다. 하나님께서는 그들에게 친히 긴 옷(coat)을 지어 주셨습니다. 긴 옷은 하나님 앞에서 사람의 몸을 적당하게 가려 줍니다. 앞치마는 그렇게 하지 않습니다. 하나님께서는 이사야서 47장 2, 3절에서 넓적다리가 드러나면 하나님 보시기에 벌거벗은 것이라고 말합니다. 그러므로 반바지와 수영복과 비키니는 말할 것도 없습니다. 그렇습니다. 저는 제가 구식임을 잘 압니다. 그런데 이 점에서 하나님도 그러하십니다.

어쨌든 죄로 타락한 부부가 자기들의 벌거벗음을 가려야 할 필요가 있을 때 하나님께서 그들에게 친히 긴 옷을 지어 주셨다는 사실에 주목하기 바랍니다. 또한 죄를 가리기 위해 피를 흘렸다는 사실에 주의하기 바랍니다.

피를 흘리지 않고 짐승의 가죽을 벗긴다는 것은 꽤나 힘듭니다. 그런데 하나님께서는 짐승을 죽이고 가죽옷을 지어 주시면서 우리에게 한 가지 교훈을 가르쳐 주셨습니다. 즉 우리 스스로 하나님 앞에서 우리 자신의 죄로 인한 벌거벗음을 가릴 수 없다는 것입니다. 오직 하나님께서 우리를 위해 그 일을 하셔야만 합니다. 또한 그것은 피로 이루어져야만 합니다. 뿐만 아니라 그것은 특별한 피여야만 합니다!

하나님께서는 아담과 이브를 위한 가죽옷을 만들기 위해 어떤 짐승을 죽이셨습니까? 우리는 아담과 이브가 자기 아들들에게 어떤 종류의 짐승을 하나님께 희생 제물로 바치라고 가르쳤는지 잘 알고 있습니다.

시간이 흐른 뒤에 가인은 땅의 열매 중에서 헌물을 가져와 주께 드렸고 아벨도 자기 양떼의 첫 새끼들과 그 기름 중에서 가져왔더니 주께서 아벨과 그의 헌물에는 관심을 가지셨으나 (창 4:3-4)

아벨의 가축 떼는 무엇으로 구성되었습니까? 양들로 구성되었습니다!

창세기 4장 2절은 그렇게 말합니다. 아벨은 양을 드렸습니다. 왜냐하면 그의 부모가 그것만이 하나님께 나아가는 유일한 방법이라고 그에게 가르쳤기 때문입니다. 사실 그의 부모는 이것을 잘 알았습니다. 왜냐하면 그들은 하나님께서 가죽옷을 주실 때에 어떤 짐승을 죽이셨는지 직접 보았기 때문입니다.

우리는 아벨이 양의 기름을 드렸다는 것을 알았습니다. 피를 흘리지 않고는 기름을 얻을 수 없습니다. 하나님께서는 양과 기름과 제단 위의 피를 내려다 보셨습니다. 하나님께서는 아벨이 언젠가 이 땅에 구원자가 오신다는 하나님의 약속을 믿으며 그의 믿음을 보여 주었기 때문에 기뻐하셨습니다(창 3:15). 그 구원자는 하나님의 어린양으로 이 세상에 오실 바로 그분이었습니다(계 5:6, 13:3; 요 1:29).

하나님께서는 아벨의 믿음과 그가 드린 희생 헌물을 매우 기뻐하셨고 그래서 히브리서 11장 4절에서 아벨을 믿음의 전당에 들여놓으셨습니다. 동시에 하나님께서는 가인의 희생물을 기뻐하지 않으셨으며 그래서 곧바로 그 자리에서 그에게 그렇게 말씀하셨습니다(창 4:5-7). 가인은 자기가 곡식으로 자기 자신을 의롭게 할 수 있다고 생각했습니다. 그러나 그것은 이루어지지 않았습니다. 의롭게 되는 것은 그런 식으로 된 적도 없고 앞으로도 결코 그런 식으로 되지 않을 것입니다. 가인은 그것을 시도했으므로 지금 지옥에 있습니다(유 11-13). 예수 그리스도의 피로 인해 의롭게 되지 않는 한 어느 누구도 천국을 볼 수 없으며 지옥을 면할 수 없을 것입니다!

> 이는 우리가 아직 힘이 없을 때에 그리스도께서 정하신 때가 되어 경건치 아니한 자들을 위하여 죽으셨음이라. 의로운 사람을 위하여 죽는 자가 거의 없고 선한 사람을 위하여 용감히 죽고자 하는 자가 혹 있거니와 우리가 아직 죄인이었을 때에 그리스도께서 우리를 위하여 죽으심으로 하나님께서 우리를 향한 자신의 사랑을 당당히 제시하시느니라. 그러면 이제 우리가 그분의 피로 말미암아 의롭게 되었은즉 더욱더 그분을 통하여 진노로부터 구원을 받으리니 (롬 5:6-9)

제가 앞에서 지적한 것처럼 아담의 자손인 우리 모두는 우리의 최초의 부모처럼 '의롭게 되는 것' 즉 칭의(稱義)를 필요로 함을 알고 있으며 많은 경우 스스로 의롭게 되려고 노력합니다. 바로 이런 이유로 사람들은 지금까지 많은 종교를 고안해 냈습니다. 사람들은 이런 종교를 통해 하나님 앞에서 자기 자신을 의롭게 만들려고 정직하게 성실하게 시도를 합니다. 가인은 확실히 그것을 시도해 보았습니다. 가인은 하나님께서 자기를 받아 주시고 자기가 가진 종교의 기반 위에서 자기를 의롭게 하실 것이라고 확신했습니다.

가인은 매우 종교적이었습니다. 그는 하나님을 믿었습니다. 그래서 그는 제단에 나가서 하나님께 제물을 바쳤습니다. 가인이 종교에 성실했다는 것을 의심할 사람은 아무도 없습니다. 그러나 모든 종교적인 사람들처럼 그는 신실했지만 잘못을 했습니다. 가인은 자기가 할 수 있고 성취할 수 있는 어떤 것을 가지고 하나님 앞에서 자기 자신을 의롭게 만들 수 있다고 생각했습니다. 결국 가인은 땅을 일구고 써레질을 하고 고랑을 만들고 씨를 뿌려 밭에 물을 주고 잡초를 뽑고 잘 가꾸어 마침내 곡식을 거두어들였습니다. 그는 땅에서 얻은 곡식을 두 팔에 가득 안고 성실한 마음으로 그것을 제단으로 가져가 하나님께서 기뻐하시길 기대하며 거기에 내려놓았습니다. 그때에 가인은 하나님께서 자기의 불법을 용서하시고 자기의 죄들에도 불구하고 자기를 의롭게 하시며 자기의 잃어버린 혼을 구원해 주실 것으로 생각했습니다. 그러나 슬프게도 하나님께서는 단호하게 그를 거절하셨고 그래서 오늘날 가인은 지옥의 불꽃에서 괴로워하고 있으며 앞으로 영원히 어둠에서 비명을 지를 것입니다(유 11-13).

지금 살펴본 가인의 경우는 예수 그리스도의 피로 말미암지 않고 다른 어떤 방법으로 의롭게 되려는 이 세상의 모든 사람에게 그대로 해당됩니다. 만일 사람이 세례, 교리문답, 고해성사, 기도, 로사리오 묵주, 십자가를 붙듦, 방언, 교회 출석, 헌금, 끝까지 믿음을 지키는 것, 선행, 노자성사, 맹세, 촛불, 성모마리아에게 기도하는 것, 우상숭배, 종교에 충실함, 그리고 훌륭한 시민이 되는 것 등으로 인해 의롭게 될 수 있었다면 예수님의 갈보리의 십자가가 필요하지 않았을 것입니다.

그러나 로마서 5장 6절은 무어라 말합니까? "우리가 아직 힘이 없을 때에 그리스도께서 정하신 때가 되어 경건치 아니한 자들을 위하여 죽으셨도다."

우리는 우리 자신을 의롭게 하기에는 너무 힘이 없습니다! 우리는 서로를 의롭게 할 수도 없습니다. 그러므로 천주교 사제나 주교나 추기경이나 수도승이나 수녀나 어느 누구도 어떤 사람이 구원을 얻는 일에 도움을 줄 수 없습니다. 또한 이런 이유로 몰몬교 장로가 어떤 사람의 죄를 깨끗하게 할 수도 없습니다. 캠벨파 즉 '그리스도의 교회' 목사도 감독 교회의 교구목사도 루터교회의 목사도 또는 다른 어떤 사람도 이런 일을 할 수 없습니다! 우리는 다 희망도 없고 도움도 얻지 못하는 무기력하고 길을 잃은 죄인입니다. 만일 우리가 하나님 앞에서 의롭게 되어 죽을 때 지옥에 떨어지지 않고 천국으로 가려면 우리를 의롭게 하는 일 즉 칭의(稱義)가 우리 자신에게서가 아니라 우리 밖에서 와야 합니다! 그런데 그런 일이 가능합니다.

> 우리가 아직 죄인이었을 때에 그리스도께서 우리를 위하여 죽으심으로 하나님께서 우리를 향한 자신의 사랑을 당당히 제시하시느니라. 그러면 이제 우리가 그분의 피로 말미암아 의롭게 되었은즉 더욱더 그분을 통하여 진노로부터 구원을 받으리니 (롬 5:8-9)

바로 이런 이유로 갈보리가 필요했습니다. 예수님은 사람에게 구원을 베푸실 힘을 가지신 유일한 분이며 그분께서 그것을 하실 수 있는 유일한 방법은 십자가 위에서 피를 흘리며 죽는 것이었습니다! 우리가 의롭게 되는 것은 오직 예수님의 갈보리의 십자가의 피를 통해서만 가능합니다.

[아버지께서] 그분의 십자가의 피를 통하여 화평을 이루사 모든 것 곧 땅에

있는 것들이나 하늘에 있는 것들이 그분으로 말미암아 자신과 화해하게 하셨음이니라. (골 1:20)

하나님께서는 성경에서 그것을 매우 분명히 보여 주셨습니다. 만일 여러분이 그리스도의 피로 인해 의롭게 되지 못했다면 하나님의 진노를 맞이할 것입니다! 당신은 영원을 지옥에서 보내게 될 것입니다! 자, 그러면 칭의 즉 '의롭게 되는 것'은 무엇을 의미할까요? 저의 사역을 보아온 사람들은 제가 설교할 때나 가르칠 때 그리고 글을 쓸 때에 히브리어와 그리스어를 많이 사용하지 않음을 잘 알고 있습니다. 우리가 지나치게 '원어'를 많이 사용하면 평범한 그리스도인들은 자기들이 히브리어나 그리스어 학자가 아니므로 하나님의 말씀을 제대로 알 수 없다고 생각하게 됩니다. 그렇지 않습니다. 『흠정역 성경』의 영어는 하나님의 말씀입니다. 좋은 『웹스터 사전』을 손에 쥐고 『킹제임스 흠정역 성경』을 읽거나 공부할 때 여러분은 참으로 하나님의 말씀을 잘 알 수 있습니다. 그러나 때로는 많은 단어 공부가 우리에게 유익이 됩니다. 그래서 지금은 '의롭게 하다'(justify)란 단어를 충분히 다루어 보겠습니다.

웹스터는 '의롭게 하다'(justify) 즉 로마서 5장 9절이나 그와 같은 의미를 가진 구절에 기록된 '의롭게 하다'라는 단어의 의미가 '흠이나 죄로부터 용서를 받거나 자유롭게 되는 것'이라고 정의 내렸습니다. '의롭게 하다'에 해당하는 그리스어는 '디카이오스'(dikaios)입니다.

제가 가진 그리스어 사전도 이와 동일한 정의를 내리고 있으며 또한 여기서 한 걸음 더 나아가 우리가 예수님의 십자가의 피로 인해 의롭게 된다는 것이 무엇을 뜻하는지 잘 보여 주기 위해 더 확실한 그림을 제시해 주고 있습니다. 이 사전은 그리스어 '디카이오스'를 다음과 같이 네 가지로 정의 내렸습니다.

첫 번째, 한 사람을 그 사람이 마땅히 되어야 할 바른 상태로 만드는 것.
이것은 한 사람이 하나님 앞에서 마땅히 어떠한 상태가 되어야만 한다는 차원에서 이 단어의 의미를 보여 줍니다. 오직 그리스도의 십자가의 피에 의해서만 우리는 마땅히 되어야 할 바른 상태로 하나님 앞에 나아갈 수 있습니다.

두 번째, 하나님께서 인정하고 받아들이는 것.
오직 그분의 십자가의 피로 말미암아 의롭게 되는 것을 통해 죄 많은 사람은 하나님 앞에서 인정을 받고 그 결과 하나님께서 그를 받아들일 수 있습니다. 왜 하나님께서 아벨은 받아들이셨고 가인은 거절하셨는지 다시 생각해 보기 바랍니다. 그 원리는 오늘날에도 마찬가지이며 앞으로도 그럴 것입니다. 사람의 종교 행위나 선행으로는 결코 하나님께 인정을 받을 수 없으며 그래서 하나님은 그를 수용할 수 없습니다. 이것과 상반되는 것을 가르치는 사람은 모두 거짓 대언자입니다!

세 번째, 이것은 하나님의 공정한 판결을 의미하며 이 판결을 통해 하나님께서는 죄지은 사람을 무죄한 자로 여기시고 그들이 이제 죄가 없다고 선언하시고 그들을 받아 주신다.
이제 우리는 '의롭게 하다'는 단어의 핵심에 다다랐습니다. 우리가 십자가의 피로 의롭게 될 때 우주의 대재판관이신 하나님은 우리의 사악한 죄를 무죄로 여길 뿐만 아니라 우리를 자신 앞에서 무죄로 설 수 있게 하십니다. 그리고 하나님께서는 우리를 바라보시며 마치 우리가 하나님께 한 번도 죄를 범한 적이 없는 것처럼 여기십니다! 할렐루야! 오직 '무죄' 판정을 받을 때에 하나님께서는 우리를 받아들일 수 있습니다. 형제 자매여, 이 일은 오직 피를 통해서만 가능합니다! 피를 모독하는 모든 거짓 대언자들과 사탄의 종들에게는 뾰족한 못 위에나 가서 앉으라고 말하십시오. 어린양의 보배로운 피 없이 저는 결코 저의 죄를 용서받을 수 없으며 하나님께서도 저를 받으실 수 없습니다.

네 번째, 이것은 죄를 범한 사람을 마치 그가 전혀 죄를 범하지 않았던 것처럼 하나님 앞에 놓는 것이다.

할렐루야! 4번 정의는 사실 3번을 요약한 것입니다. 제가 의롭게 되었다고 이야기하는 것은 마치 제가 한 번도 죄를 범하지 않은 상태로 하나님 앞에 서 있음을 의미합니다! 하나님께 영광을 돌립시다. 피의 의미를 약화시키려고 하거나 귀중한 성경에서 피를 삭제하려고 하는 성경 개정자들과 성경 왜곡자들에게 다음의 사실을 분명히 말해 주기 바랍니다. 저는 피를 가지고, 피 안에서, 피로 말미암아 그리고 피를 통하여 전능하신 하나님과 대면할 것입니다. 저는 아벨의 길을 갈 것입니다. 그들은 지금 가인의 길을 가고 있습니다. 그들은 결국 유죄 상태로 하나님을 대면하고 그로 인해 영원한 정죄를 받을 것입니다. 그러나 저는 피를 가지고 무죄의 상태로 그분을 뵐 것입니다. 즉 사도 바울이 피로 말미암아 의롭게 된 사람들에게 말했던 것과 같은 모습으로 하나님을 뵙게 될 것입니다.

그분께서 또한 너희를 끝까지 견고하게 하사 우리 주 예수 그리스도의 날에 책망 받을 것이 없게 하시리라. (고전 1:8)

저는 독자께서 어디에 믿음을 두고 있는지 알고 싶습니다. 여러분은 무엇을 통해 결국 하나님 앞에 책망 받을 것이 없이 설 수 있다고 믿습니까? 만약 그것이 그리스도의 십자가의 피가 아닌 다른 어떤 것이라면 당신은 영원히 지옥행입니다. 만일 그것이 그분의 십자가의 피라면 당신은 영원히 구원받은 것입니다.

자, 어떤 사람은 우리가 믿음으로 의롭게 된다고 말합니다. 다른 사람은 우리가 은혜로 의롭게 된다고 주장합니다. 반면에 또 다른 사람은 우리가 예수님의 이름으로 의롭게 된다고 고집합니다.

저는 이것들을 가지고 논쟁하고 싶지 않습니다. 왜냐하면 그것들이 모두 사실이기 때문입니다. 그러나 그분의 십자가의 피 없이는 그 중 어떤 것도 사실이 될 수 없습니다. 우리가 어떻게 의롭게 되는가를 보여 주는 성경 구절을 몇 가지 살펴봅시다.

> 그러므로 우리가 믿음으로 의롭게 되었으니 우리 주 예수 그리스도를 통해 하나님과 화평을 누리는도다. (롬 5:1)

> 그리스도 예수님 안에 있는 구속을 통하여 하나님의 은혜로 값없이 의롭게 되었느니라. (롬 3:24)

> 전에는 너희 가운데 이 같은 자들이 더러 있었으나 이제는 너희가 우리 하나님의 영을 통하여 주 예수님의 이름으로 씻김을 받고 거룩히 구별되어 의롭게 되었느니라. (고전 6:11)

잘 보셨듯이 우리는 위의 세 구절이 다 사실임을 알 수 있습니다. 우리는 믿음으로 의롭게 됩니다. 우리는 은혜로 의롭게 됩니다. 우리는 주 예수님의 이름으로 의롭게 됩니다. 여러분은 위에서 인용된 세 구절 모두에서 주 예수 그리스도가 우리를 의롭게 하는 믿음과 은혜와 이름이 서로 연결된다는 것을 알게 될 것입니다. 그것들 모두의 중심은 예수님입니다.

그러나 한 가지 질문을 하겠습니다. 만일 예수님께서 피를 흘리시지 않았다면 어떻게 됐을까요?

만약 하나님의 아들이 피를 흘리지 않고 독살이나 교수형이나 교살로 인해 또는 다른 치명적 방법으로 죽었다면 우리가 의롭게 되는 일 즉 칭의는 결코 없었을 것입니다! 우리 모두는 아무 희망 없이 우리의 죄 가운데서 죽을 것입니다! 맥아더와 딤과 『현대인을 위한 좋은 소식』을 출판하는 자들과 또 그들과 다를 바 없는 기타 다른 거짓 선생들은 로마서 5장 9절이 아래와 같이 수정되어야 한다고 우리를 설득하려 할 것입니다.

> 그러면 이제 우리가 그분의 죽음으로 말미암아 의롭게 되었은즉 더욱더 그분을 통하여 진노로부터 구원을 받으리니

그러나 피를 의미하는 그리스어 '하이마'(haima)를 죽음을 의미하는 '타나토스'(thanatos)로 바꾸는 것은 부정직하고 위험한 일입니다. 저는 예수님이 죽으셔야 했다는 것을 인정합니다. 예수님께서는 결코 잠시 피를 흘리고 살아 남을 수 없었습니다. 예수님께서는 문자적으로 죽으셔야만 했습니다. 그래서 로마서 5장 10절은 "우리가 원수였을 때에 하나님의 아들의 죽음으로 말미암아 하나님과 화해하게 되었다."고 말합니다. 그러나 예수님께서 맞이해야 했던 죽음이 어떤 종류의 죽음인가를 우리가 혼동하지 않도록 성령님께서는 미리 9절에서 이렇게 말씀하셨습니다.

> 그러면 이제 우리가 그분의 피(haima)로 말미암아 의롭게 되었은즉 더욱더 그분을 통하여 진노로부터 구원을 받으리니

또한 히브리서 9장 22절에는 단호하게 "피흘림이 없은즉 사면이 없다."고 기록되어 있습니다.

구약성경에서 하나님께서는 전 인류의 죄를 대신하는 희생 제

물로서 자신의 독생자의 다가올 죽음을 묘사하면서 반드시 그분께서 피를 흘려야만 함을 분명히 보여 주셨습니다.

> 주께서 모세에게 말씀하여 이르시되 … 이스라엘의 집 사람이나 너희 가운데 머무는 타국인 중에 누구든지 어떤 피를 먹으면 내가 내 얼굴을 들고 피를 먹는 그 혼을 대적하여 그를 자기 백성 중에서 끊으리니 이는 육체의 생명이 피에 있기 때문이니라. 내가 이 피를 너희에게 주어 제단 위에 뿌려 너희 혼을 위해 속죄하게 하였나니 이는 피가 혼을 위해 속죄하기 때문이니라. (레 17:1, 10-11)

여러분은 피가 죄 많은 혼을 속죄하기 위해 어디에 있어야만 하는가를 알게 됩니다. 그 피는 혈관 속이 아니라 제단 위에 있어야 합니다! 그 피는 반드시 흘려져야만 합니다! 만일 예수님께서 피를 흘리지 않고 죽음을 맞이했다면 사람이 의롭게 되는 일 즉 칭의는 불가능했을 것입니다. 우리는 아무 희망도 없이 마땅히 하나님의 진노를 받을 수밖에 없는 가장 비참한 사람이 되었을 것입니다. 그러므로 로마서 3장 24절, 5장 1절, 고린도 전서 6장 11절 그리고 같은 내용을 담은 다른 모든 성경 구절은 만일 예수님께서 피를 흘리지 않고 죽으셨다면 다 사실이 아니었을 것입니다.

로마서 5장 1절을 보십시오.

> 그러므로 우리가 믿음으로 의롭게 되었으니 우리 주 예수 그리스도를 통해 하나님과 화평을 누리는도다.

우리는 예수님을 믿는 믿음으로 의롭게 됩니다. 그렇지 않습니까? 그러나 만일 예수님께서 자신의 피를 흘리지 않으셨다면 그분을 믿는 우리의 믿음은 쓸모가 없었을 것입니다. 왜냐하면 피를 흘리지 않은 구원자는 결코 구원자가 아니기 때문입니다.

그러면 이제 우리가 그분의 피로 말미암아 의롭게 되었은즉 더욱더 그분을

통하여 진노로부터 구원을 받으리니 (롬 5:9)

로마서 3장 24절을 보십시오.

그리스도 예수님 안에 있는 구속을 통하여 하나님의 은혜로 값없이 의롭게 되었느니라.

여러분은 하나님의 은혜를 통해서 우리가 의롭게 되었다는 사실에 주목해야 합니다. 이 은혜는 예수 그리스도 안에 있는 구속(redemption, 救贖)으로 말미암아 길을 잃은 죄인들에게 베풀어집니다. 그러나 만약 예수님께서 자신의 피를 흘리지 않으셨다면 예수 그리스도 안에 있는 구속은 결코 존재할 수 없었을 것입니다! 그러면 모든 사람이 지옥에 떨어졌을 것입니다. 어느 누구도 천국의 왕좌 주변에 서서 다음과 같이 환호할 수 없었을 것입니다.

그들이 새 노래를 불러 이르되, 주께서 그 책을 취하시고 그 책의 봉인들을 열기에 합당하시오니 이는 주께서 죽임을 당하사 주의 피로 모든 족속과 언어와 백성과 민족 가운데서 우리를 구속하여 하나님께 드리시고 (계 5:9)

갈보리의 십자가 위에서 예수님이 피를 흘리는 일이 없이는 절대로 하나님의 은혜를 잃어버린 죄인들에게 베풀어 줄 방법이 없기 때문에 피흘림이 없다면 하나님의 은혜는 결코 사용될 수 없는 은덕이었을 것입니다.

그러면 이제 우리가 그분의 피로 말미암아 의롭게 되었은즉 더욱더 그분을 통하여 진노로부터 구원을 받으리니 (롬 5:9)

고린도전서 6장 11절을 보십시오.

전에는 너희 가운데 이 같은 자들이 더러 있었으나 이제는 너희가 우리 하나님의 영을 통하여 주 예수님의 이름으로 씻김을 받고 거룩히 구별되어 의

<u>롭게 되었느니라.</u>

만일 예수님께서 죄인들을 위해 자신의 피를 흘리지 않으셨다면 주 예수의 이름이 과연 무슨 의미가 있었을까요? 예수님은 결코 구원자가 될 수 없었을 것입니다. 예수님께서는 최초의 주의 만찬에서 무어라 말씀하셨습니까? "그 까닭은 이것이 죄들의 사면을 얻게 하려고 많은 사람을 위하여 흘린 나의 피 곧 새 상속 언약의 피이기 때문이라"(마 26:28). 예수님께서는 죄들의 사면을 주시기 위하여 자기의 피를 흘리셔야만 했습니다. 또한 예수님께서는 죄 많은 사람들을 의롭게 하시기 위하여 자신의 피를 흘리셔야만 했습니다.

> 그러면 이제 우리가 그분의 피로 말미암아 의롭게 되었은즉 더욱더 그분을 통하여 진노로부터 구원을 받으리니 (롬 5:9)

만일 예수님께서 피를 흘리고 죽지 않으셨다면 우리는 주 예수님을 통하여 하나님의 진노를 벗어나 구원받을 수 없었을 것입니다. 죄 많은 사람이 의롭게 되지 않고서는 하나님과 원수지간으로 지내야 합니다. 하나님께서는 우리의 무죄함을 찾으실 수 없고 친히 우리를 인정받은 자로 받아들이실 수 없습니다. 그 결과 우리는 하나님과 싸우는 상태에 있어야 하며 그것으로 인해 궁극적으로 하나님의 진노의 대상이 될 수밖에 없습니다. 우리가 하나님과 화평을 유지할 수 있는 유일한 길은 다음과 같습니다.

> 이는 아버지께서는 그분 안에 모든 충만이 거하는 것을 기뻐하시고 <u>그분의 십자가의 피를 통하여 화평을 이루사</u> 모든 것 곧 땅에 있는 것들이나 하늘에 있는 것들이 그분으로 말미암아 자신과 화해하게 하셨음이니라. 전에는 너희가 사악한 행위들로 인하여 멀리 떨어져 너희 마음에서 원수가 되었으나 이제는 그분께서 죽음을 통하여 자기 육체의 몸으로 너희를 화해하게 하

사 거룩하고 흠 없고 책망할 것이 없는 자로 아버지의 눈앞에 드리고자 하셨으니 (골 1:19-22)

할렐루야! 이 시간 제가 하나님 보시기에 책망 받을 것이 없는 자로서 있기 때문에 하나님과 저 사이에는 화평이 있습니다. 이것이 바로 의롭게 되는 것 즉 칭의입니다. 그러면 어떻게 그것이 이루어집니까? 그분의 십자가의 피로 이루어집니다.

그러면 이제 우리가 그분의 피로 말미암아 의롭게 되었은즉 더욱더 그분을 통하여 진노로부터 구원을 받으리니 (롬 5:9)

주 예수 그리스도의 피는 골로새서 1장 20절에서 '그분의 십자가의 피'라고 불립니다. 그 이유는 예수님께서 우리의 죄로 인해 자신의 보배로운 피를 흘리며 죽으신 일이 십자가 위에서 이루어졌기 때문입니다.

그 십자가는 문자 그대로 예수님의 피로 얼룩져 있었습니다. 그러므로 성령님은 그것을 가리켜 '그분의 십자가의 피'라고 말씀하십니다. 성령님의 영감을 받아서 사도 바울은 십자가에 대해 많은 것을 썼습니다.

그는 십자가의 원수들, 십자가의 복음 선포, 십자가의 거치게 하는 것 등에 대해 기록했고 또한 자기가 어떻게 그 십자가를 자랑했는지도 기록했습니다.

그러나 내게는 우리 주 예수 그리스도의 십자가 외에 결코 자랑할 것이 없나니 그리스도로 말미암아 세상이 나에 대하여 십자가에 못박혔고 나 또한 세상에 대하여 그러하니라. (갈 6:14)

바울이 이토록 십자가를 자랑한 것은 그것이 주 예수 그리스도의 피로 붉게 물들여졌기 때문입니다. 만일 예수님께서 흘린 피로 물들지 않았더라면 그 십자가는 그분 옆의 다른 두 명의

강도들이 달린 십자가가 갖는 의미 이상의 의미를 지니지 않았을 것입니다. 예수 그리스도의 십자가는 하나님이시요, 사람이신 구원자 그리스도의 죄 없고 온전하고 흠 없는 피로 얼룩졌기 때문에 지옥에 갈 수밖에 없는 죄인들의 모든 필요를 충족시켜 줍니다. 또한 우리가 그분의 십자가의 피로 말미암아 구원을 받고 의롭게 된 후에도 그 십자가는 여전히 우리 삶에서 권세와 영향력을 갖습니다.

어떤 사람들은 사람이 처음에 예수님과 그분의 피를 믿음으로 구원을 받지만 이것은 단지 처음에만 그들을 의롭게 만든다고 가르칩니다. 그리고 그들은 구원받은 후에 그리스도인이 '끝까지 믿음을 지탱함'(이것이 무엇인지 알 수는 없지만)으로써 자기들의 믿음을 적당한 수준으로 끌어올리고(이런 것은 성경에서 결코 언급되지 않았음) 또 구원받은 상태를 유지할 수 있을 정도로 자기들의 죄를 적당한 수준으로(이런 수준은 성경 어느 곳에서도 발견되지 않음) 끌어내려야 한다고 주장합니다. 그런데 이와 같은 가르침은 잘못된 것일 뿐만 아니라 신성을 모독하는 것입니다.

이것은 사람의 행위에 의한 구원을 만들어 내어 예수님의 피를 거룩하지 못하고 무력한 것이 되게 하며 오직 은혜로 말미암는 기독교의 구원의 교리에 해악을 끼칩니다! 이런 것을 믿는 사람은 자신의 행위로 천국에 갈 것이라고 믿는 다른 모든 종교인들과 다를 바가 없습니다. 이와 같은 생각을 하는 사람은 누구나 다 구원받지 못한 사람입니다! 사람은 행위로 의롭게 되지 않습니다(롬 4:2-5). 사람은 하나님의 아들의 피로 인해 의롭게 됩니다(롬 5:9)!

만일 당신이 예수님을 부르면서 예수님의 피로 말미암아 당신의 과거와 현재와 미래가 의롭게 될 수 있음을 믿지 않는다면 당신은 결코 구원받지 못할 것입니다! 왜냐하면 당신은 그분의 피를 믿지 않고 당신 자신을 믿기 때문입니다. 성경은 예수 그리스도에 대해 다음과 같이 말합니다.

> 이 예수님을 하나님께서 그분의 피를 믿는 믿음을 통하여 화해 헌물로 제시하셨으니 이것은 하나님께서 오래 참으심으로 과거의 죄들을 사면하사 자신의 의를 밝히 드러내려 하심이요. (롬 3:25)

여러분이 예수님의 피를 절대적으로 믿지 않는 한 그리스도는 여러분의 화해 헌물이 아닙니다!

> 그러면 이제 우리가 그분의 피로 말미암아 의롭게 되었은즉 더욱더 그분을 통하여 진노로부터 <u>구원을 받으리니</u>(shall be saved) (롬 5:9)

여러분은 이번에 제가 이 구절에서 다른 단어 즉 'shall'을 강조한 것을 주목할 것입니다. 구원받은 이후에 우리는 언제라도 그분의 피로 말미암아 의롭게 되어 있습니다. 우리는 또한 미래(지금부터 잠시 후나 또는 지금부터 수천 년 후)에도 그분의 피로 말미암아 의롭게 될 것입니다. 저는 제가 얼마나 선하게 살며 저의 믿음의 수준이 얼마나 높은가에 의해 구원받은 상태를 유지하는 것이 아닙니다. 저는 그분의 피로 말미암아 구원받은 상태를 유지합니다. 그분의 피는 처음에 저를 구원할 만큼 충분히 효력이 있었으며 그 이후에도 계속해서 효력이 있고 궁극적으로 저를 영원토록 구원받은 상태에 있도록 하기에도 충분히 효력이 있습니다.

그리스도의 십자가의 피는 지금 바로 이 순간에도 천국(셋째 하늘)의 긍휼의 자리(시은소) 위에 여전히 있습니다. 저는 이것을 이 책의 뒷부분에서 철저하게 다룰 것입니다. 그러나 미리 말해 두고 싶은 것이 있습니다. 만일 바로 이 순간에 그분의 십자가의 피가 천국에 있는 긍휼의 자리 위에 싱싱하게 효력 있게 남아 있지 않다면 제가 의롭게 된 일은 그 피가 땅에서 말라 버렸을 때 이미 사라져 버렸을 것이며 그 결과 저는 맥아더와 딤보다 나을 것이 없는 사람 즉 불쌍한 사람이 되었을 것입니다!

그러나 하나님을 찬양하십시오! 할렐루야! 저는 성경 변개자들을 믿지 않고 성경을 믿습니다! 거기에는 그분의 피가 있습니다! 그러므로 제가 의롭게 된 것은 이금 이 시간에도 여전히 사실로 남아 있습니다.

> 샘물과 같은 보혈은 임마누엘 피라.
> 이 샘에 죄를 씻으면 정하게 되겠네.
> 정하게 되겠네. 정하게 되겠네.
> 이 샘에 죄를 씻으면 정하게 되겠네.

이 노래 가사야말로 의롭게 되는 것 즉 우리가 지금 배운 칭의에 대한 것이 아닙니까? 이 예수님의 피가 우리의 과거와 현재와 미래의 죄를 다 씻어 줍니다.

주님의 피를 찬양합시다!

> 그러면 이제 우리가 그분의 피로 말미암아 의롭게 되었은즉 더욱더 그분을 통하여 진노로부터 구원을 받으리니 (롬 5:9)

도대체 어떤 피가 우리를 의롭게 하고 또 영원토록 의로운 상태로 지내게 할까요? 예수님의 십자가의 피입니다! 이에 대해 사도 바울의 말을 더 들어 봅시다.

> 이는 하나님께서 미리 아신 자들을 또한 예정하사 자신의 아들의 형상과 같은 모습이 되게 하셨음이니 이것은 그분으로 하여금 많은 형제들 가운데서 처음 난 자가 되게 하려 하심이니라. 뿐만 아니라 그분께서는 예정하신 그들을 또한 부르시고 부르신 그들을 또한 의롭다 하시고 의롭다 하신 그들을 또한 영화롭게 하셨느니라. (롬 8:29-30)

만일 여러분이 영화롭게 되었다면 지금 이 시간 여러분은 천국에 있는 것과 다름이 없습니다! 그것은 마치 당신이 이미 거기에 있는 것처럼 확고히 정해진 사실입니다. 그 피가 당신을 위하여 무엇을 했는지 보십시오. 먼저 의롭게 되지 않는 한 당신은 결코 영화롭게 될 수 없습니다. 그리고 당신은 오직 그분의 십자가의 피로 말미암아 의롭게 되었습니다.

다시 한 번 그분의 십자가의 피를 찬양합시다!

바울은 계속해서 이렇게 말합니다.

> 그런즉 이 일들에 대하여 우리가 무슨 말을 하리요? 만일 하나님께서 우리를 위하시면 누가 우리를 대적하리요? … 누가 하나님께서 택하신 자를 고소하리요? 의롭다 하시는 분은 하나님이시니 (롬 8:31, 33)

당신은 이것을 이해하시겠습니까? 하나님께서 우리를 의롭다 하셨으므로 어느 누구도 우리 그리스도인을 고소할 수 없습니다. 우리는 하나님으로부터 의롭다 하심을 얻었으므로 계속해서 구원받은 상태에 머물고 있습니다! 마귀와 지옥의 모든 무리들은 결코 우리를 고소할 수 없습니다! 하나님께서 우리를 의롭게 해 주셨습니다. 그 결과 우리는 하나님 앞에서 결코 죄를 지은 적이 없는 것처럼 서 있습니다! 과거, 현재 그리고 미래에도 그렇습니다! 할렐루야! 심지어 하나님도 우리를 고소하지 않을 것입니다! 만일 하나님께서 그렇게 하시려면 자신의 말씀을 먼저 어기셔야만 합니다. 그러나 그분은 하나님이시므로 그렇게 할 수 없으며 또 그렇게 하지도 않을 것입니다! 하나님을 찬양합시다! 우리는 의롭게 되었습니다! 어떤 방법으로 의롭게 되었습니까? 그리스도의 십자가의 피를 통해 그렇게 되었습니다.

험한 십자가에 주가 흘린 피를 믿는 맘으로 바라보니
나를 용서하고 내 죄 사하시려 주가 흘리신 보혈일세.
최후 승리를 얻기까지 주의 십자가 사랑하리.
빛난 면류관 받기까지 험한 십자가 붙들겠네.

예수 그리스도의 보혈

십자가의 피로 구속받다 The Blood of His Cross

영광을 받으신 그리스도께서는 밧모 섬에 추방된 자신의 사도 요한에게 나타나셔서 그 역사적인 날에 소아시아에 있는 일곱 교회에게 보낼 편지를 쓰게 하셨습니다. 요한이 편지를 썼을 때 예수님께서는 아름다운 환상 속에서 그를 천국으로 데려가셔서 하나님의 왕좌에 둘러서서 하나님의 어린양을 찬양하며 노래하는 구속(救贖)받은 무리를 보게 하셨습니다. 그들의 노래의 기본 주제는 한 마디로 구속이었습니다.

> 이일 후에 내가 바라보니, 보라, 하늘에 문이 열려 있더라. 전에 내가 들은 첫 번째 음성 곧 나팔 소리와 같이 내게 이야기하던 음성이 이르되, 이리로 올라오라. 이후에 반드시 일어날 것들을 내가 네게 보이리라, 하더라. 이에 내가 즉시로 영 안에 있었더니, 보라, 하늘에 왕좌가 놓여 있고 그 왕좌에 한 분이 앉아 계시는데 … 그들이 새 노래를 불러 이르되, 주께서 그 책을 취하시고 그 책의 봉인들을 열기에 합당하시오니 이는 주께서 죽임을 당하사 주의 피로 모든 족속과 언어와 백성과 민족 가운데서 우리를 구속하여 하나님께 드리시고 또 우리 하나님을 위하여 우리를 왕과 제사장으로 삼으셨음이니 우리가 땅에서 통치하리로다, 하더라. (계 4:1-2, 5:9-10)

하나님의 성도들이 하늘에서 그분을 찬양할 주제가 많지만 그들에게 가장 중요한 것은 자기들을 구속(救贖)하셨다는 것입니다! 그들은 자기들이 결코 또 다른 짐을 지지 않고 또 다른 고통을 맛보지 않으며 또 다른 두통거리를 갖지 않고 한 순간도 아픔을 느끼지 않고 또 죽음을 맛보지 않는다는 사실을 잘 알고 있었습니다. 그러나 이 모든 것보다 그들에게 더 중요한 것은 자기들이 구속을 받았다는 것입니다. 천국의 궁전은 감격적인 한 가지 외침으로 가득 찼습니다.

> 그들이 새 노래를 불러 이르되, 주께서 그 책을 취하시고 그 책의 봉인들을 열기에 합당하시오니 이는 주께서 죽임을 당하사 주의 피로 모든 족속과 언어와 백성과 민족 가운데서 우리를 구속하여 하나님께 드리시고 (계 5:9)

독자께서는 이 성도들이 무엇으로 구속되었는지 또한 알게 될 것입니다. 그들은 '주님의 피'로 구속을 받았습니다. 하늘에 있는 모든 성도들은 동일한 것을 외칩니다. 그들은 예수님의 피로 말미암아 구속되었습니다. 하나님의 어린양의 피로 말미암아 구속되지 않은 사람은 결코 하늘에 있는 의(義)의 문을 지날 수 없을 것입니다! 그 피로 인해 구속되지 않은 사람은 결코 새 예루살렘의 흰 진주 문을 지나다니지 못할 것입니다. 피로 인해 구속되지 않은 사람은 결코 천국의 생명수 강의 언덕 위를 산책할 수 없을 것입니다! 어린양의 피로 구속되지 않은 사람은 결코 생명 나무의 열매를 따지 못할 것입니다. 어린양의 피로 구속되지 않은 사람은 결코 천국의 황금 길을 걸을 수 없을 것입니다. 어린양의 피로 구속되지 않은 사람은 결코 영광의 언덕을 넘어 다니지 못할 것입니다. 어린양의 피로 구속되지 않은 사람은 결코 영광의 왕좌에 가까이 갈 수 없을 것입니다!

구약의 모든 성도들이 거기 있으며 신약의 모든 성도들이 거기에 있습니다. 그들의 입을 통해 우리는 그들이 다 같은 방법으로 천국에 도달했음을 알 수 있습니다. 그들 중 피의 제사를 드림으로 천국에 도달한 사람은 단 하나도 없습니다. 하나님께 복종하는 삶으로 천국에 도달한 사람은 단 하나도 없습니다. 그들 중 믿음과 행위를 혼합해서 — 사실 이 일은 불가능함 — 천국에 도달한 사람은 단 하나도 없습니다. 그들 중 세례를 받고 기도를 하고 성모 마리아를 부르고 십자가를 붙들고 방언을 하고 교회에 다니고 성찬식에 참석하고 촛불을 밝히고 노자성사를 받고 신부에게 고해성사를 하고 교황의 반지에 입을 맞추고 은사주의자인 오랄 오버츠에게 헌금을 하고 묵주의 구슬을 꿰고 성상들 앞에 무릎을 꿇고 철야기도를 하고 걸 스카우트의 과자를 팔아 주고 길 건너의 가난한 노인을 도와 주고 길 잃은 고양이를 보살펴 주고 또 끝까지 믿음을 지탱함으로 천국에 도달한 사람은 단 하나도 없습니다.

어린양의 피로 구속되지 않는 한 어느 누구도 천국을 보지 못할 것입니다.

이번 장에서 우리가 다루는 주제는 그분의 십자가의 피로 인해 구속받은 것입니다. 이제 우리는 세 가지 영역 즉 그분의 십자가의 피로 말미암은 구속의 필요성과 그분의 십자가의 피로 말미암은 구속의 충분성과 그분의 십자가의 피로 말미암은 구속의 진리를 살펴보겠습니다. 그러면 우선 첫 번째 영역을 살펴봅시다.

1. 그분의 십자가의 피로 말미암은 구속의 필요성

모든 사람은 반드시 구속받을 필요가 있습니다. 여기에는 세 가지 기본적인 이유가 있습니다.

(1) 하나님의 율법이 우리를 정죄하기 때문입니다.
(2) 죄가 우리를 묶고 있기 때문입니다.
(3) 지옥이 우리를 기다리고 있기 때문입니다.

우리가 구속받아야 할 필요성과 상관이 있는 이 세 가지 기본
적 이유를 깊게 살펴보기 전에 먼저 '구속'(redemption)이란 단
어의 의미나 혹은 '구속받는다'는 것의 의미를 먼저 머리 속에
확립하는 일이 필요합니다. 제게는 신뢰할 만한 『웹스터 사전』
이 있는데 이 사전에는 '구속하다'(redeem)는 단어의 성경적 의
미가 잘 정의되어 있습니다.

1. 되사다 또는 회복시키다(To buy back, or recover).
2. 몸값을 지불하다(To ransom).
3. 속죄하다 또는 죄에서 구해내다(To atone for, or deliver
   from sin).

'구속'(redemption)이란 명사는 '구속하는 것'(무르는 것) 혹은
'구속되는 것'이란 의미를 갖습니다. 그러면 모든 사람들이 구
속받아야 할 필요성과 관련된 세 가지 기본적인 이유를 살펴보
도록 하겠습니다.

(1) 하나님의 율법이 우리를 정죄하기 때문입니다.

하나님의 도덕 율법(moral law)은 십계명에 요약되어 있으며
이것은 우리가 하나님께 그리고 동료 사람들에게 범하는 죄들
을 다룹니다. 하나님의 도덕 율법은 참되고 살아 계신 하나님
외에 다른 신들을 두지 말 것, 새긴 형상을 취하지 말 것, 주 하
나님의 이름을 헛되이 취하지 말 것, 안식일을 기억할 것, 부모
를 공경할 것, 살인하지 말 것, 간음하지 말 것, 도둑질하지 말
것, 거짓말하지 말 것, 그리고 다른 사람의 소유를 탐내지 말 것
등을 포함합니다.

하나님은 공의와 진노의 하나님이므로 자신의 법을 위반하는 모든 사람에게 엄격한 저주를 내리셨습니다.

이 율법의 모든 말씀을 행하기 위하여 그것들을 확인하지 아니하는 자는 저주를 받으리라, 할 것이요, 온 백성은 아멘 할지니라. (신 27:26)

우리는 다 율법을 위반하는 죄를 범하며 또 그런 사실을 잘 압니다. 우리의 마음과 양심이 우리를 정죄할 뿐 아니라 성경 역시 우리가 유죄임을 기록하고 있습니다.

주께서 하늘에서 사람들의 자녀들을 내려다 보사 혹시라도 깨닫는 자나 하나님을 찾는 자가 있는지 보려 하신즉 그들이 다 치우쳐서 함께 더러운 자가 되고 선을 행하는 자가 없나니 단 한 사람도 없도다. (시 14:2-3)

우리는 다 양 같아서 길을 잃고 각각 자기 길로 갔거늘 주께서는 우리 모두의 불법을 그에게 담당시키셨도다. (사 53:6)

모든 사람이 범죄하여 하나님의 영광에 이르지 못하더니 (롬 3:23)

그러므로 우리는 전능하신 하나님께서 보실 때 다 그분의 법을 위반한 죄인입니다. 우리는 다 죄인입니다. 왜냐하면 '죄가 율법을 범하는 것'이기 때문입니다(요일 3:4). 십계명 중에서 몇 개만 위반하든지 혹은 전체를 다 위반하든지 우리는 율법의 모든 것을 위반한 사람으로 여겨집니다.

누구든지 율법 전체를 지키다가 한 조목이라도 어기면 모든 것에서 유죄가 되나니 이는, 간음하지 말라, 하신 분께서 또한, 살인하지 말라, 하셨은즉 이제 네가 비록 간음하지 아니하여도 살인하면 율법을 범한 자가 되기 때문이라. (약 2:10-11)

하나님의 말씀 전체를 통해서 저와 여러분은 거룩하신 하나님 앞에 죄를 범한 죄인으로 정죄를 받으며 사실 하나님의 율법 그 자체가 우리를 정죄합니다. 사도 바울은 "성경이 모든 것을 죄 아래 가두었다."(갈 3:22)고 기록합니다. 이로 인해 우리는 피할 수 없는 하나님의 저주를 받게 됩니다. 왜냐하면 하나님께서 다음과 같이 말씀하셨기 때문입니다.

이 율법의 모든 말씀을 행하기 위하여 그것들을 확인하지 아니하는 자는 저주를 받으리라, 할 것이요, 온 백성은 아멘 할지니라. (신 27:26)

바울은 다음과 같이 말함으로써 신약성경에서 동일한 것을 우리에게 상기시켜 줍니다.

그 까닭은 율법의 행위에 속한 자들이 다 저주 아래 있기 때문이니 이는 기록된바, 율법 책에 기록된 모든 것을 행하기 위하여 항상 그것들 가운데 거하지 아니하는 자는 다 저주받은 자라, 하였음이라. (갈 3:10)

그러므로 절대 무오한 하나님의 말씀은 하나님의 율법을 우리가 범한 것에 기초해서 우리를 심문하고 유죄로 선고하며 정죄합니다. 우리는 필사적으로 우리의 악한 죄를 속죄 받아야 합니다. 그렇지 않으면 하나님의 율법을 범하였으므로 언젠가 그분의 진노를 받아야 합니다. 바로 여기에서 구속이 등장합니다. 우리는 구속의 정의들 가운데 하나가 '속죄하다'라는 것을 알았습니다. 우리는 다 율법의 저주로부터 구속받을 필요가 있습니다.

그러면 "과연 구속이 가능한가?"라는 중요한 의문이 생깁니다. 하나님께 감사하십시오. 그 일은 분명히 가능합니다. 우리가 구속받기 위해 오직 주 예수 그리스도만을 믿고 신뢰할 때 예수님께서 그 일을 이루십니다.

그리스도께서 우리를 위하여 저주가 되사 율법의 저주에서 우리를 구속하셨으니 이는 기록된바, 나무에 달린 자는 다 저주받은 자라, 하였음이라. (갈 3:13)

이 구절에 의하면 그리스도께서 우리를 구속할 수 있는 유일한 방법은 우리를 위해 저주가 되는 것이었으며 그 일을 이루시기 위해 예수님께서는 나무에 달려야만 하셨습니다! 예수님께서는 십자가에 못박히셔야 했습니다! 동시에 예수님께서는 우리가 율법의 저주에서 벗어나도록 율법을 십자가에 못박으셔야 했고 그로써 우리를 향한 정죄를 제거하셨습니다.

> 또 너희의 죄들과 육체의 무할례로 죽었던 너희를 하나님께서 그분과 함께 살리시고 너희의 모든 범법을 용서하시고 손으로 쓴 규례들 곧 우리를 대적하고 반대하는 것을 지우시고 그것을 길에서 치우사 그분의 십자가에 못박으시고 (골 2:13-14)

할렐루야! 만일 그리스도께서 당신의 구원자라면 율법이 그리스도의 십자가에 못박혔기 때문에 이제 율법의 저주가 당신에게서 제거되었으며 따라서 율법이 더 이상 당신을 정죄할 수 없습니다. 예수님께서는 십자가에 달리시면서 율법의 저주에서 저와 여러분을 구속하셨습니다! 모든 사람은 율법의 정죄 때문에 반드시 구속받아야만 합니다. 그리고 그 구속은 오직 한 곳 즉 예수 그리스도 안에만 존재합니다!

> 모든 사람이 범죄하여 하나님의 영광에 이르지 못하더니 그리스도 예수님 안에 있는 구속을 통하여 하나님의 은혜로 값없이 의롭게 되었느니라. (롬 3:23-24)

구속은 침례 탕 안에 있지 않습니다! 구속은 주의 만찬의 빵과 포도 주스 안에 있지 않습니다! 구속은 특정한 교회 안에 있지 않습니다! 구속은 '끝까지 믿음을 지탱하는 것'에 있지 않습니다! 구속은 고해성사를 하는 고해소 안에 있지 않습니다. 구속은 방언하는 데 있지 않습니다.

구속은 묵주나 십자가 안에 있지 않습니다! 구속은 노자성사

안에 있지 않습니다. 구속은 선행 안에 있지 않습니다. 구속은 성모 마리아 안에 있지 않습니다! 구속은 미사에 있지 않습니다! 구속은 환상을 보는 것에 있지 않습니다! 구속은 모하메드, 부처, 인도의 신 크리쉬나, 몰몬교 창시자 조셉 스미스, '크리스천 사이언스'의 창시자 메리 에디, 은사주의 가수 팻 분(Pat Boon)의 수영장, 대배교자 로버트 슐러의 유리 성당, 테레사 수녀, 천주(天主) 또 어머니 지구 등에 있지 않습니다. 구속은 오직 한 곳 즉 한 사람인 예수 그리스도 안에만 있습니다!

만일 예수님께서 십자가에 가셔서 피를 흘리며 죽지 않았다면 이런 구속은 결코 없었을 것입니다! 예수님께서는 율법의 저주에서 우리를 구속하시기 위해 나무에 달리셔야 하셨습니다. 그러나 거기서 매달려 계시는 동안 그분은 피를 흘려야만 했습니다. 왜냐하면 우리는 오직 예수님의 피로 말미암아 구속되기 때문입니다!

> 우리를 빛 가운데서 성도들의 상속에 참여하는 자가 되기에 합당하게 하신 아버지께 감사하게 하시기를 원하였노라. 그분께서 우리를 어둠의 권능에서 건져 내사 자신의 사랑하시는 아들의 왕국으로 옮기셨으니 이 아들 안에서 우리가 그분의 피를 통하여 구속 곧 죄들의 용서를 받았도다. (골 1:12-14)

이 시점에서 독자에게 묻고 싶은 것이 있습니다. 독자께서는 구속이 존재하는 곳에 있습니까? 우리는 로마서 3장 24절에서 구속이 오직 예수 그리스도 안에 있음을 보았습니다. 여러분은 그리스도 예수 안에 있습니까?

> 그런즉 누구든지 그리스도 안에 있으면 새로운 피조물이라. 옛 것은 지나갔으니, 보라, 모든 것이 새롭게 되었도다. (고후 5:17)

그리스도가 마음 속에 있지 않는 한 그리스도 예수 안에 있을 수 있는 사람은 단 하나도 없습니다.

하나님께서는 이 신비의 영광이 이방인들 가운데 얼마나 풍성한가를 자신의 성도들에게 알게 하려 하시나니 이 신비는 너희 안에 계신 그리스도 곧 영광의 소망이시니라. 우리가 그분을 선포하여 각 사람에게 경고하고 모든 지혜로 각 사람을 가르침은 각 사람을 그리스도 예수님 안에서 완전한 자로 드리고자 함이니 (골 1:27-28)

만일 그리스도께서 당신 안에 계신다면 당신은 그리스도 안에 있는 것입니다. 당신이 스스로 그리스도를 마음 속에 받아들일 때 바로 그때에 그분은 당신 안에 계실 수 있습니다. 만일 당신이 당신의 종교와 철학을 포함하는 모든 죄를 진심으로 회개하고 주 예수 그리스도께서 당신을 구원해 주시기를 간구하며 — 시작부터 끝까지 오직 그분만이 이 구원의 역사를 다 이루신다는 것을 믿어야 함 — 그분을 당신 개인의 구원자로 영접한다면 이제 그리스도께서는 당신 안에 거하십니다.

그러므로 네가 만일 네 입으로 주 예수님을 시인하고 하나님께서 그분을 죽은 자들로부터 일으키신 것을 네 마음 속으로 믿으면 구원을 받으리니 이는 사람이 마음으로 믿어 의에 이르고 입으로 시인하여 구원에 이르기 때문이니라 … 이는 누구든지 주의 이름을 부르는 자는 구원을 받을 것임이라. (롬 10:9-10, 13)

볼지어다, 내가 문 앞에 서서 두드리노니 누구든지 내 음성을 듣고 문을 열면 내가 그에게로 들어가 그와 함께 만찬을 먹고 그는 나와 함께 먹으리라. (계 3:20)

그분을 영접한 자 곧 그분의 이름을 믿는 자들에게는 다 하나님의 아들들이 되는 권능을 주셨으니 (요 1:12)

믿음을 통하여 그리스도께서 너희 마음 속에 거하게 하옵시고 또 너희가 사랑 안에서 뿌리를 내리고 터를 잡아 (엡 3:17)

다시 말씀드리지만 만일 그리스도께서 당신 안에 계신다면 당신은 그리스도 안에 있는 것입니다. 그리고 바로 그분 안에 구속이 있습니다(롬 3:24).

만일 당신이 그리스도 안에 있지 않다면 구원받지 못한 것입니다. 그분께서는 결코 자신의 피로 당신을 구속한 적이 없습니다. 그러므로 당신은 거룩한 하나님 앞에서 죄인이며 율법이 당신을 정죄합니다. 그러나 지금 이 시간 당신이 진심으로 당신의 죄를 회개하고 주 예수 그리스도를 당신 개인의 구원자로 당신 마음 속에 받아들인다면 이런 저주의 상황이 바뀔 수 있습니다. 만일 당신이 진정 그리스도를 원한다면 지금 그분을 초청하면서 다음과 같이 기도하시기 바랍니다.

> 주 예수님, 저는 제가 사악하고 지옥에 가야 할 죄인임을 잘 알고 있습니다. 저는 저를 구원할 수 있는 분이 오직 주님뿐임을 진정으로 믿습니다. 죄인인 저를 불쌍히 여기시고 저의 모든 죄를 용서해 주십시오. 이 시간 제 마음 속에 들어오셔서 저의 구원자가 되어 주십시오. 아멘.

만일 당신이 지금 그리스도를 받아들였다면 저도(역자도) 그것을 알 수 있도록 편지해 주기 바랍니다. 당신이 『킹제임스 흠정역 성경』을 사용하는 복음적이고 독립적인 교회, 영혼을 구하는 교회, 세상과 분리된 교회, 마귀를 걷어차는 침례교회에서 침례를 받고 믿음 생활을 하려면 제게(역자에게) 연락을 주시기 바랍니다. 저는(역자는) 이 점에서 당신을 돕고 싶습니다.

이 책을 읽는 사람들 중에 그리스도 안에 있는 사람은 다 구속을 받은 사람입니다. 당신은 그분의 십자가의 피로 인해 율법의 저주에서 구속되었습니다! 그러므로 언젠가 하늘의 왕좌에 서서 "주께서 주의 피로 우리를 구속하사 하나님께 드리셨습니다!"라고 예수님께 노래할 것입니다.

이제, 모든 사람들이 구속받아야 할 이유 중 두 번째 기본적인 이유를 살펴보겠습니다.

(2) 죄가 우리를 묶고 있기 때문입니다.

이 땅에 살면서 죄에 묶이지 않았던 분은 오직 주 예수 그리스도 한 분뿐입니다. 예수님은 "모든 점에서 우리와 똑같이 시험을 받으시되 죄는 없으신 분이십니다"(히 4:15). 이분을 제외한 모든 사람은 본성적으로 죄인이며 스스로 원해서 된 죄인입니다. 이것이 사실이기 때문에 우리는 다 죄에 묶여 있으며 죄에서 구속받을 필요가 있습니다. 이것은 요한복음 8장에서 예수님께서 바리새인들에게 다음과 같이 말씀하심을 통해 명백히 드러났습니다.

진리를 알리니 이 진리가 너희를 자유롭게 하리라. 그들이 그분께 대답하되, 우리는 아브라함의 씨라. 결코 남의 종이 된 적이 없거늘 네가 어찌하여, 너희가 자유롭게 되리라, 하느냐? 하매 예수님께서 그들에게 대답하시되, 진실로 진실로 내가 너희에게 이르노니, 누구든지 죄를 짓는 자는 죄의 종이니라. 종은 영원히 집에 거하지 못하되 아들은 영원히 거하나니 그러므로 아들이 너희를 자유롭게 하면 너희가 참으로 자유롭게 되리라. (요 8:32-36)

이 말씀으로 죄의 종인 우리는 죄에서 자유롭게 되어야 할 필요가 있음을 쉽게 알 수 있습니다. 죄는 우리를 결박하고 있습니다. 우리는 죄의 노예입니다. 우리는 사로잡혀서 노예로 팔렸습니다. 바울은 자신에 대해 다음과 같이 기록했는데 이것은 우리 모두에게 적용되는 사실입니다.

그 까닭은 우리가 알거니와 율법은 영적이나 나는 육신적이어서 죄 아래 팔렸기 때문이로다. (롬 7:14)

우리는 죄의 속박 안에 있으며 "죄는 완성될 때 사망을 낳습니다"(약 1:15). 그러므로 우리는 여기서 구출되어야 합니다. 만일 우리가 죄의 속박 가운데서 죽는다면 둘째 사망인 불못에서 영원을 보내게 될 것입니다(계 20:14, 21:8). 그러나 우리는 우리 자신을 구원할 수 없습니다.

우리는 소망이 없고 무기력한 죄의 노예입니다. 우리는 죄 아래 팔렸으며 우리의 유일한 희망은 누군가가 몸값을 주고 우리를 구속해 주는 것입니다. 그러나 누가 우리를 되살 수 있겠습니까? 누가 우리를 죄의 노예 시장에서 되살 수 있겠습니까? 죄인이 아닌 존재만이 이 일을 할 수 있습니다. 그러므로 이 일을 할 수 있는 유일한 분은 오직 한 분 즉 하나님뿐이 없습니다. 만일 우리가 죄의 속박에서 벗어나게 된다면 이것을 이루시는 분은 분명히 하나님임에 틀림없습니다.

하나님께서는 자신의 거룩함과 공의와 공평과 주권 속에서 죄가 오직 피 흘리는 것을 통해서만 용서되고 사면될 수 있다고 선포하셨습니다. 하나님께서는 이렇게 말씀하셨습니다.

> 이는 육체의 생명이 피에 있기 때문이니라. 내가 이 피를 너희에게 주어 제단 위에 뿌려 너희 혼을 위해 속죄하게 하였나니 이는 피가 혼을 위해 속죄하기 때문이니라. (레 17:11)

당신은 오직 피만이 죄 많은 우리의 혼을 속죄할 수 있다는 것과 이 일을 이루기 위해 피를 흘려야만 한다는 것을 알게 될 것입니다. 우리의 죄를 속하기 위한 피는 혈관 속이 아니라 제단 위에 뿌려져야만 합니다.

> 율법에 따라 거의 모든 것이 피로써 깨끗하게 되나니 피흘림이 없은즉 사면이 없느니라. (히 9:22)

죄인의 피는 결코 우리의 죄를 사면하고 우리를 죄와 사망의 속박에서 벗어나게 하는 피가 될 수 없습니다. 그런 피는 더러운 피이기 때문에 우리를 구속할 수 없습니다. 죄 없는 유일한 존재는 하나님뿐이 없으므로 우리를 구속하기 위해 반드시 그분의 피가 흘려져야만 했습니다. 이것만이 우리를 구속할 수 있는 유일한 길입니다. 죄의 삯은 사망이며(롬 6:23) 죄에 속박된 사람들을 구속하기 위하여 죄 없는 피가 흘려져야만 했으므로 하나님께서는 스스로 사람이 되셔서 자신의 완전한 피를 흘리시며 죽으사 우리를 구속하셨습니다.

이것이 바로 우리 하나님께서 하신 일입니다!

하나님께서는 자신의 독생자의 몸으로 하늘로부터 이 땅에 오셨습니다. 자신의 지혜와 권능으로 하나님께서는 마리아를 통해 처녀 탄생을 이루셨습니다. 하나님께서는 자신이 죽을 수 있도록 마리아를 통해 사람이 되셨습니다. 그러나 하나님께서는 자신의 피를 깨끗이 보전하셨습니다. 왜냐하면 모든 아기는 어머니에게서 단 한 방울의 피도 물려받지 않기 때문입니다. 마리아는 죄인이었습니다. 만일 예수님께서 그녀의 피를 물려받았다면 그 피는 더럽혀졌을 것입니다. 성모 마리아가 죄 없이 태어났다는 로마 카톨릭주의의 '무염시태' 교리는 위조품입니다. 그녀는 구원을 필요로 하는 죄인이요 우리와 똑같은 죄인이었습니다. 그녀는 누가복음 1장 47절에서 분명하게 이 사실을 밝혔습니다.

> 마리아가 이르되, 내 혼이 주를 드높이고 내 영이 하나님 곧 내 구원자를 기뻐하였나니 이는 그분께서 자신의 여종의 낮은 처지를 돌아보셨음이라. 보라, 이제부터는 모든 세대가 나를 가리켜 복이 있다 하리로다. (눅 1:46-48)

우리는 레위기 17장 11절로부터 육체의 생명이 피에 있다는 것을 알고 있습니다. 생명(life)은 곧 혼(soul)입니다. 히브리어 '네페쉬'(nephesh)가 우리의 『킹제임스 흠정역 성경』 번역자들에 의해 구약성경에서 '생명'(life) 혹은 '혼'(soul)으로 번역된 것은 참으로 흥미롭습니다. 그 이유는 생명과 혼이 정확하게 같기 때문입니다. 아담의 육체는 하나님께서 그의 코에 생명의 호흡을 불어넣으시기까지는 생명이 없는 상태였습니다. 그러나 그는 곧 '살아 있는 혼'이 되었습니다.

> 주 하나님께서 땅의 흙으로 사람을 지으시고 생명의 숨을 그 코에 불어넣으시니 사람이 살아 있는 혼이 되니라. (창 2:7)

아담은 그 순간 혼이 몸 안에 있었기 때문에 살게 되었습니다. 사람은 혼이 몸에서 떠날 때 죽습니다. 왜냐하면 혼이 생명이기 때문입니다. 성경은 라헬이 아이를 낳다가 죽는 것을 묘사하는 부분에서 이것을 입증하고 있습니다.

> 하나님께서 자기와 말씀하시던 곳의 이름을 벧엘이라 하였더라. 그들이 벧엘에서 이동하다가 에브랏에 조금 못 미친 곳에서 라헬이 진통을 겪는데 산고가 매우 심하더니 그녀가 심한 산고를 겪을 때에 산파가 그녀에게 이르되, 두려워하지 말라. 지금 그대가 이 아들도 갖게 되리라, 하니라. 그녀의 혼이 떠나려할 때에 (이는 그녀가 죽었음이더라.) 그녀가 그의 이름을 베노니라 하였으나 그의 아버지가 그를 베냐민이라 하였더라. (창 35:16-18)

라헬의 혼이 그녀의 몸에 있을 때 그녀는 살아 있었습니다. 그 혼이 몸을 떠나자 그녀는 죽었습니다. 생명과 혼은 같은 것입니다. 이제 이 사실을 확증했으므로 에스겔에서 하나님께서 주신 말씀을 주목해 봅시다.

> 보라, 모든 혼은 내 것이라. 아버지의 혼과 마찬가지로 아들의 혼도 내 것이니 범죄하는 그 혼은 죽을지니라. (겔 18:4)

> 범죄하는 그 혼은 죽을지니라. (겔 18:20)

이 말씀을 통해 우리는 사람의 어떤 부분이 죄를 범하는지 확실히 알 수 있습니다. 그것은 곧 혼입니다. 히브리어 '네페쉬'(nephesh)는 창세기 2장 7절, 35장 18절, 그리고 에스겔 18장 4절과 20절에서 다 '혼'(soul)으로 번역되었습니다. 그리고 레위기 17장 11절에서는 동일한 단어가 '생명'(life)으로 번역되었습니다. 이것들은 동일하기 때문에 성경에는 모순이 없습니다. 그러므로 우리가 "육체의 혼(soul)이 피에 있다."고 말해도 하나님의 말씀에 위배되지 않습니다.

이런 이유로 예수님의 처녀 탄생이 필요했습니다. 성경은 죄를 범하는 것이 혼이라고 말합니다. 혼은 피의 흐름을 타고 가기 때문에 자연히 죄를 범하는 혼은 죄를 가지고 피를 더럽게 만듭니다. 그러므로 다시 말씀드리지만 만일 예수님께서 자신의 혈관 속에 마리아의 피를 단 한 방울이라도 물려받았다면 그분의 피는 죄로 더럽혀졌을 것입니다. 그래서 하나님께서는 자신의 무한한 지혜로 자신의 아들이 기적적인 처녀 탄생을 통해 이 세상에 태어나게 하셨습니다! 바로 이런 방법을 통해 죄 없는 유일한 존재이신 하나님께서 우리를 구속하기 위하여 이 땅에 오셔서 자신의 죄 없는 피를 흘리며 죽으신 것입니다.

예수님의 처녀 탄생은 이 일이 실제로 일어나기 700년 전에 하나님께서 대언자 이사야를 통해 말씀하셨을 때 이미 예언되었습니다.

> 그러므로 주께서 친히 한 표적을 너희에게 주시리라. 보라, 처녀가 수태하여 아들을 낳을 것이요, 그의 이름을 임마누엘이라 하리라. (사 7:14)

하나님께서는 이 기적을 신약에서 입증하셨습니다.

이제 이 모든 일이 일어난 것은 주에 관하여 대언자를 통해 말씀하신 것을 성취하려 하심이라. 이르시되, 보라, 처녀가 아이를 배어 아들을 낳을 것이요, 사람들이 그의 이름을 임마누엘이라 하리라, 하셨으니 이것을 번역하면,

우리와 함께 계시는 하나님, 이라는 뜻이라. (마 1:22-23)

오직 예수님의 처녀 탄생을 통해 하나님께서 우리와 함께 계실 수 있었습니다! 그분께서는 반드시 더럽혀지지 않은 피를 가지고 오셔야만 했습니다. 하나님께서는 죄로 더럽혀진 피를 지닌 채 사람이 되셨고 사람의 몸을 입으셨습니다. 만일 그분께서 죄로 더럽혀진 피를 가지고 이 세상에 오셨다면 그런 피로 결코 잃어버린 죄인들을 구속할 수 없었을 것입니다! 죄로 더럽혀진 피는 가치가 없습니다! 그러나 아버지가 모든 아기에게 피를 주기 때문에 예수님의 처녀 탄생은 하나님의 목적을 완벽하게 이루었습니다.

저는 세 명의 거듭난 의사와 함께 조산술 · 임신 · 출산의 생리학적인 측면을 의논한 적이 있습니다. 그 중 한 명은 혈액 전문가입니다. 세 사람 모두가(다른 시간과 장소에서) 제게 정확히 똑같은 사실 즉 아기는 수태될 때에 자기 아버지로부터 모든 피를 받는다고 말했습니다. 비록 수태될 때에 피의 양은 매우 적지만 아기의 육체에 있는 아버지의 그 피는 아기의 몸이 어머니의 자궁에서 자라나는 동안 증식됩니다. 그런데 중요한 것은 아기의 어머니가 아기에게 전혀 피를 주지 않는다는 점입니다.

절대 무오한 성경은 예수님의 아버지가 하나님이신 사실을 증명합니다.

천사가 그녀에게 이르되, 마리아야, 두려워하지 말라. 네가 하나님께 은총을 입었느니라. 보라, 네가 수태하여 아들을 낳으리니 그의 이름을 **예수**라 하라. 그가 크게 되고 가장 높으신 이의 아들이라 일컬음을 받을 것이요, 주 하나님께서 그의 조상 다윗의 왕좌를 그에게 주시리니 (눅 1:30-32)

하물며 아버지께서 거룩히 구별하사 세상에 보내신 자가, 나는 하나님의 아들이라, 한 것을 가지고 너희가 어찌하여, 네가 신성을 모독한다, 하느냐? (요 10:36)

시몬 베드로가 대답하여 이르되, 주는 그리스도시요, 살아 계신 하나님의 아들이시니이다, 하매 (마 16:16)

이제 요약하겠습니다. 하나님께서 예수님의 아버지이시며 아기를 수태한 어머니는 자기 자궁 안에 있는 아기에게 전혀 피를 주지 않기 때문에 하나님의 아들 예수 그리스도의 혈관 속에 들어 있는 죄 없고 더럽혀지지 않고 깨끗한 피는 하나님의 피입니다! 또한 오류가 없는 성경은 사도행전에서 이것을 확증해 주고 있습니다.

그러므로 너희 자신과 모든 양떼에게 주의를 기울이라. 성령님께서 너희를 그들의 감독자로 삼으사 하나님께서 자신의 피로 사신 하나님의 교회를 먹이게 하셨나니 (행 20:28)

위의 구절의 마지막 부분을 자세히 보십시오. 하나님께서 자신의 피로 자신의 교회를 사셨다고 말합니다. 하나님의 피는 어디에 있습니까? 갈보리의 십자가에서 흠 없는 피를 흘리셨던 주 예수님 곧 하나님의 독생자의 혈관에 있습니다! 예수님의 십자가의 피는 바로 하나님의 피였습니다!

이것은 딤 목사의 신학 이론이 이단 교리임을 보여 줍니다. 딤은 『그리스도의 피』라는 책의 16페이지 다섯째 줄과 여섯째 줄에서 "죽을 수밖에 없는 예수님의 몸 안의 정맥과 동맥을 통해 흘러 다닌 붉은 피는 우리의 구원과 상관이 없습니다."라고 진술합니다. 그는 또한 20페이지의 다섯째, 여섯째 줄에서 "예수 그리스도의 피 즉 문자 그대로의 그분의 피는 어떤 영적인 의미도 지니고 있지 않습니다."라고 말합니다.

불쌍한 하나님께서 처녀 수태와 처녀 탄생을 이행하기 위해 모든 수고를 하기 전에 딤 목사를 만나 조언을 받지 않은 것이 정말로 잘못된 일일까요? 딤 목사의 주장대로 그리스도의 피 즉 문자 그대로의 피(이런 피말고 다른 종류의 피가 있단 말입니까?)가 어떤 영적인 의미도 지니고 있지 않다면 그것은 전혀 깨끗할 필요가 없으며, 그렇다면 하나님은 그 모든 수고를 하지 않아도 되었을 것입니다.

또한 이 시점에서 맥아더 목사의 뻔뻔스런 이단 교리가 코뿔소의 코 위에 난 검은 사마귀처럼 불쑥 튀어나옵니다.

본서의 앞 부분에서 전체를 제시한 적이 있는 그의 편지 즉 학습 회원에게 보낸 편지에서 그는 "예수님의 육신적 피는 사람을 구원하지 않습니다."라고 단호히 말했습니다.

이 진술에서 맥아더 목사는 예수님의 혈관에 있는 피가 누구의 피인지 알지 못함을 보여 주었습니다. 만일 예수님의 피가 사람의 피였다면 그것은 마리아의 피여야 했을 것입니다. 그런데 어머니는 자기 아기에게 전혀 피를 주지 않기 때문에 만일 예수님의 피가 사람의 피였다면 그분에게 육체를 입은 아버지가 있었을 것입니다. 이렇게 되면 맥아더 목사는 예수님의 처녀 탄생을 부인할 뿐만 아니라 예수님에게 다른 아버지가 있었다는 이단 교리를 추가하는 것입니다. 이와 같은 사실은 불변의 진리 즉 한 가지 실수가 항상 또 다른 실수로 이어진다는 진리를 입증합니다.

그러나 어떤 면에서는 맥아더 목사가 옳습니다. 만일 예수님의 피가 사람의 피였다면 그분 안에는 가련하고 불쌍한 혼들을 구원할 수 있는 요소가 아무것도 없었을 것입니다! 그러나 그는 틀리고 성경이 옳기 때문에 예수님의 혈관에 있는 피는 하나님의 피였습니다. 그러므로 예수님의 처녀 탄생은 전혀 손상을 받지 않으며 그분의 십자가의 피는 더럽혀지지 않은 피로서 능히 죄의 노예 시장에서 우리를 구속할 수 있습니다.

그러므로 아들이 너희를 자유롭게 하면 너희가 참으로 자유롭게 되리라. (요 8:36)

그러면 예수님께서는 어떻게 이 일을 이루셨습니까? 그분께서는 우리를 위하여 갈보리의 낡고 험한 십자가 위에서 자신의 깨끗하고 흠 없고 완전하고 점 없는 피를 흘리심으로써 이 일을 이루셨습니다!

이는 그리스도 예수님 안에 있는 생명의 성령의 법이 죄와 사망의 법에서 나를 해방하였음이라. (롬 8:2)

할렐루야! 저는 어린양의 피로 구속되었기 때문에 죄와 사망의 법에서 해방되었습니다! 그리고 언젠가 기쁜 날에 저는 하늘의 왕좌 주위에 있는 무리들과 함께 예수님의 이름을 힘껏 찬양할 것입니다.

그들이 새 노래를 불러 이르되, 주께서 그 책을 취하시고 그 책의 봉인들을 열기에 합당하시오니 이는 주께서 죽임을 당하사 주의 피로 모든 족속과 언어와 백성과 민족 가운데서 우리를 구속하여 하나님께 드리시고 (계 5:9)

비록 그리스도인이라 주장하는 사람들이 지금 이 시간 자기들이 피로 말미암아 구속받은 사실을 고백할 수 없다면 도대체 어떻게 영원 속에서 그런 사실을 고백할 수 있겠습니까? 도대체 딤과 맥아더 목사 그리고 그분의 피를 부인하는 다른 사람들은 어떻게 예수님의 피 안에 사람을 구원하는 능력이 전혀 없다고 뻔뻔스럽게 말할 수 있으며 또 그러면서 어떻게 자기들이 그분의 피로 구속받았음을 명백히 진술하는 무리들 즉 하늘에 있는 구원받은 무리들 속에 속하기를 바랄 수 있겠습니까?

저는 그들을 위해 말할 수 없지만 저 자신을 위해서는 담대하게 말할 수 있습니다. 저는 구속받았습니다. 예수님께서 저를 되사셨습니다. 그리고 이렇게 저를 구속하기 위한 대가는 하나님의 어린양의 보배로운 피였습니다. 바울은 구속에 대해 이렇게 이야기했습니다.

도대체 무슨 말이냐? 너희 몸이 너희가 하나님께로부터 받은바 너희 안에 계신 성령님의 전인 줄을 너희가 알지 못하느냐? 너희는 너희 자신의 것이 아니니 이는 *주께서 값을* 치르고 너희를 사셨음이라. 그런즉 하나님의 것인 너희 몸과 너희 영으로 하나님께 영광을 돌리라. (고전 6:19-20)

당신이 무엇을 살 때는 보통 그 값을 돈이나 은 또는 금으로 계산합니다. 그러나 예수님께서는 저를 구속하시면서 자신의 보배로운 피를 그 값으로 지불하셨습니다.

너희가 알거니와 너희 조상들로부터 전통으로 물려받은 헛된 행실에서 너희가 구속 받은 것은 금이나 은같이 썩을 것으로 된 것이 아니요, 오직 흠도 없고 점도 없는 어린양의 피 같은 그리스도의 보배로운 피로 된 것이니라. (벧전 1:18-19)

저의 구원자의 피는 제게 귀중합니다. 왜냐하면 그분께서 저를 죄로부터 되사실 때에 바로 그 피를 몸값으로 지불하셨기 때문입니다. 저를 구원하기 위하여 그 어떤 것도 몸값으로 지불될 수 없었습니다. 그분께서 흘린 피가 없었다면 저는 여전히 죄의 노예 시장에 있었을 것입니다. 저는 자유로운 존재가 되지 못했을 것이고 아무 소망 없이 영원히 버려졌을 것입니다. 그러므로 저는 성령님과 베드로에게 전적으로 동의합니다. 그리스도의 피는 보배롭습니다.

맥아더 목사는 웨이들릭에게 1986년 4월 4일에 보낸 편지에서 "그렇습니다. 그리스도의 피는 보배롭습니다. 그러나 보배롭기는 하지만 그것은 사람을 구원할 수 없습니다."라고 스무째 줄부터 스물둘째 줄에 썼습니다. 저의 의문점은 "만일 그 피가 사람을 구원할 수 없다면 그것이 과연 보배로울 수 있는가?" 하는 것입니다. 맥아더 목사는 자신의 글에서 그리스도의 모든 부분이 보배로우므로 그리스도의 일부분인 피가 자기에게 보배롭다고 말했습니다. 그런데 맥아더 목사가 자신의 글에서 우리를 구원하는 것은 그리스도의 피가 아니라 그분의 죽음이라고 되풀이하여 진술하기 때문에 저는 그에게 그리스도의 '보배로운 죽음'에 관해 말하는 성경 구절을 지적해 달라고 요구하고 싶습니다.

예수님께서 우리를 구원하기 위하여 죽어야 했음은 누구나 다 아는 일입니다. 그렇다 치더라도 그것은 피를 흘리는 죽음이어야만 했습니다. 그렇지 않다면 결코 구원이 있을 수 없을 것입니다. 만일 예수님께서 독살, 교수형, 교살, 질식사 또는 전기사형을 당하셨다면 우리의 죄들이 사면되는 일은 결코 없었을 것입니다. 우리는 구속도 구원도 속죄도 전혀 받지 못했을 것입니다. 저는 예수님께서 "사람의 아들이 섬김을 받으러 온 것이 아니라 도리어 섬기려 하고 자기 생명을 많은 사람의 대속물(代贖物)로 주려고 왔다."(막 10:45)고 말씀하신 것을 알고 있습니다. 그러나 만일 예수님께서 자신의 피를 흘리지 않은 채 자신의 생명을 내어주셨다면 결코 많은 사람의 대속물이 되지 않았을 것입니다! 저는 주 예수 그리스도의 모든 부분이 보배롭다는 것에 대해 맥아더와 의견을 같이 합니다. 그러나 그는 예수님의 머리, 손, 발, 다리, 발가락, 침, 머리카락, 눈, 코, 귀, 피부, 손톱, 치아, 입술, 손가락, 가슴, 등, 손목 또는 무릎이 보배롭다고 말하는 성경 구절을 단 하나도 제시하지 못합니다. 비록 예수님의 모든 부분이 분명히 보배롭지만 성경에는 오직 예수님의 피만이 보배롭다고 쓰여 있습니다. 그리고 성경은 그 이유를 우리에게 말해 줍니다.

너희가 알거니와 너희 조상들로부터 전통으로 물려받은 헛된 행실에서 너희가 구속 받은 것은 금이나 은같이 썩을 것으로 된 것이 아니요, 오직 흠도 없고 점도 없는 어린양의 피 같은 그리스도의 보배로운 피로 된 것이니라. (벧전 1:18-19)

결론적으로 우리는 죄에 묶여 있기 때문에 구속을 필요로 합니다. 그러나 하나님께 감사합시다. 예수님의 십자가의 보배로운 피가 우리를 구속합니다.

이제 모든 사람들이 구속받아야 하는 필요성과 연관된 세 번째 기본적인 이유를 살펴보겠습니다.

(3) 지옥이 우리를 기다리고 있기 때문입니다.

성경은 처음부터 끝까지 사람이 구원받지 않은 상태로 죽으면 최종 지옥인 불못에서 영원을 보내게 될 것임을 확실히 보여 줍니다. 이 주제에 관해 좀 더 자세한 내용을 원하면 제가 지은 『지옥은 있다』(말씀과만남사 출간)를 참조하기 바랍니다.

사악한 자들은 지옥으로 돌아가며 하나님을 잊어버린 모든 민족들도 그리하리니 (시 9:17)

뱀들아, 독사들의 세대여, 어찌 너희가 지옥의 정죄를 피하겠느냐? (마 23:33)

만일 누구든지 짐승과 그의 형상에게 경배하고 자기 이마 안에나 손 안에 그의 표를 받으면 하나님의 진노의 포도즙을 마시리니 곧 그분의 격노의 잔에 섞인 것이 없이 부은 포도즙이라. 그가 거룩한 천사들의 눈앞과 어린양의 눈앞에서 불과 유황으로 고통을 받으리니 그 고통의 연기가 영원무궁토록 올라가리로다. 누구든지 짐승과 그의 형상에게 경배한 자들과 그의 이름의 표를 받는 자는 밤이나 낮이나 안식을 얻지 못하리라. (계 14:9-11)

누구든지 생명 책에 기록되지 못한 자는 불못에 던져지더라. (계 20:15)

이 주제에 관한 성경 구절은 더 많지만 우리가 방금 읽은 구절들만 가지고도 지옥이 어린양의 피로 구속되지 않은 채 이 세상을 떠난 모든 사람을 기다리고 있다는 사실을 입증하기에 충분합니다.

"주께서 주의 피로 우리를 구속하사 하나님께 드리셨습니다!" 라고 예수님께 정직하게 말할 수 있는 사람만이 천국에 도착합니다. 피로 인한 구속이 없이는 결코 구원도 없으며 지옥을 피할 수도 없습니다!

이제 두 번째 부분을 살펴봅시다.

2. 그분의 십자가의 피로 말미암은 구속의 충분성

이 책에서 이미 지적했듯이 이스라엘 자손이 이집트의 노예 신분에서 벗어나 구속받을 시간이 되었을 때 하나님께서는 그 중대한 날 밤에 그 땅을 두루 다니시며 한 가지를 찾고 계셨습니다.

> 내가 이집트 땅을 칠 때에 그 피가 너희가 거하는 집 위에 있어 너희를 위하여 표가 되게 할지니라. 내가 그 피를 볼 때에 너희를 넘어가리니 그 재앙이 너희 위에 임하여 너희를 멸하지 아니하리라. (출 12:13)

각 집의 대문 위에 있던 단 한 가지만이 모든 맏아들에게 내리는 하나님의 죽음의 처벌을 피하는 일에 충분했습니다. 마찬가지로 오직 어린양의 피만이 죄인들을 향한 하나님의 진노를 면하게 하기에 충분하고도 유일한 요소입니다. 물론 이 피는 주 예수 그리스도의 피입니다!

독자께서는 하나님께서 아브라함을 부르시며 그에게 그의 아들 이삭을 산으로 데리고 올라가 그를 피의 희생물로 그리고 태우는 헌물 즉 번제 헌물로 자신에게 바치라고 말씀하신 날을 기억할 것입니다.

> 아브라함이 번제 헌물에 쓸 나무를 취하여 자기 아들 이삭에게 지게 하고 자기는 불과 칼을 손에 들고 그 두 사람이 함께 가더라. 이삭이 자기 아버지 아브라함에게 말하여 이르되, 내 아버지여, 하니 그가 이르되, 내 아들아, 내가 여기 있노라, 하매 이삭이 이르되, 불과 나무를 보시거니와 번제 헌물로 드릴 어린양은 어디 있나이까? 하니 (창 22:6-7)

아브라함은 두 가지 즉 불과 칼을 손에 들고 있었습니다. 칼은 이삭을 죽이는데 쓸 것입니다. 따라서 피를 흘리는 것은 너무나 명백합니다. 불은 이삭이 죽은 후 그의 시체를 태우는데 쓰일 것입니다. 이삭은 물론 자기가 예정된 희생물이었음을 알지 못했습니다. 자기 아버지의 손에 든 칼과 자기 아버지가 가져온 불을 보면서 젊은 이삭은 자신의 등에 놓인 나무의 무게를 느끼며 주위를 돌아보며 말했습니다. "아버지, 불과 나무는 있는데 헌물로 드릴 어린양은 어디 있습니까?"

자, 아브라함의 대답을 살펴봅시다.

> 내 아들아, 번제 헌물의 어린양은 하나님께서 자신을 위하여 예비하시리라. (창 22:8)

위 구절을 읽어 보면 하나님께서 이삭을 대신하여 드릴 어린양을 준비하셨음을 알 수 있습니다. 어린양의 피가 이삭의 피 대신에 흘려졌습니다.

비록 아브라함이 깨닫지는 못했어도 그는 사실 자기 아들에게 대답하면서 예언을 말하고 있었습니다. 다른 단어를 강조하며 다시 그 구절을 살펴봅시다.

> 내 아들아, 번제 헌물의 어린양은 하나님께서 자신을 위하여(himself) 예비하시리라. (창 22:8)[9]

바로 이 일이 정확히 일어났습니다. 하나님께서 친히 희생물이 될 존귀한 어린양이 되셨습니다. 주 예수 그리스도는 하나님이십니다! 그분은 또한 어린양이십니다! 하나님께서는 자기 자신을 어린양으로 예비하셨습니다. 만일 이분이 사람이었었다면 이분께서 흘린 피와 희생물이 된 이분의 몸은 우리의 죄와 하나님의 진노의 처벌에서 우리를 구속하기에 충분하지 못했을 것입니다. 하나님을 만족시키기 위하여 그 피는 반드시 흠 없고 죄 없고 점 없는 피여야 했습니다. 이런 성질의 피를 가진 유일한 사람은 하나님의 어린양 주 예수 그리스도 한 분뿐이 없습니다.

침례자 요한은 요르단 강에서 허리 깊이의 진흙 물에 서서 둑에 늘어선 무리들에게 복음을 선포하면서 한 곳을 쳐다보았고 예수님께서 둑 아래로 내려오셔서 부들 사이를 지나 강으로 들어오시는 것을 보았습니다. 곧바로 요한은 예수님을 가리키며 말했습니다.

> 이튿날 요한이 예수님께서 자기에게 나오시는 것을 보고 이르되, 보라, 세상 죄를 제거하시는 하나님의 어린양이시로다. (요 1:29)

요한은 "보라, 세상 죄를 제거하시는 하나님의 아들이시로다."라고 말하지 않았습니다. 또한 그는 "보라, 세상 죄를 제거하는 갈릴리 사람이로다."라고 말하지 않았습니다. 물론 그는 "보라, 세상 죄를 제거하는 유다 지파의 사자(獅子)로다."라고 말하지 않았습니다. 이런 표현들도 다 예수님께 적용되는 말입

---

9) 이 구절은 영어로 "God will provide himself a lamb for a burnt offering."이며 레이시 목사님은 이것을 "하나님께서 자신을 번제 헌물의 어린양으로 예비하시리라."로 보고 있습니다. 영문 자체가 두 가지 해석을 가능하게 하므로 본문의 성경 구절과 같이 해석하는 분도 있고 레이시 목사님처럼 해석하는 분도 있다는 것을 염두에 두기 바랍니다. 둘 다 틀린 것이 아니며 관점이 다를 뿐입니다.

니다. 그러나 오직 예수님은 하나님의 어린양으로서 세상의 모든 죄를 제거하실 수 있었습니다!

> 너희가 알거니와 너희 조상들로부터 전통으로 물려받은 헛된 행실에서 너희가 구속 받은 것은 금이나 은같이 썩을 것으로 된 것이 아니요, 오직 흠도 없고 점도 없는 어린양의 피 같은 그리스도의 보배로운 피로 된 것이니라. (벧전 1:18-19)

어떤 사람의 피나 희생적인 죽음도 세상의 모든 죄를 제거하기에 충분하지 못합니다. 우리의 구원자를 찬양합시다! 예수님의 피를 찬양합시다!

이제 세 번째 부분을 살펴봅시다.

3. 그분의 십자가의 피로 인해 구속됨

제가 이 글을 쓰면서 인용하는 성경 말씀은 다 진리입니다.

> 아버지의 진리로 그들을 거룩히 구별하옵소서. 아버지의 말씀은 진리니이다. (요 17:17)

성경은 진리이기 때문에 저는 한 점의 의심도 없이 성경의 모든 장의 모든 말씀이 사실임을 믿을 수 있습니다. 저의 성경을 보면 하나님 아버지께서는 지금까지 어느 누구에게도 허락하지 않은 위치와 지위로 자신의 아들을 들어올리셨습니다.

> 그러므로 하나님께서도 그분을 지극히 높여 모든 이름 위에 있는 이름을 그분에게 주사 하늘에 있는 것이나 땅에 있는 것이나 땅 아래 있는 것들로 하여금 다 예수라는 이름에 무릎을 꿇게 하시고 또 모든 혀로 하여금 예수 그리스도는 주시라 시인하여 하나님 아버지께 영광을 돌리게 하셨느니라. (빌 2:9-11)

오 영광이여! 여러분은 이 사실을 보셨습니까? 하나님 아버지께서 오직 한 분 즉 예수님을 지극히 높이셨습니다. 하나님 아버지께서는 모든 이름 위에 오직 한 이름 즉 예수라는 이름만을 뛰어나게 하셨습니다. 하나님 아버지께서는 구원받은 모든 사람들과 구원받지 못한 모든 사람들과 모든 마귀들과 모든 타락한 천사들과 모든 좋은 천사들이 오직 한 분에게만 즉 예수님에게만 무릎을 꿇게 하실 것입니다. 이것은 절대적인 진리입니다.

질문 : 왜 하나님 아버지께서 이 영광과 명예를 예수님께 주셨습니까?

이 질문의 답은 제가 방금 인용한 구절의 문맥에서 찾을 수 있습니다.

빌립보서 2장 9절의 첫 번째 단어는 '그러므로' 입니다. '그러므로' 는 위에서 방금 말한 어떤 것이 이유가 됨을 암시합니다. 위에서 방금 말한 사실에 기초하여 여기의 '그러므로' 는 절대적인 진리 즉 예수님 이외의 어느 누구도 하나님에 의해 지극히 높임을 받지 않았고, 우리의 구원자 이외의 어느 누구도 모든 이름 위에 뛰어난 이름을 갖지 않으며, 하나님의 어린양 오직 그분의 이름에 온 세상 만물이 무릎을 꿇고, 모든 존재가 모든 입으로 예수님을 주라 시인하는 이유를 보여 줍니다.

다시 한 번 말씀드리지만 여기의 '그러므로' 는 그 이유를 우리에게 말해 줍니다. 이제 그 앞의 네 구절을 살펴봅시다.

너희 안에 이 마음을 품을지니 곧 그리스도 예수님 안에도 있던 마음이라. 그분은 하나님의 형체로 계시므로 하나님과 동등함을 강탈로 여기지 아니하셨으나 스스로 무명한 자가 되사 자기 위에 종의 형체를 취하시고 사람의 모습이 되셨으며 사람의 모양으로 나타나사 자기를 낮추시고 죽기까지 순종하셨으니 곧 십자가의 죽음이라. (빌 2:5-8)

예수님께서 십자가에 죽기까지 복종하셨다는 진리 다음에 "그러므로 하나님께서 그분을 지극히 높이시고 … "라는 구절이 뒤이어 나옵니다. 예수님께서는 단순히 죽기까지 복종하시지 않고 십자가에서 죽기까지 복종하셨습니다. 그 이유는 십자가의 죽음이 그분의 십자가의 피를 생기게 했기 때문입니다.

> 이는 아버지께서는 그분 안에 모든 충만이 거하는 것을 기뻐하시고 그분의 십자가의 피를 통하여 화평을 이루사 모든 것 곧 땅에 있는 것들이나 하늘에 있는 것들이 그분으로 말미암아 자신과 화해하게 하셨음이니라. (골 1:19-20)

모든 이단 추종자, 현대주의자, 자유주의자, 종교주의자, 철학자, 무신론자, 불가지론자, 조롱하는 자, 성경을 잘못 해석하는 자, 그리고 피를 부인하는 자는 이 진리를 깨달아야 합니다! 딤과 맥아더와 그리고 그들과 비슷한 것을 주장하는 다른 사람들은 이것을 깨달아야 합니다! 즉 예수님께서 십자가의 죽음에 복종하시며 자신의 십자가의 피를 흘리셨기 때문에 하나님께서도 그분을 지극히 높여 모든 이름 위에 있는 이름을 그분에게 주사 하늘에 있는 것이나 땅에 있는 것이나 땅 아래 있는 것들로 하여금 다 예수라는 이름에 무릎을 꿇게 하시고 또 모든 혀로 하여금 예수 그리스도는 주시라 시인하여 하나님 아버지께 영광을 돌리게 하셨습니다!

저의 말을 들어 보십시오! 만일 예수님께서 교수형으로 돌아가셨다면 결코 아버지께서 그분을 그토록 높이지 않았을 것입니다! 만일 예수님께서 독살되어 죽으셨다면 결코 아버지께서 그분을 그토록 높이지 않았을 것입니다! 만일 예수님께서 질식사를 당하셨다면 결코 아버지께서 그분을 그토록 높이지 않았을 것입니다!

맥아더 목사는 이렇게 말했습니다.

그러므로 우리에게 효력을 끼치는 것은 예수님의 피가 아니라 예수님의 죽음이었습니다 ··· 분명히 그것은 단 한 번 이루어진 그분의 죽음이었습니다. 예수님이 흘리신 피는 예수님의 죽음이 처참한 것이었으며 그래서 그것을 희생이라 말해 주고 있습니다. 그러나 우리는 우리를 위해 그리스도께서 대신 죽으신 것으로 인해 구원을 받지 결코 그분의 피 안에 있는 화학 물질에 의해 구원을 받지 않습니다 ··· 예수님 몸 안의 피에는 우리를 구원하는 요소가 전혀 없습니다. 예수님께서 흘리신 피는 우리를 위해서 그분께서 희생적으로 육체적으로 영적으로 죽은 것을 나타냅니다.

이러한 진술을 통해 맥아더는 예수님께서 십자가의 죽음을 당하실 필요가 없었음을 명백히 보여 주고 있습니다. 만일 예수님의 피가 효력이 없다면 그분께서는 자신의 피를 단 한 방울도 흘리지 않고도 여러 가지 형태의 죽음을 맞이할 수 있었을 것입니다. 손과 발에 못이 박힌 채 피를 흘리지 않고 죽는 것은 불가능할 것입니다. "피흘림이 없은즉 죄들의 사면이 없다."(히 9:22)는 말씀은 하나님의 진리이므로 하나님 아버지께서는 예수 그리스도께서 십자가의 죽음 즉 피를 흘리는 십자가의 죽음을 당하셨기 때문에 예수님을 지극히 높이셨습니다. 이런 사실이 절대 무오한 성경에 분명히 기록되어 있기 때문에 만일 예수님께서 맥아더에게 "사람의 혼들을 구원하기 위하여 내가 어떻게 죽어야 하겠느냐?"고 묻는다면 맥아더는 다음과 같이 말했을 것입니다.

글쎄요, 예수님, 당신의 피는 효험이 없으며 사람들은 당신의 피가 아니라 당신의 대속의 죽음에 의해 구원받게 되며 또 사람을 구원하는 능력은 당신의 피 안에 없고 또 피를 흘리는 것이 사람을 구원하지 않고 당신의 죽음이 사람을 구원하므로 4온스 가량의 독약을 마시는 것이 어떻습니까? 그것이 여섯 시간 동안 십자가에 매달려 있는 것보다 확실히 나을 것입니다. 결국 당신은 피를 흘릴 필요가 없는데 왜 그렇게 심하게 고생을 하십니까? 독 당근을 먹으면 4분이나 5분 안에 모든 것이 끝나게 될 것 아닙니까?

자신의 솔직한 진술에서 맥아더는 예수님께서 우리를 구원하기 위하여 자신의 피를 흘려야 한다는 필요성을 부인하고 있습니다. 맥아더는 십자가의 죽음이 아닌 다른 방식의 죽음도 괜찮다고 말합니다. 이리하여 맥아더는 저의 구원자가 하나님 아버지에 의해 지극히 높임을 받는 것을 이루지 못하게 하려 합니다. 그는 또 예수님께서 모든 이름 위에 뛰어난 이름을 갖지 못하게 하려 합니다. 또한 그는 하나님께서 모든 사람이 예수님의 이름에 무릎 꿇게 하려는 일을 부인하려 하며 또 모든 입이 예수 그리스도를 주라 시인하여 하나님 아버지께 영광 돌리는 것을 멈추게 하려 합니다!

맥아더의 교리는 순전히 이단 교리입니다. 만일 예수님께서 십자가에서 피를 흘리는 죽음을 맞이하지 않으셨다면 가련하고 무능하고 희망 없이 버려진 죄인들을 구속하는 일은 결코 있지 않았을 것입니다. 이것은 정말로 불변의 진리입니다!

그러므로 맥아더와 딤과 또 그들과 함께하는 다른 사람들의 사악한 이단 교리에도 불구하고 저는 저의 나머지 생애 동안 제가 값없이 구속받은 것을 계속해서 찬양할 것이며 그리고 하늘에서 영원히 그것을 찬양할 것입니다.

구속받았네!
나는 그것을 찬양하기 좋아하네!
어린양의 피로 구속받았네!
하나님의 끝없는 긍휼로 구속받았네!
영원히 하나님의 자녀가 되었네!
구속받았네, 구속받았네.
어린양의 피로 구속받았네!
구속받았네, 구속받았네.
영원히 하나님의 자녀가 되었네!

제4장

 ## 십자가의 피로 용서받다
The Blood of His Cross

구원받지 못하고 죄를 용서받지 못한 사람은 남자나 여자나 젊은이나 아이나 다 하나님과 적대 관계에 있습니다. 그들과 그들의 창조주 사이에는 전쟁이 진행되고 있습니다. 그들은 옛 아담의 본성을 지닌 채 자기들의 육신을 따라 삽니다. 그들 안에는 성령님이 거주하지 않기 때문에 그들은 성령님과 동행할 수 없습니다. 그러므로 그들은 육신적이며 육신을 따라 삽니다. 이 사실 때문에 그들은 전적으로 하나님의 원수가 되며 그들과 하나님 사이에는 화평이 전혀 존재하지 않습니다.

> 육신을 따르는 자는 육신의 일을 생각하거니와 성령을 따르는 자는 성령의 일을 생각하나니 육신적으로 생각하는 것은 사망이요, 영적으로 생각하는 것은 생명과 평안이니라. 그 까닭은 육신적인 생각이 하나님을 대적하는 것이므로 하나님의 법에 복종하지 아니할 뿐 아니라 참으로 그리할 수도 없기 때문이라. (롬 8:5-7)

전능하신 하나님과 그분의 원수들 사이에는 화평이 없습니다. 왜냐하면 하나님의 원수들은 결코 그들의 죄를 용서받지 못했기 때문입니다.

그들은 여전히 자기들의 죄 가운데 있으며 육신의 생각을 지닌 채 육신을 따라 삽니다. 성경은 육신적인 생각이 하나님과 원수가 된다고 분명히 말합니다.

하나님의 원수들의 운명은 이미 정해졌습니다. 그들은 하나님의 불같은 진노를 받을 것이며 하나님의 격노의 일격을 받아 파멸에 이를 것입니다. 그들은 결코 승리할 수 없는 입장에 처해 있습니다.

하나님의 원수들의 머리와 여전히 범법하는 자들의 털투성이 머리가죽은 하나님께서 상하게 하시리로다. (시 68:21)

하나님은 질투하시는 하나님이시며 주는 원수갚으시는 주시니라. 주는 보복하시며 격노하시는 주시니 주는 자신의 대적들에게 보복하시고 자신의 원수들을 위해 진노를 간직하시며 … 그분으로 말미암아 산들이 흔들리고 작은 산들이 녹으며 그분의 눈앞에서 땅이 불탔나니 참으로 세상과 거기 거하는 모든 것이 그러하도다. 누가 능히 그분의 격노 앞에 서리요? 누가 능히 그분의 맹렬한 분노 가운데 거하리요? 그분의 격노가 불같이 쏟아지니 그분으로 말미암아 바위들이 무너져 내리는도다 … 그러나 그분께서는 넘쳐 나는 물로 그곳을 철저히 끝내시고 자신의 원수들을 흑암으로 추격하시리라. (나 1:2, 5-6, 8)

구원받지 못하고 용서받지 못한 죄인은 다 하나님의 원수입니다. 버림받은 사람들 안에는 그들이 하나님께 순종하지 못하게 만드는 사탄의 영이 역사합니다. 그래서 그들은 육신의 정욕 가운데 살면서 육신의 욕망과 육신적인 생각을 성취하며 삽니다. 이것 때문에 그들은 하나님의 진노의 대상이 됩니다. 하나님과 용서받지 못한 죄인들 사이에는 화평이 없습니다. 바울은 죄 용서를 얻은 죄인들에게 그들의 옛 생활 상태가 어떠했는지 편지를 써서 밝히 보여 줍니다.

또한 그분께서 범법과 죄들 가운데서 죽었던 너희를 살리셨도다. 지나간 때에는 너희가 그것들 가운데서 이 세상의 행로를 따라 걸으며 공중의 권세 잡은 통치자를 따랐으니 곧 지금 불순종의 자녀들 가운데서 활동하는 영이라. 지나간 때에는 우리도 다 그들 가운데서 우리 육신의 욕심대로 행하였으며 육신과 생각의 욕망을 채워 다른 사람들과 같이 본래 진노의 자녀들이었으나 (엡 2:1-3)

하나님께서는 죄 용서를 받지 못한 사람을 진노의 자녀라고 말씀하셨습니다. 그들은 하나님의 원수들이며 하나님의 권능의 손 안에서 파멸을 향해 나아가고 있습니다.

이제 질문이 생깁니다. 과연 하나님께서는 진노의 자녀가 하나님의 자녀가 될 수 있는 길을 마련해 놓으셨을까요? 하나님께 죄를 범한 원수들이 그들의 죄를 용서받고 하나님의 친구가 될 수 있는 방법이 있을까요? 하나님과 불순종하는 죄인들 사이에 화평이 존재할 수 있을까요?

그렇습니다! 하나님의 원수들인 사악한 죄인들은 그들의 죄를 용서받을 수 있으며 하나님과 화해를 이룰 수 있습니다!

> 모든 것이 하나님에게서 났으며 그분께서 예수 그리스도를 통하여 우리를 자신과 화해하게 하시고 또 화해하게 하는 사역을 우리에게 주셨으니 (고후 5:18)

할렐루야! 지옥에 떨어질 저와 같은 죄인들이 죄들의 용서를 얻을 수 있으며 하나님과 화해를 이룰 수 있습니다! 그런데 이것은 오직 예수 그리스도를 통해서만 가능합니다! 그렇다면 주 예수 그리스도는 어떤 방법으로 죄들의 용서와 화해를 가져다 주셨으며 이로써 하나님과 죄인들 사이에 화평을 이루셨습니까? 이 질문에 대한 답은 성경 안에서 찾아볼 수 있습니다.

> 이는 아버지께서는 그분 안에 모든 충만이 거하는 것을 기뻐하시고 그분의 십자가의 피를 통하여 화평을 이루사 모든 것 곧 땅에 있는 것들이나 하늘에 있는 것들이 그분으로 말미암아 자신과 화해하게 하셨음이니라. 전에는 너희가 사악한 행위들로 인하여 멀리 떨어져 너희 마음에서 원수가 되었으나 이제는 그분께서 죽음을 통하여 자기 육체의 몸으로 너희를 화해하게 하사 거룩하고 흠 없고 책망할 것이 없는 자로 아버지의 눈앞에 드리고자 하셨으니 (골 1:19-22)

그렇습니다! 하나님과의 화해는 단 한 가지 방법으로 이루어집니다! 하나님과 죄인들 사이의 화평은 한 가지 방법으로 이루어집니다! 그리고 그것은 예수님의 육신 안에서 그분의 죽음을 통해 이루어집니다. 예수님께서는 그것을 이루기 위해 죽으셔야 했습니다. 그러나 그것은 단순한 죽음이 아니라 피를 흘리는 죽음이어야 했습니다! 예수님의 육체는 보배로운 피를 흘려야 했습니다. 거룩하신 하나님 아버지와 거룩하지 못하고 지옥에 갈 수밖에 없는 죄인들 사이의 화평은 예수님의 십자가의 피를 통해 생겨납니다! 예수님의 십자가의 피를 떠나서는 결코 죄들의 용서가 있을 수 없습니다.

구원받은 우리와 같은 사람들은 이 사실을 충분히 인식하고 있습니다. 그러므로 우리는 항상 감사를 드립니다.

> 우리를 빛 가운데서 성도들의 상속에 참여하는 자가 되기에 합당하게 하신 아버지께 감사하게 하시기를 원하였노라. 그분께서 우리를 어둠의 권능에서 건져 내사 자신의 사랑하시는 아들의 왕국으로 옮기셨으니 이 아들 안에서 <u>우리가 그분의 피를 통하여 구속 곧 죄들의 용서를 받았도다.</u> (골 1:12-14)

이것은 수정과 같이 깨끗한 사실입니다. 예수님의 십자가의 보배로운 피가 없이는 하나님과 죄인들 사이에 화해와 화평이 결코 있을 수 없으며 또한 절대로 죄들의 용서가 있을 수 없습니다.

성경은 그것을 예수님의 십자가의 피라 기록하고 있습니다. 왜냐하면 우리의 보배로운 예수님께서 자신의 피를 십자가에서 흘리셨고 또 그 피가 낡고 험한 십자가를 붉게 물들였기 때문입니다.

브럼리(Albert Brumely) 형제는 1942년에 이 사실을 다음과 같은 멋진 시로 옮겨 놓았습니다.

갈보리의 십자가 위에서 우리의 구원자가 돌아가셨네.
그분은 자신의 생명을 세상 사람들을 구원하기 위해 내어주셨네.
아픔과 고통을 당하며 모든 죄를 숨기시며
저 낡고 거친 십자가를 물들인 피를 흘리셨네.

저 거친 십자가에 그들은 예수님의 보배로운 손을 못박았네.
그분께서는 죽음으로 엄청난 대가를 지불하셨네.
그 피가 저 낡고 험한 십자가를 붉게 물들임으로
모든 사람이 그분의 사랑으로 죄들의 용서를 얻는다네.

당신과 나를 용서하시기 위해 그분께서 맞이했던
죽음은 얼마나 무서웠던가!
그분은 고통 중에 홀로 뒤척이셨네.
저 낡고 험한 십자가를 물들인 피로 말미암아
죄 가운데 방황하던 온 세상이 전적으로 해방을 얻었다네!

예수님의 피, 그분의 보배로운 피가
저 낡고 험한 십자가를 붉게 물들였네.
그분의 사랑이 엄청난 대가를 지불하셨네.
오 길 잃은 혼이여, 지금 나아와
저 낡고 험한 십자가를 물들인 그 피에 뛰어들어 자유를 누리라.

만일 예수님께서 피를 흘리지 않았다면 그 십자가는 얼룩지지 않았을 것입니다. 만일 피가 혈관에서 흘러나오지 않았다면 그 피는 '그분의 십자가의 피'라 언급되지 않았을 것입니다. 하나님께서는 사람의 죄를 용서하기 위하여 자신의 아들이 피를 흘려야 한다는 사실을 강조하십니다. 『웹스터 사전』에는 '사면하다' (remit)는 단어가 '용서하다', '주어진 벌을 삼가다' (refrain) 등으로 정의되어 있습니다. 하나님께서는 "피흘림이 없은즉 죄들의 사면이 없다."고 히브리서 9장 22절에서 분명히 말씀하셨습니다.

> 이는 육체의 생명이 피에 있기 때문이니라. 내가 이 피를 너희에게 주어 제단 위에 뿌려 너희 혼을 위해 속죄하게 하였나니 이는 피가 혼을 위해 속죄하기 때문이니라. (레 17:11)

죄 있는 생명을 속죄하기 위해서는 피가 반드시 제단에 있어야 합니다. 피가 제단에 있기 위해서는 희생물이 피를 흘려야만 합니다. 예수님께서 이렇게 말씀하셨습니다.

> 그 까닭은 이것이 죄들의 사면을 얻게 하려고 많은 사람을 위하여 흘린 나의 피 곧 새 상속 언약의 피이기 때문이라. (마 26:28)

이제 진실을 직시해 봅시다. 하나님은 만일 예수님이 피를 흘리고 죽지 않으셨다면 어느 누구도 죄들의 용서를 받지 못한다고 분명히 보여 주셨습니다. 만일 죄들의 용서를 위한 방법이 전혀 없었다면 하나님은 우리를 향해 우리의 죄에 대한 자신의 진노의 형벌을 내리셔야 했을 것입니다. 사실 하나님은 어린양의 피로 구속받지 않은 채 죽은 모든 사람들에게 그런 형벌을 주실 것입니다. 그러므로 십자가의 피는 죄인들이 하나님의 진노에서 벗어나기 위해 절대적으로 필요했습니다.

죄인이 자기의 죄들을 용서받았음을 아는 것은 얼마나 큰 복이며 기쁨입니까! 다윗은 이렇게 말했습니다.

> 자기 범죄를 용서받고 자기 죄가 가려진 자는 복이 있도다. (시 32:1)

저도 그와 동일한 감정을 느낍니다. 뉴욕 주의 북부 지방에는 바람받이의 산허리 위에 오래된 묘지가 하나 있습니다. 비바람을 맞아온 묘비 즉 무덤의 표시판들 가운데 하나에는 죽은 사람의 이름, 출생, 사망 날짜, 그리고 "죄들을 용서받다."(Forgiven)라는 말이 적혀 있습니다. 이에 대한 세부 사항을 알고 있는 사람은 현재 하나도 없습니다. 그러나 그것을 보고 저는 저의 묘비 위에 "그분의 십자가의 피로 죄들을 용서받다."(Forgiven By the Blood of His Cross)라고 새겨야겠다는 생각을 했습니다.

시편 32편은 다윗이 밧세바와 간음 죄를 범한 후에 성령님의 영감을 받아 기록했음을 저는 확실히 알 수 있습니다. 이 시편에서 우리는 다윗의 슬픔에 찬 울부짖음을 볼 수 있으며 다윗의 하프 연주에서 비통한 감정을 느낄 수 있습니다. 여기에는 다윗의 상한 마음의 흐느낌이 있으며 자기의 죄를 용서받은 다윗이 기뻐서 외치는 소리를 들을 수 있습니다. 시편을 좀 더 읽어 봅시다.

> 자기 범죄를 용서받고 자기 죄가 가려진 자는 복이 있도다. 영 안에 간사함이 없고 주께서 불법을 인정하지 아니하는 사람은 복이 있도다. 내가 잠잠할 때에 하루 종일 신음하므로 내 뼈가 쇠하였나니 이는 밤낮으로 주의 손이 나를 무겁게 누르므로 내 진액이 여름 가뭄에 마른 것같이 되었음이니이다. 셀라. 내가 이르기를, 내 범죄들을 주께 고백하리이다, 하고 주께 내 죄를 시인하며 내 불법을 숨기지 아니하였더니 주께서 내 죄의 불법을 용서하셨나이다. 셀라. (시 32:1-5)

하나님께서 보내신 대언자 나단은 다윗에게 이르러 다윗을 정죄했습니다.

> 그러한데 어찌하여 네가 주의 명령을 업신여기고 주의 눈앞에서 악을 행하였느냐? 네가 칼로 헷 족속 우리야를 죽이되 암몬 자손의 칼로 죽이고 그의 아내를 빼앗아 네 아내로 삼았도다. (삼하 12:9)

시편 32편 5절에서 다윗은 "주께 내 죄를 시인하며 내 불법을 숨기지 아니하였다."고 말했습니다. 실제로 그가 죄를 고백하고 자기의 불법을 드러낸 것은 시편 51편에 기록되어 있습니다. 죄를 범한 왕은 자신의 죄를 참회하며 사죄와 용서를 간구하며 하나님께 나아갔습니다. 물론 하나님께서는 다윗을 용서하셨으며 시편 32편 1절에서 우리는 다윗이 자신의 죄가 용서된 것에 대해 감사하는 것을 볼 수 있습니다.

자기 범죄를 용서받고 자기 죄가 가려진 자는 복이 있도다.

시편 32편은 쓰라린 참회의 슬픔을 나타내고 있으며 또 동시에 자기 죄들이 용서된 것으로 인하여 기쁨에 넘쳐서 찬양하는 마음을 표현하고 있습니다. '복이 있다'는 말은 곧 '행복하다'는 것입니다. 시편 32편 1절은 가장 나쁜 죄인이라도 하나님께 용서를 받으면 행복한 사람이 됨을 보여 줍니다. 그 이유는 자신의 범죄를 창조주 하나님이 용서하셨음을 그가 알기 때문입니다.

구원받은 우리는 다 하나님께서 우리의 죄를 용서하셨기 때문에 하나님을 크게 사랑해야 합니다. 하나님께서 우리의 많은 죄를 용서하셨음을 깨달으면 깨달을수록 우리는 더욱더 하나님을 사랑해야 할 것입니다. 예수님께서는 바리새인 시몬의 집에서 이 중대한 교훈을 우리에게 주셔서 진리를 깨닫게 하십니다.

바리새인들 중의 하나가 자기와 함께 잡수시기를 예수님께 청하매 그분께서 그 바리새인의 집에 들어가 음식 앞에 앉으시니라. 보라, 그 도시에 죄인인 한 여자가 있더니 그녀가 예수님께서 바리새인의 집에 음식 앞에 앉아 계신 것을 알고 향유를 담은 옥합을 가지고 와서 그분 뒤에서 눈물을 흘리며 그분의 발 곁에 서서 눈물로 그분의 발을 씻기 시작하여 자기 머리털로 닦고 그분의 발에 입을 맞추며 향유를 부으매 이제 그분을 초대한 바리새인이 이것을 보고 속으로 이르되, 이 사람이 만일 대언자라면 자기에게 손을 대는 이 여자가 누구며 또 어떤 여자인 줄 알았으리라, 하니 이는 이 여자가 죄인이기 때문이라. 이에 예수님께서 그에게 대답하여 이르시되, 시몬아, 내가 네게 할 말이 있다, 하시니 그가 이르되, 선생님이여, 말씀하소서, 하매

그분께서 이르시되, 빚을 준 어떤 사람에게 빚진 사람 둘이 있어 하나는 오백 데나리온을 빚지고 하나는 오십 데나리온을 빚졌는데 그들이 전혀 갚을 것이 없으므로 빚 준 사람이 두 사람 다 너그러이 면제해 주었나니 그런즉 말해 보아라. 두 사람 중에 누가 그를 더 사랑하겠느냐? 하시매 시몬이 대답하여 이르되, 내 생각에는 많이 면제받은 사람이니이다, 하니 그분께서 그에게 이르시되, 네 판단이 옳도다, 하시고 그 여자를 돌아보시며 시몬에게 이르시되, 네가 이 여자를 보느냐? 내가 네 집에 들어오매 너는 내게 발 씻을 물도 주지 아니하였으되 이 여자는 눈물로 내 발을 씻고 자기 머리털로 닦았으며 너는 내게 입맞추지 아니하였으되 이 여자는 내가 들어올 때부터 내 발에 입맞추기를 그치지 아니하였으며 너는 내 머리에 기름을 붓지 아니하였으되 이 여자는 향유를 내 발에 부었느니라.

이러므로 내가 네게 이르노니, 이 여자가 많은 죄를 용서받았느니라. 이는 그녀가 많이 사랑하였음이니라. 오직 용서받은 것이 적은 사람은 적게 사랑하느니라, 하시고 이에 여자에게 이르시되, 네 죄들을 용서받았느니라, 하시니 그분과 함께 음식 앞에 앉은 자들이 속으로 이르되, 이 사람이 누구이기에 죄들도 용서하는가? 하더라. 예수님께서 여자에게 이르시되, 네 믿음이 너를 구원하였으니 평안히 가라, 하시니라. (눅 7:36-50)

저는 이 여인이 평안히 돌아갔을 뿐만 아니라 기뻐하며 돌아갔음을 장담할 수 있습니다. 여러분은 죄인인 이 여인이 자신의 죄들이 용서되자 기뻐할 수밖에 없었음을 상상할 수 있습니까? 이것은 바로 다윗이 시편 32편을 쓰며 하나님을 찬양했을 때 느낀 그런 기쁨입니다. 그렇습니다. 저는 그가 찬양을 했다고 말했습니다. 모든 시편은 노래로 부를 수 있게 되어 있습니다. 바로 이 시편에서 우리는 죄인이 죄들의 용서를 받고 기뻐하면서 부르는 노래를 듣습니다. 우리가 방금 읽은 누가복음 7장 말씀은 죄인인 그 여인이 자기의 많은 죄를 용서받았기 때문에 그분을 더 많이 사랑했다고 말합니다. 아, 다윗이 자신의 많은 죄를

용서받았을 때 어떻게 하나님을 크게 사랑하지 않을 수 있었겠습니까! 그리고 만일 저와 여러분이 솔직해진다면 우리에게도 죄들의 용서가 더 많이 이루어질 것입니다!

이제 우리는 죄들의 용서라는 주제를 다루면서 이것을 크게 나누어 세 가지 즉 죄 용서의 기쁨과 죄 용서의 방법과 죄 용서의 근거에 대해 자세히 살펴보려 합니다.

1. 죄 용서의 기쁨

> 자기 범죄를 용서받고 자기 죄가 가려진 자는 복이 있도다. (시 32:1)

죄를 용서할 수 있는 분은 오직 하나님 아버지 한 분뿐입니다. 위에서 우리는 죄들의 용서를 받은 여인에 대해 살펴보았습니다. 거기서 주 예수님께서는 여자에게 "네 죄들을 용서받았느니라."(눅 7:48)고 말씀하셨습니다. 그러자 식탁 주위에 앉아 있던 사람들은 의아해했습니다. 그래서 속으로 "이 사람이 누구이기에 죄들도 용서하는가?"(눅 7:49)라고 말했습니다.

이들은 오직 하나님만이 죄를 용서할 수 있음을 잘 알고 있었습니다. 그래서 그들은 그 여인에게 "네 죄들이 다 용서되었다."고 대담하게 말한 이 사람이 누구인가 궁금해하였습니다. 그들의 의문에 대한 대답은 간단합니다. 예수 그리스도는 하나님이십니다! 그분은 창조주이십니다! 하나님께서 홀로 피조물에 대한 법을 규정하셨으므로 오직 하나님만이 죄를 용서할 수 있습니다.

> 처음에 말씀이 계시니라. 이 말씀이 하나님과 함께 계셨으니 이 말씀은 곧 하나님이시니라. 그분께서 처음에 하나님과 함께 계셨고 모든 것이 그분에 의해 만들어졌으니 그분 없이 만들어진 것은 하나도 없느니라. (요 1:1-3)

예수 그리스도는 '말씀'(The WORD)이십니다. 예수 그리스도는 하나님이십니다. 예수 그리스도는 창조주이십니다. 그러므로 그분은 유일하게 죄를 용서할 수 있는 분이십니다. 죄들의 용서로 인한 기쁨이 넘쳐 나올 때 다윗은 "자기 범죄를 용서받고 자기 죄가 가려진 자는 복이 있도다."(시 32:1)라고 외쳤습니다.

여기에는 이중의 축복이 있습니다. 다윗은 죄를 용서받았고 동시에 그 죄들이 숨겨져서 하나님은 더 이상 그것들을 볼 수 없습니다. 구약의 양식에 따르면 죄인이 용서를 얻으면 그의 죄는 제물로 바쳐진 짐승의 피로 말미암아 가려집니다. 짐승의 피는 언젠가 갈보리의 십자가 위에서 일어날 최후의 희생물을 암시했습니다. 오직 제물로 바쳐진 짐승의 피만이 회개하는 죄인의 죄들을 가렸습니다. 아, 그러나 하나님의 어린양이 십자가 위에서 자신의 보배로운 피를 흘리셨을 때 이제 그림이 바뀌게 되었습니다. 이제 우리의 죄는 단지 가려지는 것이 아니라 완전히 제거됩니다.

> 그러나 이 희생물들에는 해마다 죄들을 다시 기억나게 하는 것이 있나니 이는 황소와 염소의 피로는 죄들을 제거함이 불가능하기 때문이라 … 제사장마다 날마다 서서 섬기며 자주 같은 희생물들을 드리되 이것들은 결코 죄들을 제거하지 못하거니와 오직 이 사람은 죄들로 인하여 한 희생물을 영원히 드리신 뒤에 하나님의 오른편에 앉으사 (히 10:3-4, 11-12)

예수님께서는 구원 사역의 임무를 완벽히 성취하셨기 때문에 이제 하나님 우편에 앉으실 수 있습니다. 이로 인해 회개한 죄인들의 죄는 더 이상 가려지는 것이 아니라 깨끗이 없어지는 것입니다!

> 율법에 따라 거의 모든 것이 피로써 깨끗하게 되나니 피흘림이 없은즉 사면이 없느니라. 그러므로 하늘들에 있는 것들의 모형은 이런 것들로 깨끗하게

할 필요가 있었으나 하늘에 있는 것들 그 자체는 이런 것들보다 더 나은 희생물로 하여야 할지니 이는 그리스도께서 손으로 만든 거룩한 처소들 곧 참된 것의 모형들 안으로 들어가지 아니하시고 오직 하늘 그 자체 안으로 들어가사 이제 우리를 위하여 하나님의 눈앞에 나타나시기 때문이라. 또 그분께서는 대제사장이 해마다 다른 것들의 피를 가지고 거룩한 곳에 들어가는 것같이 자주 자신을 드려야 할 필요가 없으시니 이는 그리하였더라면 그분께서 반드시 창세 이래로 자주 고난을 당하셨어야 할 것이로되 이제 세상 끝에 단 한 번 나타나사 <u>자신을 희생물로 드려 죄를 제거하셨음이니라</u>. (히 9:22-26)

누구든지 죄를 범하면 율법도 범하는 것이니 이는 죄가 율법을 범하는 것이기 때문이라. <u>그분께서 우리의 죄들을 제거하시려고 나타나신 것을 너희가 아나니 그분 안에는 죄가 없느니라.</u> (요일 3:4-5)

하나님을 찬양합시다! 그리스도인인 우리의 죄들은 다 사라졌습니다! 그것들은 단지 가려진 것이 아니라 완전히 없어진 것입니다! 동이 서에서 먼 것같이 우리의 죄들은 멀리 사라졌습니다(시 103:12)! 우리의 모든 죄는 주님의 등 뒤로 던져졌습니다(사 38:17)! 그것들은 없어진 것입니다! 우리의 죄는 다시 기억되지 않는 깊은 바다에 던져졌습니다(미 7:19; 히 10:17)!

하나님께 영광을 돌립시다! 저의 모든 죄가 없어졌습니다! 사실 베드로는 첫 번째 서신에서 '말할 수 없는 기쁨과 영광의 충만함'에 대해 썼는데 저 역시 그런 것을 느낍니다.

기쁨에는 여러 종류가 있습니다. 젊은 연인이 결혼 서약으로 한몸이 될 때 그래서 그들의 사랑이 그들의 두 마음을 하나로 연합할 때에 기쁨이 있습니다.

열심히 일하고 절약하며 살아온 사람이 부자의 유언장에 의해 유산을 상속받게 되었다는 통지를 갑자기 받을 때 기대하지 않았던 재산을 물려받는 기쁨이 있습니다.

일생 동안 품었던 꿈이 실현되는 것으로 인한 기쁨이 있으며 사랑하는 두 사람이 오랫동안의 헤어짐 끝에 만나는 기쁨이 있고 오랜 투병 끝에 건강을 되찾는 기쁨이 있으며 피로 물든 전쟁 뒤에 오는 평화로 인한 기쁨이 있고 가정에 복을 가져다 주는 아기의 탄생에도 기쁨이 있습니다.

그러나 죄인들이 전능하신 하나님으로 인해 자신의 모든 죄를 용서받을 때의 기쁨과 겨룰 수 있는 기쁨은 단 하나도 없습니다! 죄인은 자신의 죄가 무거움을 깨달을 때에 회개합니다. 다윗은 시편 32편 3-4절에서 자신의 비참함의 증거를 보여 주었습니다.

> 내가 잠잠할 때에 하루 종일 신음하므로 내 뼈가 쇠하였나니 이는 밤낮으로 주의 손이 나를 무겁게 누르므로 내 진액이 여름 가뭄에 마른 것같이 되었음이니이다. 셀라. (시 32:3-4)

다윗이 자신의 죄를 고백하지 않았을 때 하나님의 손이 주야로 그를 누르셨습니다. 그는 너무나 비참하게 되어 괴로워했고 그의 모든 뼈는 그의 몸 안에서 쇠하는 것 같았으며 죄로 신음하는 그의 혼은 시들고 말라붙게 되었습니다. 오, 죄들의 용서를 얻지 못한 자의 고통이여!

솔로몬은 죄가 낳은 고뇌와 비애에 대하여 다음과 같이 썼습니다.

> 속여서 얻은 빵이 사람에게 달지만 나중에는 그의 입에 자갈이 가득하게 되리라. (잠 20:17)

하나님께서는 자신의 말씀을 통해 자백하지 않고 용서받지 못한 죄가 우리를 상하게 하며 끝까지 우리를 추적할 것이라고 경고하셨습니다.

만일 너희가 그와 같이 하지 아니하면, 보라, 너희가 주께 범죄하였으니 너

희 죄가 너희를 찾아낼 줄을 분명히 알지니라. (민 32:23)

우리는 역사를 통해 시이저의 암살자인 브루터스가 한밤중에 자기 텐트에 앉아 있을 때 자신의 앞에 나타난 거대한 그림자 같은 형상을 보았던 것을 알 수 있습니다. 그는 "당신은 누구시오?"라고 물었습니다. 그 형상은 "나는 네게 붙어 다니는 악령이다, 브루터스, 우리는 다시 만날 것이다."라고 말했습니다. 죄인이 어디를 가든지 그의 뒤에는 악령이 따라 다닙니다. 죄는 항상 붙어 다니는 힘을 가집니다. 사람의 죄는 유령처럼 그들을 쫓아다니며 맹수처럼 그들을 추격합니다.

스코트(Walter Scott)의 소설에는 유령이 나타나는 농장에 대한 이야기가 있습니다. 그 집의 주인과 그의 가족은 따라다니는 유령 때문에 평안을 얻을 수 없었습니다. 그 가족은 짐을 꾸려 어디론가 떠나기로 결심했습니다. 그들은 마차에 짐을 싣고 떠났습니다. 길에서 그들은 한 이웃 사람을 만났는데 그 사람은 "이사를 가시는군요."라고 말했습니다. 그런데 그 주인과 그의 부인이 대답하기도 전에 유령이 마차 안의 가구 속에서 소리쳤습니다. "예, 우리는 멀리 이사갑니다!"

여러분, 이 세상에서 가고 싶은 곳으로 가기 바랍니다. 여러분의 혼을 여러분이 원하는 일이나 즐거움에 파묻어 버리기 바랍니다. 그러나 여러분의 죄가 반드시 여러분을 찾아낼 것임을 확신하기 바랍니다. 용서받지 못한 죄의 목소리가 악령같이 당신의 뒤에서 당신을 비난할 것입니다. 용서받지 못하고 회개하지 않은 죄는 항상 공포의 근원입니다. 심지어 그것은 굳은 마음의 소유자도 괴롭힙니다.

저는 언젠가 익명으로 쓰여진 다음과 같은 글을 발견했습니다.

입을 벌린 굶주린 사냥개에게 쫓기는 숫사슴이 자신들의 죄에
게 추격 당하는 남자나 여자보다 훨씬 더 행복하다. 새 사냥꾼
의 덫에 걸려 벗어나려고 애쓰는 새가 자기 자신을 속임의 거
미줄에 엮는 남자나 여자보다 훨씬 더 행복하다. 놋쇠기둥에 부
딪친 독수리가 한밤중에 어두운 방에서 자신들을 노려보는 죄
를 지니고 다니는 남자나 여자보다 더 행복하다. 강철 덫의 좁
은 입구에 걸려 괴로워하는 맹수가 죄를 범한 양심을 자신의
가슴 속에 담고 사는 남자나 여자보다 더 행복하다.

오, 자백하지 않고 용서받지 않은 죄의 고통이여! 하나님의 거
룩한 말씀에는 다음과 같이 쓰여 있습니다.

자기 죄들을 숨기는 자는 형통하지 못하나 (잠 28:13)

아담과 이브는 에덴동산에서 자기들의 죄를 가리려고 했으나
그렇게 하지 못했습니다. 아간은 자신의 죄를 가리려고 했으나
뜻을 이루지 못했습니다. 그와 같이 다윗과 그리고 이 땅의 역
사 이래로 셀 수 없을 정도로 많은 사람들이 그렇게 하려 했으
나 다 실패했습니다. 이 세상에서 가장 오래되고 성공률이 낮은
게임은 하나님 앞에서 죄를 가리려는 것입니다.

흔히 사람들은 스스로 죄를 깨끗이 하려 하며 또는 일부 종교
지도자들이 그렇게 해 줄 것을 기대합니다. 그러나 그와 같은
일은 불가능합니다. 죄를 없애 버릴 수 있는 분은 오직 전능하
신 하나님 한 분뿐이시며 그분의 이름은 예수 그리스도이십니
다.

이는 네가 천연소다로 네 몸을 씻고 많은 비누를 쓸지라도 네 불법이 여전
히 내 앞에 표시되어 있기 때문이니라. 주 **하나님**이 말하노라. (렘 2:22)

얼마 전 워싱턴에 있는 미국 상무성의 표준연구소 건물에서 1 온스의 1000분의 2(0.032그램)보다 적은 양의 라듐을 담고 있는 작은 튜브 하나가 잘못해서 딱딱한 나뭇바닥에 떨어져 깨졌습니다. 그들은 낙타 털로 만든 솔로 그 라듐을 쓸었고 그 나머지를 회수하기 위해 바닥을 닦았습니다. 그러나 바닥에는 충분한 양의 라듐이 남아 있어서 그것을 다시 씻어 내야만 했습니다. 이번에 그들은 산성의 물을 사용하여 그 부분을 강하게 문질러 닦았습니다. 그래도 안되어서 그들은 알칼리 소다를 담은 물을 사용하여 씻어 냈습니다. 그래도 라듐이 남아 있어서 그들은 또 다른 물로 4번이나 바닥을 빡빡 문질렀습니다. 그래도 라듐이 여전히 남아 있어서 그들은 목수를 불러 그 바닥을 벗겨 내게 하였습니다. 목수는 일을 마치고 이제 바닥이 깨끗하게 되었으며 라듐이 없어졌다고 말했습니다. 그러나 3년 후에 라듐이 다시 발견되었습니다. 그들은 바닥의 그 부분을 떼어 내 불에 태웠습니다. 그들이 그 재를 검사하자 여전히 라듐이 발견되었습니다. 죄도 이와 비슷합니다. 하나님께서 다시 한 번 말씀하십니다.

이는 네가 천연소다로 네 몸을 씻고 많은 비누를 쓸지라도 네 불법이 여전히 내 앞에 표시되어 있기 때문이니라. 주 **하나님**이 말하노라. (렘 2:22)

죄 지은 사람들이 자기들의 죄가 자기들을 무겁게 내리누르고 자기들의 혼의 중심을 짓누르는 것을 느끼게 될 때 그들은 무시무시하게 비참해질 것입니다. 그러나 그들이 자신들의 죄로 인해 그 같은 압력을 받을 때 죄들을 깨끗이 씻어 내고 용서받기 위해 하나님께 돌아선다면 시편 기자가 "용서가 주께 있사오니 이것은 주를 두려워하게 하려 하심이니이다."(시 130:4)라고 말한 것처럼 참된 용서를 찾을 것입니다.

하나님이 긍휼을 베푸셔서 우리의 죄를 용서해 주시는 것은 사람을 짓누르는 무거운 짐을 제거하는 것으로 마땅히 받아야 할 진노로부터 사랑으로 보호하는 것으로, 감옥으로부터 해방되는 것으로, 깊고 어두운 지옥으로부터 건져내는 것으로, 질병이 사람의 육체를 황폐하게 한 뒤 다시 건강이 회복되는 것으로 묘사될 수 있습니다.

사람이 지고 있는 무거운 짐에서 벗어난다는 것은 진정한 기쁨입니다! 사람이 마땅히 받아야 할 진노로부터 사랑으로 인해 보호를 받는 것은 절대적인 기쁨입니다! 사람이 감옥에서 해방되거나 어두운 지옥에서 들려 올림을 받는 것이나 병이 사람을 죽음으로 몰고 갈 것으로 판정되었지만 추후에 회복되어 건강하다는 진단서를 받는 것은 말할 수 없는 기쁨입니다!

옛날에는 흔히 밀랍 서판 위에 글을 썼습니다. 그러므로 철필로 그 기록을 지우는 것은 간단한 일입니다. 상업적인 회계 장부도 그와 같은 방법으로 유지되었습니다. 한 사람이 자신의 부채를 지불하기 위해 방에 들어오면 채권자는 철필로 쉽게 그 기록을 지웠으며 이로써 부채에 대한 그 기록은 사라졌습니다. 이리하여 그 기록은 지워지고 말소됩니다.

죄인들이 죄들의 용서를 얻기 위해 하나님께 나올 때도 그와 같은 일이 생깁니다.

> 또 너희의 죄들과 육체의 무할례로 죽었던 너희를 하나님께서 그분과 함께 살리시고 너희의 모든 범법을 용서하시고 손으로 쓴 규례들 곧 우리를 대적하고 반대하는 것을 지우시고 그것을 길에서 치우사 그분의 십자가에 못박으시고 (골 2:13-14)

그래서 사도 베드로는 이렇게 설교했습니다.

그런즉 너희는 회개하고 회심하라. 그리하면 새롭게 하는 때가 주의 눈앞으

로부터 이를 때에 너희 죄들이 <u>말소될 것이요</u>. (행 3:19)

죄들의 용서는 하나님의 측량할 수 없는 사랑 속에 들어 있는 선물 즉 하나님께서 거저 주시는 선물이며 이것은 십자가에 달린 주 예수 그리스도께서 완전히 이루신 일과 그분께서 주시는 완전하신 의(義)에 그 기초를 두고 있습니다. 이것을 깨닫는 것은 얼마나 큰 기쁨입니까! 하나님께서는 죄인의 무거운 죄 짐을 제거하십니다. 하나님께서는 범죄의 흔적을 완전히 지워 버리십니다. 하나님께서는 죄가 가지고 있는 부채 증서를 말소하십니다. 오직 하나님만이 그것을 하실 수 있습니다. 그리고 그것이 이루어지면 죄 용서를 받은 죄인의 마음 속에 말할 수 없는 기쁨과 영광의 충만이 있습니다!

2. 죄 용서의 방법

하나님의 말씀은 주께서 우리의 죄를 용서하시는 것이 우리가 이 땅에서 누릴 수 있는 가장 큰 복이라는 사실을 분명히 보여 줍니다. 버림받은 죄인은 죄들의 용서를 얻을 때 비로소 천국에 갈 수 있습니다. 구원받은 죄인은 자신의 죄들을 용서받을 때 주님과 친교를 가지며 하나님의 징벌에서 벗어날 수 있습니다.
오직 하나님 한 분만이 죄를 용서할 수 있습니다. 그러면 사람이 해야할 일은 무엇입니까? 죄들을 용서받기 위한 방법은 무엇일까요? 다윗은 시편 32편 5절에서 우리에게 말해 줍니다.

내가 이르기를, 내 범죄들을 주께 고백하리이다, 하고 주께 내 죄를 시인하며 내 불법을 숨기지 아니하였더니 주께서 내 죄의 불법을 용서하셨나이다. 셀라.

우리는 주님께 우리 죄를 솔직하고 정직하게 고백해야 합니다. 버림받은 죄인이 구원받고 용서받으려면 자신이 하나님의 은혜와 긍휼을 절대적으로 필요로 하는 죄인 즉 사악하고 지옥에 떨어질 수밖에 없는 죄인임을 고백해야 합니다. 누가복음 18장에서 예수님께서는 자신의 죄를 깊이 뉘우치고 슬퍼하며 회개하는 세리에 대해 말씀하셨습니다. 그와 같이 우리는 다 감히 눈을 들어 하늘을 우러러보지도 못하고 다만 가슴을 치며 "하나님이여, 긍휼을 베푸소서. 나는 죄인이로소이다."(눅 18:13)라고 말해야 할 것입니다.

죄를 범한 하나님의 자녀를 위해 주님은 다음과 같이 말씀하십니다.

> 만일 우리가 우리의 죄들을 자백하면 그분께서는 신실하시고 의로우사 우리의 죄들을 용서하시며 모든 불의에서 우리를 깨끗하게 하실 것이요. (요일 1:9)

만일 여러분이 살면서 무언가를 필요로 하면 그것을 취급하는 사람에게 가야 합니다. 만일 여러분이 식료품을 필요로 하면 식료품을 취급하는 사람에게 가야 합니다. 만일 여러분이 옷을 필요로 하면 의류를 취급하는 사람에게 가야 합니다. 만일 여러분이 자동차를 원하면 자동차를 취급하는 사람에게 가야 합니다. 만일 여러분이 죄들의 용서를 원한다면 죄를 용서해 주시는 분에게 가야 합니다.

앞에서 저는 잠언 28장 13절의 절반을 인용했는데 이제 13절 전체를 인용하겠습니다.

> 자기 죄들을 숨기는 자는 형통하지 못하나 누구든지 죄들을 시인하고 버리는 자는 긍휼을 얻으리라. (잠 28:13)

죄를 고백하고 버리는 것이 곧 죄들의 용서를 얻는 방법입니다. 얼마나 효과 있는 방법입니까! 그것은 너무 간단합니다. 고해성사의 참회도 필요하지 않으며 자유 의지로 자기 자신을 깨끗하게 하는 것도 필요하지 않습니다. 단지 필요한 것은 십자가 아래에서 죄를 정직하게 회개하고 시인하는 것입니다. 이것은 너무 간단하므로 어린아이나 교육받은 사람이나 교육받지 못한 사람이나 젊은이나 늙은이나 심지어 죽어 가는 사람도 할 수 있습니다. 이것이 바로 죄들의 용서를 얻는 방법입니다.

3. 죄 용서의 근거

저는 앞에서 '사면하다'(remit)의 사전적 정의가 '용서하다', '눈감아 주다', '주어진 벌을 취소하다' 등임을 보여 드렸습니다. 하나님은 다음과 같이 말씀하십니다.

> 율법에 따라 거의 모든 것이 피로써 깨끗하게 되나니 피흘림이 없은즉 사면이 없느니라. (히 9:22)

성경을 집어들고 아무데나 읽어 보기 바랍니다. 그러면 얼마 지나지 않아 '죄'라는 끔찍하고 추하고 아주 싫은 단어를 접하게 될 것입니다. 이 세상에서 여러분 주위를 둘러보기 바랍니다. 무엇을 볼 수 있습니까? 거울을 들여다보십시오. 무엇이 보입니까? 한 사람의 죄인이 아닙니까?

> 모든 사람이 범죄하여 하나님의 영광에 이르지 못하더니 (롬 3:23)

> 지혜가 지혜로운 자를 도시 안에 있는 열 명의 용사보다 더 강하게 하나니 이는 선을 행하고 범죄하지 않는 의인이 땅 위에 하나도 없기 때문이로다. (전 7:19-20)

> 그러므로 한 사람으로 말미암아 죄가 세상에 들어오고 죄로 말미암아 사망이 들어왔나니 이와 같이 모든 사람이 죄를 범하였으므로 사망이 모든 사람에게 임하였느니라. (롬 5:12)

하나님은 거룩하며 죄를 증오하십니다. 바로 이런 본성 때문에 하나님은 죄를 바르게 다루어야만 합니다. 하나님은 죄에 대해 두 가지 중 하나를 하셔야 합니다. 즉 죄를 용서하든지 죄를 처벌하든지 둘 중 하나입니다. 어떤 근거로 하나님께서 죄를 용서할 수 있을까요? 하나님의 거룩하고 절대 무오하며 완전한 말씀은 우리가 잘못 이해할 수 없는 명백하고도 단순한 답을 우리에게 제공합니다.

> 율법에 따라 거의 모든 것이 피로써 깨끗하게 되나니 피흘림이 없은즉 사면이 없느니라. (히 9:22)

이 구절을 두 가지 측면에서 살펴보도록 합시다.

(1) 부정적 표현

피흘림이 없으면 죄들의 사면이 없습니다. 여러분은 이 사실을 변경할 수도 없고 고칠 수도 없으며 또 피할 수도 없습니다. 피흘림이 없으면 죄들의 사면이 없습니다. 여러분은 "나는 그런 것을 좋아하지 않습니다."라고 말할 수 있지만 그래도 달라지는 것은 없습니다. 여러분은 "그것은 부당합니다."라고 말할 수 있으나 그렇다고 달라지는 것은 없습니다. 피흘림이 없으면 죄들의 사면이 없습니다.

여러분은 "그것은 나의 예민한 생각과 다릅니다."라고 말할 수 있으나 그래도 달라지는 것은 없습니다. 피흘림이 없으면 사면이 없습니다. 여러분은 "그것은 나의 철학과 어울리지 않습니다."라고 말할 수 있습니다. 참으로 강력한 주장이긴 하지만 그래도 어떤 변화도 생기지 않습니다. 피흘림이 없으면 사면이 없습니다. 여러분은 "그러나 우리 교회에서 다르게 배웠습니다."라고 말할 수 있습니다. 하지만 피흘림이 없으면 사면이 없습니다.

여러분이 "그러나 긍정 철학의 창시자 노만 빈센트 필(Norman Vincent Peale)은 그렇지 않다고 했습니다."라고 말해도 히브리서 9장 22절 말씀 즉 "피흘림이 없은즉 사면이 없다."에는 변함이 없습니다. 여러분은 "그러나 수정교회의 로버트 슐러 목사는 그렇게 말하지 않습니다."라고 말할 수 있습니다. 훌륭한 말일 수도 있습니다. 그러나 손에 못 자국을 가지신 분께서는 "피흘림이 없은즉 사면이 없다."고 말씀하십니다. 여러분은 "은사주의자인 오랄 로버츠는 그런 것을 말한 적이 없습니다."라고 말할지 모릅니다. 물론 여러분은 그에게서 그런 것을 들어 본 적이 없습니다. 그래서 어쨌단 말입니까? 피흘림이 없으면 사면이 없습니다.

또 이렇게 말하는 분도 있습니다. "그러나 딤 목사는 참으로 지적인 것 같습니다. 그는 『그리스도의 피』라는 책의 29페이지에서 '이 교리의 중요한 영역에 대하여 감정적인 면과 무지함이 너무 많이 존재합니다.' 라고 논평했습니다. 그리고 28페이지에서는 '예수의 육신의 몸에서 나온 분비액에는 구원과 상관 있는 것이 아무것도 없습니다.' 라고 말했습니다. 그리고 24페이지에서 그는 직접적으로 히브리서 9장 22절을 언급하면서 '히브리서 9장 22절 즉 피흘림이 없은즉 사면이 없다는 말씀은 짐승의 피를 의미하는 것입니다.' 라고 말했습니다. 또 그는 달라스 신학교를 우등생으로 졸업했습니다."

과연 제가 그의 학력과 경력에 감명을 받았을까요?

우등생으로 졸업했든지 그렇지 않든지 딤 목사는 성경을 제대로 읽지 못하는 것 같습니다. 만일 히브리서 9장 22절이 의미한 바가 구약 시대에 드린 짐승의 피라면 왜 "피흘림이 없은즉 사면이 없었다."(Without shedding of blood was no remission) 즉 과거 시제로 기록되지 않았을까요? 예수님께서 죄들로 인하여 한 희생물을 영원히 드리신 뒤에 하나님의 오른편에 앉으신 이후로 더 이상 짐승을 희생 예물로 드리지 않습니다(히 10:12). 히브리서 9장 22절은 현재 시제 곧 "피흘림이 없은즉 사면이 없다."(Without shedding of blood is no remission)로 기록되어 있습니다. 사도 바울은 골로새서 1장 14절에서 예수님에 대해 이렇게 기록합니다. "이 아들 안에서 우리가 그분의 피를 통하여 구속(救贖) 곧 죄들의 용서를 받았도다."(in whom we have redemption through his blood, even the forgiveness of sins) 여기의 'have' 동사가 현재로 되어 있지 않습니까? 여기에 나오는 '죄들의 용서'가 곧 사면(remission)입니다.

저는 결코 우등생은 아니었지만 골로새서 1장 14절에서 현재 시제인 것이 히브리서 9장 22절에서도 현재 시제임을 논리적으로 생각해 낼 수 있습니다. 히브리서 9장 22절의 시제가 현재 시제이므로 그것이 과연 구약 시대 짐승의 피를 가리킬 수 있습니까? 갈보리 사건 이후에는 짐승의 피가 더 이상 흘려지지 않았습니다. 히브리서 9장 22절이 언급하는 유일한 피는 주 예수 그리스도의 피입니다. 그러므로 딤 목사의 화려한 교육적 배경에도 불구하고 "피흘림이 없은즉 사면이 없다."는 하나님의 말씀은 여전히 유효합니다! 어린양의 보배로운 피로 구원받은 초등학교 3학년 학생도 히브리서 9장 22절을 읽을 수 있고 거기서 언급된 피가 예수님의 피라는 것을 쉽게 알 수 있습니다. 우리 주님께서는 분명히 "그 까닭은 이것이 죄들의 사면을 얻게 하려고 많은 사람을 위하여 흘린 나의 피 곧 새 상속 언약의 피이기 때문이라."(마 26:28)고 하지 않았습니까? 딤 목사의 신학 지식이 아무리 많다 해도 피흘림이 없으면 사면이 없는 것입니다.

또 이렇게 말하는 분도 있습니다. "그러나 맥아더 목사는 매우 신중한 사람입니다. 그는 그 놀라운 히브리서 주석의 237페이지에서 다음과 같이 말했습니다. '그리스도의 희생적인 죽음에 대해 섬뜩하게 느낀다거나 그분의 고난과 피 흘리심에 대해 편견을 갖는 일은 얼마든지 있을 수 있습니다. 특히 예수님의 죽음을 육체적인 면에서 비성경적인 편견을 갖는 것도 가능합니다. 우리를 구원하는 것은 예수님의 육체적인 피가 아니라 우리를 대신해서 죽으신 예수님의 죽음이었습니다. 단지 그분의 죽음은 예수님께서 육신의 피를 흘리신 것으로 상징적으로 표현되었습니다.' 그가 학문에 열심이고 신중하다면 어떻게 틀릴 수 있겠습니까?"

간단합니다. 그는 잘못된 내용을 공부하고 있습니다. 도대체 그는 어떻게 "그리스도께서 피를 흘린 것은 그분의 죽음을 상징합니다."라고 말할 수 있습니까? 저는 살아오는 동안 여러 번 피를 흘려 본 경험이 있으나 아직도 살아 있습니다. 피흘림은 결코 죽음의 상징이 아닙니다.

저의 구원자 예수님의 피에는 상징적인 것이 단 하나도 없습니다. 성경은 그것을 가리켜 '그분의 십자가의 피'라고 말합니다. 왜냐하면 문자적으로 그분께서 문자적으로 죄인들을 위해 문자적으로 죽으실 때에 문자적으로 그 피가 문자 그대로의 십자가를 문자 그대로 붉게 물들였기 때문입니다. 그로 인해 죄인들은 문자 그대로의 실존하는 지옥에서 문자 그대로 구원받을 수 있으며 문자 그대로의 천국에 들어갈 수 있습니다.

맥아더가 말하는 것은 제게 어떠한 영향도 미치지 못했으며 "율법에 따라 거의 모든 것이 피로써 깨끗하게 되나니 피흘림이 없은즉 사면(赦免)이 없느니라."(히 9:22)는 하나님의 말씀을 바꿀 수도 없습니다.

부정적인 표현 즉 "피흘림이 없은즉 사면이 없다."는 표현에서 우리는 세 가지 사실을 살펴볼 수 있습니다.

1) 이것은 불변의 진리입니다.

피흘림이 없으면 사면이 없습니다. 그러나 여러분은 "만일 제가 지금까지 저지른 모든 잘못과 갈보리를 잊어버린 것을 죄송하게 생각한다고 하나님께 말씀드린다면 어떻습니까? 그것만으로 죄 용서를 얻기에 충분하지 않습니까?"라고 말할 수 있습니다. 그러나 절대로 그렇지 않습니다. 피흘림이 없으면 사면이 없습니다.

"제가 카톨릭 교회에 참석하고 참회한다면 어찌될까요? 말하자면 제가 멕시코의 고행자처럼 가죽끈으로 저의 등을 때리면서 15킬로미터의 더러운 길을 맨발로 걸어다니면 어찌될까요? 이로써 저의 발과 등에 피가 흐른다면 하나님께서는 감명을 받고 저의 죄를 용서하지 않겠습니까?"라고 말할 수 있습니다. 아닙니다. 여러분의 죄를 없애 버리는 피는 오직 그리스도의 피뿐입니다. 당신의 피는 죄로 더럽혀졌습니다. 그래서 그리스도의 죄 없는 피를 가리키면서 하나님께서는 "피흘림이 없은즉 사면이 없느니라."라고 말씀하십니다!

"그러나 만일 제가 세례를 받고 성만찬에 참여하고 교회에 나가 교리문답을 공부하고 견진 성사를 받고 안수를 받고 하루에 여섯 번씩 로사리오 기도서를 암송한다면 어떻겠습니까?"라고 말할 수 있습니다. 이런 노력에도 불구하고 죄들의 용서에 관한 하나님의 기본 방침은 변할 수 없습니다. 피흘림이 없으면 사면이 없습니다.

"그러나 제가 모든 종류의 교회에 회원으로 참가하고 모든 TV 복음전도자들에게 헌금을 보내고 매주 토요일 밤에 고해성사를 하러 가고 하루에 50번씩 성모 마리아를 부르고 기도하며 십자가상을 붙들고, 개를 때리는 것을 그만두고 화요일마다 인권보호협회에서 일하면 어떻겠습니까?"라고 말할 수 있습니다. 아닙니다. 그럼에도 불구하고 피흘림이 없으면 사면이 없습니다.

"그러나 들어보세요. 레이시 목사님, 저는 제 자신이 끝까지 구원될 수 있도록 믿음을 지탱해 나가며 TV 설교자 스웨거트 (Jimmy Swaggart)가 하라고 한 대로 방언을 할 수 있습니다! 사실 저는 요즘 방언 학습을 잘 해서 이제는 열일곱 가지나 되는 천국의 방언을 할 수 있습니다. 어떻습니까?"라고 말할 수 있으나 여전히 피흘림이 없으면 사면이 없습니다. 그것은 결코 변할 수 없는 진리입니다.

2) 이것은 보편적인 진리입니다.

피흘림이 없으면 사면이 없습니다. 이 진리는 미국, 일본, 뉴기니, 아프리카, 영국, 중국, 인도, 캐나다, 독일, 괌, 베네수엘라, 오스트레일리아, 피지, 그린랜드, 러시아, 쿠바, 뉴질랜드, 헤이티, 아일랜드와 기타 이 지구상의 모든 나라에서 사실입니다.

피흘림이 없으면 사면이 없습니다. 이것은 왕좌 위에 앉은 왕에게도 그리고 그 왕이 지나갈 때 인사를 하는 농부에게도 사실입니다. 이것은 월스트리트 주식 거리의 은행원에게도 그리고 은행 뒤에서 쓰레기를 줍는 사람에게도 사실입니다. 이것은 경찰관에게도 그리고 경찰관에 의해 감옥에 갇힌 범죄자에게도 사실입니다. 이것은 박사학위를 받은 사람에게도 그리고 교실에 한 번도 가보지 못한 사람에게도 사실입니다. 이것은 늘어뜨린 검은 옷을 입은 천주교 신부에게도 그리고 신부가 마치 하나님인 양 그의 말을 진리로 믿는 가난한 교구민에게도 사실입니다. 이것은 각 처에 있는 모든 사람에게 사실입니다. 피흘림이 없으면 사면이 없습니다. 이것은 전 인류에게 해당되는 진리입니다.

3) 이것은 영구적인 진리입니다.

피흘림이 없으면 사면이 없습니다. 이것은 수백 년 전에 기록되었을 때에도 사실이었습니다.

피흘림이 없으면 사면이 없습니다. 이것은 바로 이 순간에도 사실입니다.

피흘림이 없으면 사면이 없습니다. 이것은 영원히 사실일 것입니다! 이것은 영구적인 진리입니다.

피흘림이 없으면 사면이 없습니다. 이 진리가 온 땅에 두루 전파되고 바다를 가로질러 세계 방방곡곡에 울려 퍼지게 합시다!

피흘림이 없으면 사면이 없습니다. 대양의 파도가 그것을 외치게 합시다!

피흘림이 없으면 사면이 없습니다. 나무들이 갈채하며 그것을 외치게 합시다!

피흘림이 없으면 사면이 없습니다. 공중을 날아다니는 새들이 그것을 노래하며 들판의 소들이 그것을 선포하고 바람이 그것을 고함쳐 말하게 합시다! 모든 만물이 이 진리를 만 천하에 선포하게 합시다! 피흘림이 없으면 사면이 없습니다.

지금까지 우리는 부정적인 표현의 진리를 보았는데 이제는 긍정적인 것을 살펴봅시다.

(2) 긍정적 표현

피흘림이 없으면 사면이 없습니다. 만일 죄가 용서되지 않는다면 처벌받게 될 것입니다!

> 하나님께서 범죄한 천사들을 아끼지 아니하사 지옥에 던지시고 어둠의 사슬에 넘겨주어 심판 때까지 예비해 두셨으며 옛 세상을 아끼지 아니하시고 오직 의의 선포자인 여덟 번째 사람 노아만 구원하시고 경건치 아니한 자들의 세상에 홍수를 내리셨으며 소돔과 고모라의 도시들을 뒤엎으심으로 정죄하사 재가 되게 하여 훗날에 경건치 아니하게 살 자들에게 본보기로 삼으셨으며 … 주께서 경건한 자들은 시험에서 건지실 줄 아시고 또 불의한 자들은 심판의 날까지 예비해 두사 벌하실 줄 아시되 (벧후 2:4-6, 9)

하나님께서 죄를 벌하실 것입니다! 하나님께서 죄인을 벌하실 것입니다! 피흘림이 없으면 사면이 없습니다. "피흘림이 없으면 사면이 없다."는 말은 반대로 피흘림이 있으면 사면이 있음을 암시합니다! 그러나 그 피는 아무 피가 될 수 없습니다. 그것은 흠 없고 죄 없고 완전하고 순결한 피어야만 합니다. 그런 피를 가진 사람은 유일하게 하나님의 어린양뿐이 없습니다.

> 너희가 알거니와 너희 조상들로부터 전통으로 물려받은 헛된 행실에서 너희가 구속 받은 것은 금이나 은같이 썩을 것으로 된 것이 아니요, 오직 흠도 없고 점도 없는 어린양의 피 같은 그리스도의 보배로운 피로 된 것이니라. (벧전 1:18-19)

저는 6장에서 어린양의 피의 순수성에 대해 철저하게 다룰 것입니다. 여기서는 단지 당신의 피와 나의 피는 부패하기 쉽다는 것만 말씀드리고 싶습니다. 사람의 피는 결코 우리를 구원할 수 없습니다. 그것은 부패하기 쉽습니다. 주 예수 그리스도의 피만 이 부패할 수 없습니다. 우리 죄들을 사면하기 위해 예수님의 피가 흘려졌습니다.

의사 누가는 예수님께서 겟세마네 동산에서 피를 땀처럼 흘렸다고 기록합니다. 피흘림이 없으면 사면이 없습니다. 빌라도의 심판정에서 로마 군인들은 예수님의 보배로운 머리 위에 가시로 된 왕관을 씌웠습니다. 가시의 뾰족한 끝이 예수님의 살갗을 찔러 피를 흘렸음은 분명합니다. 또한 심판정에서 예수님의 등에 채찍이 가해지자 등줄기에 피가 흘렀음도 너무나 당연합니다. 피흘림이 없으면 사면이 없습니다. 그러나 그 피가 예수의 십자가의 피가 되기 위해서는 십자가가 그 피로 붉게 물들여져야만 했습니다. 그러므로 예수님께서 거친 나무에 못박히시고 그분의 손과 발은 잔인한 못에 의해 찔려졌습니다(시 22:16). 그래서 진홍색의 피가 마른 십자가에 줄줄 흘러내렸습니다. 이렇게 예수님의 피가 흘려졌으므로 이제 그 피는 '그분의 십자가의 피'가 되었습니다.

아 그러나 예수님은 죽으셔야만 했습니다! 복음은 사람을 구원에 이르게 하는 하나님의 권능입니다(롬 1:16). 그런데 이 복음은 예수님께서 반드시 죽어야만 한다고 말합니다.

또한 형제들아, 내가 너희에게 선포한 복음을 너희에게 밝히 알게 하노니 너희 역시 이 복음을 전해 받았으며 현재 그 가운데 서 있느니라. 너희가 만일 내가 선포한 것을 기억하고 헛되이 믿지 아니하였으면 또한 그 복음으로 구원을 받았느니라. 이는 나 역시 전해 받은 것을 무엇보다 먼저 너희에게 전하였음이니 그것은 곧 성경대로 그리스도께서 우리의 죄들로 인하여 죽으시고 묻히셨다가 성경대로 셋째 날에 다시 일어나시고 (고전 15:1-4)

예수님은 죽으셔야만 했습니다! 예수님께서도 스스로 다음과 같이 말씀하셨습니다.

진실로 진실로 내가 너희에게 이르노니, 한 알의 밀이 땅에 떨어져 죽지 아니하면 한 알 그대로 있고 죽으면 많은 열매를 맺느니라 … 내가 땅에서 들리면 모든 사람을 내게로 이끌겠노라, 하시니라. 이렇게 말씀하신 것은 자신이 어떤 죽음으로 죽을 것인지 표적으로 보여 주신 것이라. (요 12:24, 32-33)

그래서 우리는 다음과 같은 말씀을 읽게 됩니다.

이는 우리가 아직 힘이 없을 때에 그리스도께서 정하신 때가 되어 경건치 아니한 자들을 위하여 죽으셨음이라. 의로운 사람을 위하여 죽는 자가 거의 없고 선한 사람을 위하여 용감히 죽고자 하는 자가 혹 있거니와 우리가 아직 죄인이었을 때에 그리스도께서 우리를 위하여 죽으심으로 하나님께서 우리를 향한 자신의 사랑을 당당히 제시하시느니라. 그러면 이제 우리가 그분의 피로 말미암아 의롭게 되었은즉 더욱더 그분을 통하여 진노로부터 구원을 받으리니 이는 우리가 원수였을 때에 하나님의 아들의 죽음으로 말미암아 하나님과 화해하게 되었은즉 화해하게 된 자로서 더욱더 그분의 생명으로 말미암아 구원을 받을 것임이라. (롬 5:6-10)

바로 여기에 모든 것이 들어 있습니다. 우리의 구원을 위하여 주 예수님께서 반드시 죽으셔야 했습니다. 그러나 피흘림이 없으면 사면이 없으므로 예수님께서는 피를 흘리며 죽으셔야만 하셨습니다. 만일 예수님께서 그와 같이 하셨다 해도 죽은 상태로 그대로 계셨다면 우리를 구원할 수 없었을 것입니다. 우리가 예수님을 부르며 그분께 나아갈 때 우리를 구원하시고 자신의 피로 우리를 의롭게 하시는 제사장의 임무를 수행하기 위하여 그분께서는 반드시 죽은 자들로부터 돌아와 부활하셔야 했습니다.

예수님은 친히 부활하신 바로 그 날 제사장으로서의 임무를 시작하셨습니다. 바로 그때에 예수님께서는 자신이 흘린 피를 천국(셋째 하늘)으로 옮기셨고 하늘의 거룩한 곳에 있는 긍휼의 자리(시은소) 위에 뿌리셨습니다. 하나님의 어린양의 피가 하늘의 거룩한 곳에 있지 않았다면 예수님께서 대제사장 직분을 소유하지 못하셨을 터이고 따라서 우리의 죄를 결코 용서할 수 없었음을 꼭 알아야 합니다. 저는 이것이 사실임을 증명해 보겠습니다. 사실 이것을 증명하는 것은 꼭 필요합니다. 왜냐하면 딤 목사와 맥아더 같은 영향력 있는 신학자들의 기를 꺾어야 하기 때문입니다.

딤 목사는 『그리스도의 피』라는 제목의 책 28페이지에서 "온 우주의 유명인사이신 예수님은 승천해서 자리에 앉으셨으나 어떤 피도 천국에 가져가지 않으셨습니다."라고 기록했습니다. 예전의 로마 카톨릭 교회에서는 그리스도께서 자신의 피를 대접에 담아 하늘로 가져가셨다고 가르쳤습니다. 이런 교리의 출처를 알지 못한 채 근본주의 기독교는 우리의 구원자 예수님의 육신의 피를 둘러싼 신비주의를 지속하면서 중세 암흑시대로부터 나온 그런 무모한 사상을 고수하고 있습니다. 우리는 위에서 예수님의 육신의 몸에서 나온 액체들이 구원과 전혀 상관이 없다고 주장하는 것을 상세하게 보았습니다.

> 그리스도께서는 천국에 들어가시면서 자신의 피를 가져간 것이 아니라 자신의 구원 사역이 끝났다는 <u>사실</u>을 가지고 가셨습니다. 그분은 어떤 피도 천국에 가져가지 않았습니다.

위의 인용문은 이 주제에 관하여 딤 목사가 기술한 것입니다. 우리는 먼저 맥아더의 이단 교리를 알아 본 후에 딤 목사의 이단 교리를 다룰 것입니다. 이렇게 함으로써 우리는 이 둘을 동시에 다룰 수 있기 때문입니다.

맥아더는 1986년 7월 10일에 버지니아주 버지니아비치에 사는 코프티(H.C. Cofty)에게 다음과 같은 편지를 보냈습니다.

피에 관한 나의 가르침은 문자적 의미의 그리스도의 피가 신비하고도 불가사의한 구원의 능력을 갖고 있지 않다는 것입니다. 죄인들의 죄를 씻어 주는 것은 그리스도의 실제적인 피 즉 초자연적으로 보존된 형태의 피가 아닙니다. 도대체 그렇게 문자적이고 손으로 만질 수 있는 피가 어디 있단 말입니까? 도대체 그것이 얼마나 쓰였으며 또 아직까지 소모되지 않고 남아 있는 이유가 무엇입니까? 문자적 의미의 그리스도의 피는 먼지와 티끌 속으로 스며들었으며 성경에는 그 피가 지금 실체적이고 눈으로 보아서 알 수 있는 형태로 존재한다는 것을 암시하는 구절이 전혀 없습니다.

그러므로 이 두 명의 신학자는 주 예수님께서 자신의 피를 천국으로 가져가지 않았다는 사실에 의견을 같이 합니다. 그들은 다 예수님의 피가 사라졌으며 수세기 전에 말라 버렸다는 사실에 동의합니다. 저는 여러분에게 그들의 견해가 얼마나 비성경적인가를 보여 드리겠습니다.

출애굽기 25장에서 하나님은 모세에게 나타나셔서 광야에서 이중으로 된 성막을 건축하기 위한 청사진을 주셨습니다.

주께서 모세에게 말씀하여 이르시되, 너희는 이스라엘 자손에게 말하여 내게 헌물을 가져오게 하고 마음에서 즐거이 내는 모든 자들로부터 나의 헌물을 취할지니라 … 내가 네게 보여 주는 모든 것에 따라 성막의 양식과 그 안의 모든 기구의 양식대로 너희가 그것을 만들지니라. (출 25:1-2, 9)

히브리서에서 하나님은 이중 성막의 양식을 주신 것과 그것을 지은 것에 대하여 다시 이야기하십니다. 하나님께서는 구약 시대의 그 청사진이 천국에 존재하는 실제적이고도 완전한 성막에서 가져온 것임을 세심하게 지적하십니다(히 8:2, 9:11 참조). 그러므로 우리는 구약의 모세 시대에 광야에 있던 성막의 설계와 그 안의 기구들이 정확하게 천국에 있는 참되고도 완전한 성막의 것과 같다는 것을 알 수 있습니다. 히브리서 9장에 기록된 그 부분에 대한 묘사를 살펴봅시다.

> 진실로 첫 언약에도 하나님을 섬기기 위한 규례들과 세상에 속한 성소가 있었나니 이는 그들이 성막을 만들었음이라. 첫째 성막은 그 안에 등잔대와 상과 전시하는 빵이 있으며 성소라 일컬음을 받고 둘째 휘장 뒤에 있는 성막은 지성소라 일컬음을 받나니 거기에는 금 향로와 돌아가며 금으로 입힌 언약궤가 있고 이 궤 속에는 만나를 담은 금항아리와 아론의 싹 난 지팡이와 언약의 돌판들이 있고 이 궤 위에는 긍휼의 자리를 덮는 영광의 그룹들이 있었으니 이것들에 관하여는 우리가 지금 낱낱이 말할 수 없노라. (히 9:1-5)

지성소라 일컫는 둘째 성막에 긍휼의 자리(시은소)궤가 있음을 주목하기 바랍니다. 지성소는 또한 '거룩한 곳'(holy place)이라고도 표현되었습니다(히 9:12). 지성소 안에 있는 기구 중 가장 중요한 것은 긍휼의 자리(시은소)입니다. 이제 광야에 있던 성막 안의 긍휼의 자리 위에 무엇이 놓이는지 이해하는 것은 중요합니다.

아론은 그 당시 이스라엘의 대제사장이었습니다. 그의 임무는 하나님 앞에서 자신과 백성을 위해 속죄하는 것이었습니다. 오직 대제사장만이 긍휼의 자리가 있는 둘째 성막 안으로 들어갈 수 있었습니다. 그리고 그때에 그는 반드시 희생의 피를 가지고 들어가야 했습니다.

> 이제 주께서 이 모든 것을 이와 같이 제정하시매 제사장들이 항상 첫째 성막 안으로 들어가 하나님을 섬기는 일을 수행하였거니와 오직 둘째 성막에는 대제사장이 홀로 해마다 한 번씩 들어가되 자기와 백성의 잘못으로 인하여 주께 드리는 피 없이는 들어가지 아니하였나니 (히 9:6-7)

저는 매우 중요한 사항 두 가지를 지적하고 싶은데 첫째는 오직 대제사장만이 지성소에 들어갈 수 있다는 것이고 둘째는 대제사장이 피 없이는 거기에 들어갈 수 없다는 것입니다. 이제 제가 지적하고 싶은 사항은 대제사장이 지성소에 피를 가져가서 그것으로 무엇을 했느냐는 것입니다. 이것을 알아보기 위해 구약으로 갑시다.

주께서 모세에게 이르시되, 네 형 아론에게 말하여 아무 때나 성소 안으로 휘장 안쪽의 궤 위 긍휼의 자리 앞에 들어오지 말게 하라. 그리하여야 그가 죽지 아니하리라. 이는 내가 구름 가운데서 긍휼의 자리 위에 나타날 것임이니라. 아론이 성소에 들어오려면 이같이 어린 수소를 죄 헌물로 삼고 숫양을 번제 헌물로 삼으며 … 그는 또 수소의 피를 취하여 손가락으로 긍휼의 자리 위에 동쪽으로 뿌리고 또 손가락으로 그 피를 긍휼의 자리 앞에 일곱 번 뿌릴지니라. 그 뒤에 그는 또 백성을 위한 죄 헌물의 염소를 잡아 그 피를 가지고 휘장 안으로 들어가서 그 수소의 피로 행한 것같이 그 피로 행하여 긍휼의 자리 위와 긍휼의 자리 앞에 뿌릴지니 곧 그는 이스라엘 자손의 부정함과 그들의 모든 죄로 말미암은 범죄들로 인해 성소를 위하여 속죄하고 또 부정함 가운데 거하는 자들 속에 머무는 회중의 성막을 위하여 그와 같이 할지니라. (레 16:2-3, 14-16)

대제사장은 자신과 백성을 속죄하기 위해 홀로 지성소 안으로 들어가되 이때에 반드시 피를 가지고 들어가 긍휼의 자리(시은소) 위에 그것을 뿌려야 했습니다.

히브리서의 저자인 사도 바울은 구약 시대 성막에서의 짐승 희생을 가리키면서 과거에 이루어진 것들이 후에 천국에서 이루어질 것의 모형이었다는 사실을 우리가 반드시 이해해야 함을 확실히 보여 주었습니다.

그러므로 하늘들에 있는 것들의 모형은 이런 것들로 깨끗하게 할 필요가 있었으나 하늘에 있는 것들 그 자체는 이런 것들보다 더 나은 희생물로 하여야 할지니 이는 그리스도께서 손으로 만든 거룩한 처소들 곧 참된 것의 모형들 안으로 들어가지 아니하시고 오직 하늘 그 자체 안으로 들어가사 이제 우리를 위하여 하나님의 눈앞에 나타나시기 때문이라. 또 그분께서는 대제사장이 해마다 다른 것들의 피를 가지고 거룩한 곳에 들어가는 것같이 자주 자신을 드려야 할 필요가 없으시니 이는 그리하였더라면 그분께서 반드시 창세 이래로 자주 고난을 당하셨어야 할 것이로되 이제 세상 끝에 단 한 번

나타나사 자신을 희생물로 드려 죄를 제거하셨음이니라. (히 9:23-26)

이것으로부터 우리는 과거 이스라엘의 대제사장이 하늘의 대제사장 예수님께서 천국(하늘)에서 하고자 하신 것의 모형을 따르고 있었음을 명백히 알 수 있습니다. 물론 구약 시대의 대제사장이 자기 자신의 죄를 위해서도 희생 제물을 바쳐야 했으며 또 해가 바뀜에 따라 많은 짐승의 희생 제물이 필요했다는 점에서는 우리의 대제사장과 차이가 있습니다. 우리의 위대하신 대제사장 주 예수 그리스도께서는 물론 죄가 전혀 없으십니다. 그래서 그분은 십자가 위에서 단 한 번 영원한 희생을 드리셨습니다(히 10:12 참조). 그러나 백성의 죄를 속죄하는 방식이 천국의 모형으로부터 나왔기 때문에 지상에 있는 대제사장에 대한 세 가지 규율이 하늘에 있는 대제사장에게도 그대로 적용된다는 것에는 의심의 여지가 없습니다. 이로써 성경의 근거를 가지고 우리는 다음과 같이 말할 수 있습니다.

> 자기 백성의 죄를 속죄하기 위하여 주 예수님께서는 천국에 있는 거룩한 곳에 홀로 들어가야 하며, 피를 가지고 들어가야 하며, 긍휼의 자리 위에 그 피를 뿌려야만 한다.

그러나 딤 목사와 맥아더 목사는 예수님께서 친히 그 피를 천국으로 가져가지 않으셨다고 말합니다! 만일 그들이 옳다면 주 예수님은 대제사장으로 임무를 수행할 수 없으며 성경에 나오는 모형 혹은 양식은 완전히 쓸모 없게 됩니다! 이 두 명의 '신학자'와 또 그들과 같은 것을 주장하는 다른 사람들은 예수님에게서 하늘의 대제사장으로서의 임무를 빼앗으려 합니다! 예수님께서는 피 없이 그 임무를 수행할 수 없습니다!

하나님 아버지께서는 예수님께 이렇게 말씀하셨습니다.

(이는 그 제사장들은 맹세 없이 되었으나 이분은 자기에게 말씀하신 분을 힘입어 맹세로 되셨음이라. 곧, 주께서 맹세하시고 후회하지 아니하시리니 이르시되, 너는 멜기세덱의 계통에 따른 영원한 제사장이라, 하셨도다.) (히 7:21)

바울은 이렇게 말합니다.

그러므로 거룩한 형제들 곧 하늘의 부르심에 참여한 자들아, 우리가 고백하는 믿음의 사도시며 대제사장이신 그리스도 예수님을 깊이 생각하라. (히 3:1)

이제 다음 구절을 유의하여 살펴봅시다.

이제 우리가 말한 것들에 관한 요점은 이것이니 곧 이러한 대제사장이 우리에게 계시다는 것이라. 그분은 하늘들에서 존엄하신 분의 왕좌 오른편에 앉아 계시며 성소와 참 성막을 섬기시는 이시니 이 성막은 주께서 치신 것이요, 사람이 친 것이 아니니라. 대제사장마다 임명을 받아 예물과 희생물을 드리나니 그러므로 이 사람도 무엇인가 드릴 것이 있어야 함이 마땅하도다. (히 8:1-3)

여기서 하나님은 과거 이스라엘의 대제사장이 헌물과 희생물을 드리는 것을 하늘에 있는 참 성막의 모형으로부터 취했기 때문에 우리의 위대하신 대제사장 주 예수 그리스도 역시 하늘의 참 성막에서 무언가를 반드시 드려야만 한다는 사실을 명백히 보여 주고 계십니다. 그런데 실로 예수님께서는 그렇게 하셨습니다!

그리스도께서 우리를 사랑하사 우리를 위해 자신을 향기로운 헌물과 희생물로 하나님께 드리신 것 같이 사랑 안에서 걸으라. (엡 5:2)

예수님께서 자신을 희생물로 하나님께 드릴 때 하나님께서 그것을 받으실 수 있는 유일한 방법은 피의 희생을 드리는 것이었습니다. 왜냐하면 하늘의 양식과 지상의 양식이 같기 때문입니다! 바로 이런 이유로 하나님께서는 "피흘림이 없은즉 사면(赦免)이 없느니라."(히 9:22)라고 선포하십니다.

바로 이런 이유로 하나님께서는 대제사장이 '피 없이는' 지성소에 들어갈 수 없다고 말씀하셨습니다! 성경은 대제사장이신 예수님 역시 무언가를 반드시 드려야 한다는 것을 명백히 언급하고 있습니다.

딤 목사는 예수님께서 드려야 했던 그 유일한 것이 곧 '구원을 이루기 위한 자신의 사역이 끝났다는 사실'이라고 말합니다. 그의 말을 다시 인용하면 다음과 같습니다. "그리스도께서는 천국에 들어가시면서 자신의 피를 가져간 것이 아니라 자신의 구원 사역이 끝났다는 사실을 가지고 가셨다."

맥아더 목사 또한 예수님께서 자기의 피를 천국에 가지고 가지 않았다고 주장합니다. 그의 말을 다시 인용하면 다음과 같습니다. "문자적 의미의 그리스도의 피는 먼지와 티끌 속으로 스며들었으며 성경에는 그 피가 지금 실체적이고 눈으로 보아서 알 수 있는 형태로 존재한다는 것을 암시하는 구절이 전혀 없습니다." 저는 그가 어떤 성경을 읽고 있는지 의심스럽습니다.

딤 목사와 맥아더 목사는 자기들의 잘못된 이론에 의거하여 그리스도인들이 죄들의 사면을 얻기 위해 죄들을 고백할 때 예수님께서 대제사장으로서 자신의 피를 그 죄들에 적용하는 일을 하지 못하게 할 뿐만 아니라 이로써 죄들의 사면을 얻을 수 있다는 우리의 모든 희망을 제거합니다.

만일 우리가 우리의 죄들을 자백하면 그분께서는 신실하시고 의로우사 우리의 죄들을 용서하시며 모든 불의에서 우리를 깨끗하게 하실 것이요. (요일 1:9)

그러나 지금 이 시간 하늘의 긍휼의 자리 위에 피가 없다면 이와 같은 죄의 용서는 이루어질 수 없습니다!

> 만일 그분께서 빛 가운데 계신 것같이 우리가 빛 가운데 걸으면 우리가 서
> 로 사귐이 있고 그분의 아들 예수 그리스도의 피가 모든 죄에서 우리를 깨
> 끗하게 하시느니라. (요일 1:7)

'깨끗하게 하신다'(cleanseth)란 말에 주목하십시오. 문법을
아는 사람이라면 누구나 '깨끗하게 하신다'가 현재 시제임을
알 수 있습니다. 만일 그리스도의 모든 피가 먼지와 티끌 속으
로 스며들었고 그래서 지금 이 시간 실제적이고 또 눈으로 볼
수 있는 형태로 존재하지 않는다면 깨끗하게 하신다란 말은 시
뻘건 거짓말입니다! 이렇게 되면 우리의 위대하신 대제사장 예
수님은 우리의 죄들로 인해 아무것도 드릴 것이 없는 존재가 되
고 맙니다. 성경은 예수 그리스도의 피만이 유일하게 지금 이
시간에도 우리의 죄를 깨끗하게 한다고 명백하게 단순하게 말
씀하고 있습니다.

그럼에도 불구하고 딤 목사와 맥아더 목사는 자기들의 글에서
'그리스도의 피'라는 말이 단지 그분의 죽음을 상징하는 표현
이고 그래서 우리가 성경에서 '그리스도의 피'라는 말을 읽을
때마다 본능적으로 우리 머리 속에서 그것을 '그리스도의 죽
음'으로 해석해야 한다고 말합니다.

딤 목사는 다음과 같이 주장합니다.

> 십자가 상에서 그 피는 상징적이었습니다(『그리스도의 피』 21-22 페이지).

> 더 잘 알아야 함에도 불구하고 그들은 '그리스도의 피'라는 문구가 정말로 문
> 자적 의미를 지니고 있다는 잘못된 개념을 맹목적으로 받아들이며 이렇게 함
> 으로써 자기 자신을 우스운 존재로 만들어 버립니다. 그런데 이와는 대조적으
> 로 우리는 문자적인 피가 어느 누구도 구원할 수 없다는 사실과 그리스도의 피
> 란 그분의 영적 죽음을 나타내는 상징적인 표현임에 불과하다는 사실을 알고
> 있습니다(34페이지).

여러분은 이 같은 발언을 어떻게 생각하십니까? 여러분은 과연 다음과 같은 히브리서 9장 22절을 보신 적이 있습니까? "상징적인 피를 흘림이 없은즉 사면이 없느니라." 또한 다음과 같이 기록된 요한일서 1장 7절 말씀을 본 적이 있습니까? "그리스도의 영적인 죽음을 상징하는 피가 우리를 모든 상징적인 죄(실제가 아닌)에서 깨끗하게 한다."

학식의 어리석음이여!

맥아더는 다음과 같이 말합니다. "피의 목적은 죄로 인한 희생물을 상징하는 것이었습니다. … 우리는 피가 상징이었다는 사실에 유의해야 합니다"(맥아더의 히브리어 주석 237페이지).

저는 이 부분에 대하여 맥아더의 성경을 보고 싶습니다. 인본주의적인 철학과 성경은 결코 같을 수 없습니다. 과연 성경의 어느 부분이 그리스도의 피가 죄로 인한 희생물을 상징하는 것이라고 말하고 있습니까? 하나님께서는 분명하게 "피흘림이 없은즉 사면이 없느니라!"라고 말씀하십니다. 그런 '상징'은 맥아더의 머리 속에만 있을 뿐입니다. 주 예수 그리스도께서는 부활하신 날 아침에 무덤에 서 있던 막달라 마리아에게 나타나셨습니다. 그녀는 예수님을 알아보고 그분을 붙잡으려고 다가갔습니다. 그때에 예수님께서는 그녀에게 이렇게 말씀하셨습니다.

내게 손을 대지 말라. 이는 내가 아직 내 아버지께로 올라가지 못하였음이라. 그러나 너는 내 형제들에게 가서 그들에게 이르되, 내가 내 아버지 곧 너희 아버지, 내 하나님 곧 너희 하나님께로 올라간다, 하라. (요 20:17)

여러분은 예수님께서 자신이 아직 아버지께로 올라가지 않았기 때문에 특별히 마리아에게 자신을 만지지 말라고 말씀하셨다는 사실에 주목해야 합니다. 몇몇 '학자들'은 예수님께서 이때에 부활 후 40일이 지나서 아버지께 올라가려 하셨음을 말씀하신 것이라고 가정합니다. 그러나 그렇지 않습니다. 물론 예수님은 부활 후 40일이 지나서 승천하려 했습니다. 그러나 여기서 예수님은 그 승천을 언급하고 계신 것이 아닙니다. 우리는 예수님께서는 바로 그 날 위로 올라가려 하셨음을 분명히 알 수 있습니다. 사실 예수님께서는 마리아가 제자들에게 가서 자기가 예수님을 보았다고 이야기하기 위해 달려가는 순간에 곧바로 하늘로 올라가려 하셨습니다.

여러분은 제가 그것을 어떻게 아느냐고 물을 수 있습니다. 그것은 그 날 아침 늦게 막달라 마리아와 또 다른 마리아가 함께 달음질했을 때 예수님께서 그들을 만나 "다 잘 있느냐" 하시니 그들이 나아와 그분의 발을 붙잡고 경배하였기 때문입니다(마 28:9). 보셨습니까? 그들이 예수님의 발을 붙들고 있었습니다. 처음에 예수님을 만지지 말라는 소리를 들은 막달라 마리아가 이번에는 그분의 몸에 손을 댈 수 있었습니다. 왜 예수님께서는 두 번째 그들을 만나셨을 때 그들이 자기에게 손을 대는 것을 금하지 않았습니까? 이에 대한 대답은 그분께서 처음에 그녀에게 주신 말씀 즉 "내가 아직 아버지께로 올라가지 못하였노라." 라는 말씀에서 찾을 수 있습니다.

그러므로 만일 여러분이 둘 더하기 둘을 할 수 있다면 이 두 번의 만남 사이에 예수님께서 아버지께로 올라가셨음을 쉽게 알 수 있습니다. 그러면 왜 예수님께서 마리아와 처음 만나셨을 때 땅에 있는 사람의 손에 의해 더럽혀지는 것을 원하지 않으셨을까요?

이스라엘의 대제사장인 아론에 대해 성경은 다음과 같이 말합니다.

아론이 성소에 들어오려면 이같이 어린 수소를 죄 헌물로 삼고 숫양을 번제 헌물로 삼으며 거룩한 아마 속옷을 입고 그 살 위에 아마 반바지를 입으며 아마 허리띠를 띠고 아마 관을 쓸지니 이것들은 거룩한 의복이라. 그러므로 그가 물로 몸을 씻고 그것들을 입을 것이며 … 그는 또 수소의 피를 취하여 손가락으로 긍휼의 자리 위에 동쪽으로 뿌리고 또 손가락으로 그 피를 긍휼의 자리 앞에 일곱 번 뿌릴지니라. (레 16:3-4, 14)

대제사장은 피로 속죄하는 가장 거룩한 임무를 수행할 때 결코 더럽혀져서는 안 됩니다. 아론이 하늘에 있는 참 성막의 모형을 따랐기 때문에 우리는 위대하신 대제사장 예수 그리스도께서 자신의 가장 신성한 임무 즉 자기의 피로 속죄하는 일을 수행하실 때 더럽혀져서는 안 된다고 확신 있게 말할 수 있습니다. 주 예수님께서는 땅에 있는 대제사장에게 주어진 양식을 준수하시기 위하여 자신의 피를 하늘로 가져다가 하늘에 있는 거룩한 곳인 긍휼의 자리 위에 뿌려야만 하셨습니다. 만일 그렇게 하지 않았다면 예수님의 모든 제사장 사역은 무너져내려 무의미하게 되었을 것입니다.

우리 예수님께서는 정확하게 그 일을 하셨습니다. 만일 이 땅에 속한 마리아가 그 시간에 예수님에게 손을 대었다면 그분은 곧 더럽혀졌을 것입니다. 그러므로 예수님께서는 아직 자기가 아버지께로 올라가지 않았으므로 자신에게 손을 대지 말라고 그녀에게 말씀하셨습니다. 같은 날 잠시 후에 예수님께서 우리의 죄를 속죄하는 임무를 수행하기 위해 하늘에 있는 거룩한 곳으로 자신의 피를 가져가셨음에는 의문의 여지가 없습니다.

그런데 딤 복사는 자신의 책의 28페이지에서 다음과 같이 말함으로써 이 사실을 부인하고 있습니다. "예수님께서는 피를 담은 대접이나 통을 하늘로 옮기지 않으셨습니다. 예수님께서는 '임무를 달성하시고' 부활하신 몸으로 들어가셨습니다."

그러나 딤 목사는 요점을 놓쳤습니다. 즉 그는 "피흘림이 없은즉 사면이 없다."는 사실을 놓쳤습니다. 우리가 성경에서 분명히 본 바와 같이 긍휼의 자리 위에 피가 없다면 우리 죄에 대한 사면과 속죄는 있을 수 없습니다! 하늘의 양식대로 행한 이 땅의 대제사장은 결코 피 없이 지성소에 들어갈 수 없었습니다 (히 9:7). 그렇다면 위대하신 대제사장 예수 그리스도께서도 피 없이 지성소에 들어갈 수 없습니다! 만일 예수님께서 피 없이 거기에 들어갈 수 있었다면 땅에서의 양식은 의미 없는 것이 되고 말았을 것입니다.

어린양의 피가 하늘에 있는 긍휼의 자리 위에 뿌려져야 했으므로 딤 목사의 신학은 성경 전체를 무시하는 것입니다. 예수님은 손에 자신의 피를 지니지 않고서 거룩한 곳에 들어갈 수 없으셨을 뿐만 아니라 "임무를 달성했다."고 승리의 개가를 부를 수도 없었습니다. 긍휼의 자리 위에 뿌릴 자신의 피를 가지고 가지 않았다면 예수님의 임무는 실패였을 것입니다.

예수님께서 자신의 피를 대접이나 통에 담아 하늘의 거룩한 곳에 가져가셨는지에 대해서 저는 잘 모릅니다. 그것은 제가 관여할 바가 아니며 제가 알고 있는 것은 분명히 예수님께서 자신의 피를 가져가셨다는 것입니다!

맥아더는 "도대체 그 피가 얼마나 쓰였으며 또 아직까지 소모되지 않고 남아 있는 이유가 무엇입니까?"라고 묻습니다. 그는 하나님의 보존 능력을 제한시키려 하고 있습니다. 과연 하나님께서 원하신다면 그리스도의 피를 영원토록 신선하고 능력 있게 보존할 수 없을까요? 왜 그 피가 소모되어 없어져야만 한단 말입니까? 전능하신 창조주께서 우리 죄에 그 피를 적용하시지만 그래도 그 피가 조금이라도 소모되지 않게 하실 수는 없단 말입니까?

1927년 서부 아프리카에서는 황열병을 앓았던 아시비라는 이름의 원주민에게서 피를 채취했습니다. 그 피로부터 백신이 만들어졌습니다.

1927년 이후로 록펠러 재단과 미국 정부와 또 다른 기관이 제조한 황열병 백신은 모두 오래 전에 죽은 아시비에게서 얻은 바이러스의 고유한 유전질에서 나왔습니다.

한 실험실에서 다른 실험실로 옮겨가며 이루어진 반복적인 피배양과 수많은 증식을 통해 오늘날까지 전해 내려온 아시비의 피는 많은 나라의 수많은 사람들에게 황열병 면역을 제공해 왔습니다. 창의적인 과학의 진보를 통해 서부 아프리카의 한 사람의 피가 전 인류에게 지난 60년 이상 좋은 일을 하고 있습니다. 황열병 백신을 사용하고 있는 의사들은 인류가 존재하고 그 백신이 쓰이는 한 아시비의 피에서 획득한 바이러스의 유전질은 사라지지 않을 것이라고 말합니다.

만일 과학자들이 아시비의 피를 무한히 보존할 수 있다면 우주의 전능하신 창조주께서 긍휼의 자리 위에 있는 어린양의 피를 영원히 보존할 수 있음을 믿는 것은 그리 어려운 일이 아닙니다. 비록 맥아더가 하나님의 능력을 제한시키려 하지만 저는 그렇게 하지 않을 것입니다.

맥아더는 "그리스도의 피가 먼지와 티끌 속으로 스며들었다."고 주장합니다. 그의 진술에 따라 저는 맥아더가 이런 질문을 하려 하다고 생각합니다. "만일 예수님께서 자신의 피를 땅에서 하늘로 옮기셨다면 어떻게 그것을 먼지와 티끌에서 끌어 낼 수 있었을까요?" 이것 역시 하나님의 능력을 제한하는 것입니다. 저는 예수님께서 어떻게 그 일을 하셨는지 모릅니다. 다만 제가 아는 것은 예수님께서 그 일을 하셨다는 것입니다. 또한 저는 어떻게 그 피가 위대하신 대제사장의 손에 의해 저의 죄에 적용되었는지 설명할 수도 없습니다. 그러한 작업은 무한하신 하나님의 놀라운 구원의 은혜와 권능 안에 잠겨 있습니다. 저는 그것을 이해하려고 시도하지 않습니다. 저는 단지 믿음으로 그 진리를 붙들었고 그 결과 예수님의 피로 말미암아 저의 죄가 정결케 되었으며 저는 용서를 받았습니다.

피흘림이 없으면 사면이 없습니다.

맥아더는 또한 "성경에는 그 피가 지금 실체적이고 눈으로 보아서 알 수 있는 형태로 존재한다는 것을 암시하는 구절이 전혀 없습니다."라고 말합니다. 성경이 그리스도의 피가 지금 실체적이며 눈에 보이는 형태로 존재한다는 것을 암시하지 않는다는 것에 저도 동감합니다. 그것은 사실입니다. 자, 히브리서 12장을 잘 살펴봅시다.

> 그러나 너희가 이른 곳은 시온 산과 살아 계신 하나님의 도시와 하늘에 있는 예루살렘과 무수한 천사들의 무리와 총회 곧 하늘에 기록된 처음 난 자들의 교회와 모든 것의 심판자 되시는 하나님과 완전하게 된 의인들의 영과 새 언약의 중재자이신 예수님과 아벨의 피보다 더 나은 것들을 말하는 피 곧 뿌리는 피니라. (히 12:22-24)

이제 연속적인 질문을 제기한 후 곧이어 이 성경 구절로부터 답을 제공하겠습니다.

시온 산은 어디에 있습니까? 하늘에 있습니다.

살아 계신 하나님의 도시는 어디에 있습니까? 하늘에 있습니다.

무수한 천사는 어디에 있습니까? 하늘에 있습니다.

총회는 어디에 있습니까? 하늘에 있습니다.

처음 난 자들의 교회는 어디에 있습니까? 하늘에 있습니다.

하나님은 어디에 앉아 계십니까? 하늘에 계십니다.

완전하게 된 의인들의 영들은 어디에 있습니까? 하늘에 있습니다.

예수님은 어디에 계십니까? 하늘에 계십니다.

자 이제 다음 질문을 잘 들으시기 바랍니다.

뿌리는 피는 어디에 있습니까? 하늘에 있습니다!

여러분은 이 구절에서 주 예수님과 그분의 피가 정확하게 한 자리에 있음을 주목하게 될 것입니다. 그러므로 딤과 맥아더 목사의 '학식'은 잘못된 것입니다! 쓰레기통에 버려야 합니다!

피흘림이 없은즉 사면이 없습니다!

여기서 그 피는 '뿌리는 피'라고 불립니다. 왜냐하면 하늘에서 땅에 주어진 양식은 땅의 대제사장이 긍휼의 자리 위에 피를 뿌리라고 말하기 때문입니다. 딤과 그의 동지들의 이론에도 불구하고 그 피는 뿌려져야만 했습니다. 그리스도인인 여러분은 그 피가 뿌려졌음으로 인해 대단히 기뻐해야 합니다! 만일 어린 양의 그 피가 하늘에 있는 긍휼의 자리 위에 있지 않다면 여러분은 하나님의 진노의 대상이 되었을 것입니다!

이제 "아벨의 피보다 더 나은 것들을 말하는 피 곧 뿌리는 피니라."라는 문구를 주목하십시오. 여러분은 피가 소리를 낸다는 것을 아십니까? 위의 구절에서 "피가 말한다."는 것을 살펴보십시오. 피는 말할 수 있습니다!

바울이 여기서 "아벨의 피보다 더 나은 것들을 말하는 피 곧 뿌리는 피니라."라고 말했음을 정확하게 주목하십시오. 그에 의하면 아벨의 피는 말할 수 있었으며 실제로 그 피는 말을 했습니다.

창세기에서 그 이야기를 찾아봅시다.

가인이 자기 동생 아벨과 이야기를 하니라. 그 뒤에 그들이 들에 있을 때에 가인이 일어나 자기 동생 아벨을 쳐 죽이니라. 주께서 가인에게 이르시되, 네 동생 아벨이 어디 있느냐? 하시니 그가 이르되, 내가 알지 못하나이다. 내가 내 동생을 지키는 자니이까? 하매 그분께서 이르시되, 네가 무엇을 하

였느냐? 네 동생의 핏소리가 땅에서 내게 부르짖느니라. (창 4:8-10)

아벨의 핏소리가 복수와 심판을 호소하고 있었음을 상상해 보는 것은 그리 어렵지 않습니다. 만일 여러분이 그 이야기의 나머지를 읽는다면 하나님께서 땅에서 나는 아벨의 피의 호소로 인해 가인에게 저주를 내리셨음을 알게 될 것입니다. 그 피가 원수를 갚았으며 공의가 이루어졌습니다.

그런데 사도 바울은 주 예수 그리스도의 피 즉 천국의 긍휼의 자리 위에 뿌려진 피 역시 소리를 갖고 말할 수 있음을 우리에게 알려 줍니다. 그는 그리스도의 피가 "아벨의 피보다 더 나은 것들을 말한다."고 이야기합니다. 아벨의 피는 복수와 공의를 요구했습니다. 그런데 예수님의 피는 긍휼과 사랑을 요구합니다! 여러분은 '말하는'(speaketh)이라는 단어가 현재 시제임을 주목해야 합니다.

맥아더는 스스로 원한다면 그리스도의 피가 먼지와 티끌 속에 묻혀 사라져 버렸다고 말할 수 있습니다. 그리고 딤은 예수님께서 자신의 피를 전혀 천국으로 가지고 가지 않으셨다고 맹세로 말할 수 있습니다. 그러나 성경은 다르게 말하고 있습니다. 성경은 그 피가 예수님과 하나님 아버지와 함께 천국에 즉 하늘에 있다고 분명히 말합니다. 성경은 그 피가 총회와 처음 난 자들의 교회와 완전하게 된 의인들의 영과 천군 천사와 함께 천국에 있다고 말합니다. 비록 맥아더가 "성경에는 그 피가 지금 실체적이고 눈으로 보아서 알 수 있는 형태로 존재한다는 것을 암시하는 구절이 전혀 없다."고 주장함에도 불구하고 성경은 예수님의 '그 뿌리는 피'가 지금 이 순간에 아벨의 피보다 더 나은 것들을 말하며 천국에 있다고 이야기합니다. 실체가 없고 눈에 보이지 않는 피를 뿌리기는 참으로 힘들 것입니다.

여러분은 제가 말한 것을 이해하십니까? 그리스도의 피는 바로 이 순간에 아벨의 피보다 더 나은 것들을 말하고 있습니다! 그리스도의 피는 긍휼과 사랑을 호소하면서 오직 그 피로 인해 구속된 죄인들을 대변하고 있습니다.

> 그들이 새 노래를 불러 이르되, 주께서 그 책을 취하시고 그 책의 봉인들을 열기에 합당하시오니 이는 주께서 죽임을 당하사 주의 피로 모든 족속과 언어와 백성과 민족 가운데서 우리를 구속하여 하나님께 드리시고 (계 5:9)

만일 하나님의 어린양의 피가 바로 이 순간에 저와 여러분 같은 그리스도인을 위해 긍휼과 사랑을 호소하고 있지 않다면 우리 모두는 구속받지 못한 다른 죄인들처럼 하나님의 복수와 공의를 받는 무기력한 희생물이 되었을 것입니다!

할렐루야! 피흘림이 없은즉 사면이 없습니다! 맥아더와 딤 목사의 이단 교리 즉 예수님의 보배로운 피에 대한 거짓 교리의 공격에도 불구하고 그리고 예수님께서 우리를 구속하시기 위해 자신의 피를 천국의 거룩한 곳으로 가져가셨다는 사실을 그들이 단호히 부인함에도 불구하고 하나님께서는 다음과 같이 말씀하십니다.

> 그러나 그리스도께서는 앞으로 올 좋은 일들의 대제사장으로 오시되 손으로 만들지 아니한 성막 곧 이 건물에 속하지 아니한 더 크고 완전한 성막을 통하여 오셔서 염소와 송아지의 피가 아니라 오직 자기 피를 힘입어 단 한 번 거룩한 곳에 들어가사 우리를 위하여 영원한 구속을 얻으셨느니라. (히 9:11-12)

우리의 어린양과 대제사장에게 영광을 돌립시다! 그분의 피는 하늘의 긍휼의 자리 위에 있으며 저는 그분의 십자가의 피로 말미암아 죄들의 사면을 받았습니다!

샘물과 같은 보혈은 임마누엘 피라.
이 샘에 죄를 씻으면 정하게 되겠네.
정하게 되겠네. 정하게 되겠네.
이 샘에 죄를 씻으면 정하게 되겠네.

십자가의 피로 가깝게 되다
The Blood of His Cross

전능하신 하나님은 사도 바울의 글을 통해 우리가 다 거룩하신 하나님 앞에서 범죄한 죄인들임을 보여 주심으로써 전 인류에게 형벌 기소장의 판결문을 낭독해 주십니다.

그러면 어떠하냐? 우리는 그들보다 나으냐? 결코 아니라. 이는 우리가 앞서 입증하기를 유대인이나 이방인이나 다 죄 아래 있다 하였음이라. 이것은 기록된바, 의로운 자는 없나니 단 한 사람도 없으며 깨닫는 자도 없고 하나님을 찾는 자도 없으며 다 길에서 벗어나 함께 무익하게 되고 선을 행하는 자가 없나니 단 한 사람도 없도다. (롬 3:9-12)

우리가 죄 아래 있으므로 다 길에서 벗어나 치우쳐 있습니다. 바꾸어 말하면 우리는 하나님으로부터 멀리 떨어져 나갔습니다! 대언자 이사야는 우리의 죄가 우리와 하나님 사이를 나쁘게 만들며 죄 때문에 하나님과 사람의 관계가 소원해졌다는 것을 보여 주면서 똑같은 기소장을 낭독해 줍니다.

우리는 다 양 같아서 길을 잃고 각각 자기 길로 갔거늘 주께서는 우리 모두의 불법을 그에게 담당시키셨도다. (사 53:6)

오직 너희 불법이 너희와 너희 하나님 사이를 갈라놓았고 너희 죄가 그분의 얼굴을 돌려 너희에게 숨겼으므로 그분께서 듣고자 하지 아니하시느니라. (사 59:2)

이는 우리의 범죄가 주 앞에 심히 많으며 우리의 죄가 우리를 쳐서 증거하기 때문이요, 또 우리의 범죄가 우리와 함께 있기 때문이니라. 우리의 불법들에 관하여는 우리가 그것들을 아나이다. 우리가 주를 거슬러 범죄하고 거짓말을 하였으며 우리 하나님을 떠나 학대와 반역을 말하고 거짓된 말들을 마음에서 입 밖으로 내매 (사 59:12-13)

오직 우리는 다 부정한 물건 같아서 우리의 의는 다 더러운 누더기 같으며 우리는 다 잎사귀같이 시들므로 우리의 불법들이 우리를 바람같이 몰아가나이다. 주의 이름을 부르는 자가 없으며 스스로 분발하여 주를 붙잡는 자도 없사오니 이는 주께서 주의 얼굴을 돌려 우리에게 숨기시며 우리의 불법들로 인하여 우리를 소멸시키셨음이니이다. (사 64:6-7)

위의 구절을 종합해 볼 때 우리는 끔찍한 사실을 알게 됩니다. 우리는 우리의 죄로 인해 하나님으로부터 멀어졌고 분리되었습니다. 이것 때문에 하나님께서는 자신의 얼굴을 우리에게서 숨기셨습니다. 그 결과 인류는 하나님과 멀리 떨어져 있습니다!

바울은 에베소에 있는 신약 교회의 성도들에게 편지를 써서 그들이 구원받기 전에는 하나님과 멀리 떨어져 있었음을 상기시켜 줍니다.

그러므로 기억하라. 너희는 지나간 때에 육체로는 이방인이요, 손으로 육체에 행하는 할례를 받은 자들 곧 할례자라 일컫는 자들로부터 무할례자라 일컬음을 받던 자들이라. 그때에 너희는 그리스도 밖에 있었고 이스라엘 공영권 밖에 있던 외인들이며 약속의 언약들에 대하여는 낯선 자요, 세상에서 소망도 없고 하나님도 없는 자들이더니 (엡 2:11-12)

이것은 무척 슬픈 일입니다. 그리스도 밖에 있는 사람은 누구든지 다 확실하게 소망이 없습니다. 외인들은 곧 밖에 있는 사람들을 가리킵니다. 그러므로 하나님께 대한 외인은 확실히 하나님을 알지 못하는 사람이며 그로 인해 그들은 세상에서 가장 비참한 상태 즉 하나님이 없는 상태에 처해 있습니다. 그것은 확실히 우리를 하나님과 멀어지게 만듭니다. 아, 그러나 이와 같이 무시무시하고 외롭게 멀리 떨어져 있는 황량한 상태를 해결할 수 있는 방법이 하나 있습니다! 자, 아래 구절을 읽어봅시다.

> 이제는 전에 멀리 떨어져 있던 너희가 그리스도 예수님 안에서 그리스도의 피로 가까워졌느니라. (엡 2:13)

그렇습니다! 우리는 그리스도의 피로 가까워졌습니다! 그 피를 찬양합시다! 그 피에 대해 하나님께 감사를 드립시다! 하나님의 어린양의 피가 없었다면 모든 인류는 영원히 하나님과 멀리 떨어진 상태로 남아 있었을 것입니다! 그런데 여전히 많은 사람들이 불못에서 영원히 하나님과 멀리 떨어진 채로 남아 있게 될 것입니다. 그 이유는 그들이 그리스도의 피를 통해 하나님과 가까워지기를 거부하기 때문입니다. 그러나 하나님께 감사합시다. 죄를 회개하고 주 예수 그리스도를 개인의 구원자로 받아들인 사람은 다 예수의 십자가의 피로 가까워졌습니다! 우리의 구속이 우리를 하나님 앞으로 인도합니다. 우리는 한 때 멀리 떨어져 있었으나 예수님의 십자가의 피가 우리를 하나님 앞으로 인도하였습니다! 천국에서 그것에 관해 노래하고 있는 사람들에게 귀를 기울여 봅시다.

> 그들이 새 노래를 불러 이르되, 주께서 그 책을 취하시고 그 책의 봉인들을 열기에 합당하시오니 이는 주께서 죽임을 당하사 주의 피로 모든 족속과 언어와 백성과 민족 가운데서 우리를 구속하여 하나님께 드리시고 (계 5:9)

예수님의 십자가의 피로 구속받기 전에 우리는 우리의 죄 때문에 하나님과 멀리 떨어져 있었습니다. 우리는 필사적으로 하나님과 가까워지기를 원했으나 우리 속에는 그것을 할 수 있는 방법이 전혀 없었습니다. 그러나 주님을 찬양합시다.

주께서 죽임을 당하사 주의 피로 모든 족속과 언어와 백성과 민족 가운데서
우리를 구속하여 하나님께 드리시고 (계 5:9)

'하나님께' 라는 짧은 말 안에는 매우 교훈적인 것이 들어 있
습니다. 구원받기 전에 우리는 '하나님께' 버림을 받았습니다.
우리는 '무익한 종' (마 25:30)이었습니다. 우리는 하나님의 땅의
'방해물' (눅 13:7)이었습니다. 그리고 4장에서 지적했던 것처럼
우리는 하나님의 원수였습니다. 그와 같은 이유로 우리는 하나
님과 분리되어 멀리 떨어져 있었습니다. 우리가 하나님을 대적
하였기 때문에 그리고 우리 죄에 대한 부담 때문에 우리는 멀리
떨어져 있었습니다.

우리는 항상 하나님의 길과 반대되는 우리 자신의 길을 다니
면서 길을 잃었습니다. 그러나 우리는 절박하게 그분과 가까워
질 필요가 있었고 하나님 앞으로 나아갈 필요가 있었습니다. 주
예수 그리스도께서 마음 속으로 바라셨던 것은 우리를 하나님
앞으로 인도하는 것이었습니다.

그리스도께서도 죄들로 인하여 한 번 고난을 받으사 의로운 자로서 불의한
자를 대신하셨으니 이것은 그분께서 육체 안에서 죽임을 당하셨으되 성령으
로 말미암아 살리심을 받으사 우리를 하나님께로 인도하려 하심이라. (벧전
3:18)

우리 죄로 인해 고난 당하심으로 우리를 하나님 앞으로 인도
하시려고 예수님께서는 죽으셔야 했고 그 죽음은 반드시 피를
흘리는 죽음이어야 했습니다.

그들이 새 노래를 불러 이르되, 주께서 그 책을 취하시고 그 책의 봉인들을
열기에 합당하시오니 이는 주께서 죽임을 당하사 주의 피로 모든 족속과 언
어와 백성과 민족 가운데서 우리를 구속하여 하나님께 드리시고 (계 5:9)

이제는 전에 멀리 떨어져 있던 너희가 그리스도 예수님 안에서 그리스도의

피로 가까워졌느니라. (엡 2:13)

우리가 그분의 십자가의 피로 인해 가까워졌고 하나님 앞에서 구속되었기 때문에 이제 우리는 다 제사장입니다! 이것은 이교도 산물인 로마 카톨릭 교회가 말하는 제사장(사제 혹은 신부)이 아니라 성경적 의미의 제사장입니다. 예수님의 피로 하나님께 구속되었다고 말하는 요한계시록 5장 9절을 읽은 후 우리는 곧 아래 구절을 읽게 됩니다.

또 우리 하나님을 위하여 우리를 왕과 제사장으로 삼으셨으니 우리가 땅에서 통치하리로다, 하더라. (계 5:10)

요한계시록의 보다 앞부분에서 요한은 또 다시 우리가 예수님의 피로 씻김을 받았다고 기록한 뒤 다음 구절을 기록합니다.

또 신실한 증인이시요, 죽은 자들 중에서 처음 나신 분이시며 땅의 왕들의 통치자이신 예수 그리스도로부터 은혜와 평강이 너희에게 있을지어다. 우리를 사랑하사 자신의 피로 우리의 죄들로부터 우리를 씻으시고 하나님 곧 자신의 아버지를 위하여 우리를 왕과 제사장으로 삼으신 그분께 영광과 통치가 영원무궁토록 있기를 원하노라. 아멘. (계 1:5-6)

이제 아시겠습니까? 예수님의 십자가의 피로 구속되고 가까워졌기 때문에 우리는 이제 제사장의 역할을 하는 것입니다. 자, 이제 제사장으로서 아론의 특권이 무엇이었는지 살펴보도록 합시다.

아론이 성소에 들어오려면 이같이 어린 수소를 죄 헌물로 삼고 숫양을 번제 헌물로 삼으며 (레 16:3)

얼마나 복되고 멋진 특권입니까! 아론은 지성소에 들어가 하나님과 만날 수 있었습니다. 그러나 피 없이는 그리 할 수 없었습니다(히 9:7). 피가 반드시 긍휼의 자리 위에 있어야만 했고 그러할 때 하나님께서는 거기서 그를 만나셨습니다. 하나님께서 심지어 모세에게 다음과 같이 말씀하셨습니다.

> 너는 긍휼의 자리를 궤 위에 두고 내가 네게 줄 증거판을 궤 속에 넣을지니라. 거기서 내가 너와 만나고 긍휼의 자리 위 곧 증거궤 위에 있는 두 그룹 사이에서 내가 이스라엘 자손을 위하여 명령으로 줄 모든 것에 관하여 너와 대화하리라. (출 25:21-22)

4장에서 보았듯이 긍휼의 자리는 거룩한 곳에 있습니다. 피가 긍휼의 자리 위에 뿌려졌으므로 전능하신 하나님과의 교제가 있었습니다. 그리스도인인 저와 당신은 예수님의 십자가의 피로 제사장이 되었습니다. 그러므로 우리는 예수님의 십자가의 피로 말미암아 거룩한 곳에 들어갈 수 있습니다.

> 그러므로 형제들아, 우리가 예수님의 피를 힘입어 새롭고 살아 있는 길로 지성소에 들어갈 담대함을 얻게 되었나니 이 길은 그분께서 우리를 위하여 휘장 곧 자기의 육체를 통해 거룩히 구분하신 것이니라. 또 하나님의 집을 다스리는 대제사장께서 우리에게 계시매 우리가 마음에 뿌림을 받아 악한 양심으로부터 벗어나고 몸은 정결한 물로 씻겨졌으니 믿음의 충만한 확신 속에서 진실한 마음으로 가까이 다가가자 (히 10:19-22)

"우리는 땅에 있는데 어떻게 하늘에 있는 지성소에 들어갈 수 있습니까?"라는 의문이 생길 수 있습니다. 이것을 알아보기 위해 성경을 좀더 살펴보겠습니다.

> 그러므로 우리에게 위대하신 대제사장이 계시니 하늘들 안으로 지나가신 분 곧 하나님의 아들 예수님이시라. 우리가 고백하는 믿음을 굳게 붙들지어다. 이는 우리에게 계신 대제사장이 우리의 연약함을 몸소 느끼지 못하시는 분이 아니요, 모든 점에서 우리와 똑같이 시험을 받으시되 죄는 없으신 분이시기 때문이라. 그러므로 우리가 긍휼을 얻고 필요한 때에 도우시는 은혜를 얻기 위하여 은혜의 왕좌로 담대히 나아갈 것이니라. (히 4:14-16)

긍휼이 풍성하신 하나님께서 우리를 사랑하신 그 크신 사랑으로 인하여 죄들 가운데서 죽었던 우리를 그리스도와 함께 살리셨고 (너희가 은혜로 구원을 받았느니라.) 또 함께 일으켜 세우사 그리스도 예수님 안에서 함께 하늘의 처소들에 앉히셨으니 (엡 2:4-6)

자, 여기서 우리가 무엇을 깨달을 수 있을까요? 히브리서 4장 14절은 우리의 위대하신 대제사장 주 예수 그리스도께서 하늘들 안으로 지나가셨다고 기록합니다. 은혜의 왕좌는 하늘에 있습니다. 지성소는 하늘에 있습니다. 이제 우리는 은혜의 왕좌 앞에 담대히 나아가라는 명령을 받습니다(히 4:16)! 또한 우리는 예수님의 피를 힘입어 지성소에 들어갈 담력을 얻었다고 되어 있습니다(히 10:19)!

어떻게 이러한 일이 가능할까요?

에베소서 2장 6절을 보면 우리의 구원이 매우 확고하고 보증된 것이므로 하나님 보시기에 우리는 이미 하나님과 함께 하늘에 있는 것이나 다름이 없습니다. 그러므로 다른 사람들과 우리 자신을 위한 제사장으로 기도를 통해 은혜의 왕좌 앞에 주님께 나아갈 때 우리는 하나님께서 우리와 만나시며 우리와 영적 교제를 나누시는 지성소 안에 있는 것이나 다름없습니다. 그리고 우리는 예수님의 십자가의 피로 이같이 놀라운 특권을 받은 것입니다!

예수님의 피를 찬양합시다! 우리의 위대하신 대제사장 주 예수 그리스도께서 이미 자신의 피를 가지고 하늘들 안으로 지나가셨습니다. 그리고 그 피를 가지고 예수님께서 지성소에 들어가셨고 그것을 긍휼의 자리 위에 뿌리셨습니다. 그리고 그 피가 거기에 있기 때문에 우리는 은혜의 왕좌 앞에 담대히 나아갈 수 있습니다! 그 피가 거기에 있으므로 우리는 지성소에 들어가 우리 하나님과 교제할 수 있습니다!

염소와 송아지의 피가 아니라 오직 자기 피를 힘입어 단 한 번 거룩한 곳에 들어가사 우리를 위하여 영원한 구속을 얻으셨느니라. (히 9:12)

그러므로 형제들아, 우리가 예수님의 피를 힘입어 새롭고 살아 있는 길로 지성소에 들어갈 담대함을 얻게 되었나니 (히 10:19)

이제는 전에 멀리 떨어져 있던 너희가 그리스도 예수님 안에서 그리스도의 피로 가까워졌느니라. (엡 2:13)

얼마나 능력 있고 놀랄 만한 진리입니까! 하나님의 자녀여, 한 번 생각해 보기 바랍니다. 전에 죄 가운데 죽었던 우리는 하나님으로부터 떨어져서 각각 제 길로 나아가며 하나님과 멀어졌고 이 세상에서 그리스도와 하나님 없이 지옥으로 향해 나아갔습니다. 전에 우리 죄로 인해 하나님으로부터 분리되어 버려진 상황 속에서 그분과 멀리 떨어져 있던 우리는 예수님의 피로 구원받았고 의롭게 되었고 구속되었고 사면을 받았을 뿐만 아니라 바로 그 피로 가까이 나갈 수 있게 되었습니다! 우리가 완벽하게 가까워졌기 때문에 이제 은혜의 왕좌에서 지성소에 들어가 온 우주의 하나님과 교제할 수 있게 되었습니다. 영광! 영광! 영광!

만일 맥아더와 그의 동지 딤이 옳았다면 우리는 여전히 멀리 있었을 것입니다! 만일 그들의 '신학'이 옳았다면 하늘의 지성소 안의 긍휼의 자리 위에는 전혀 피가 없었을 것이고 필요할 때에 나아갈 수 있는 은혜의 왕좌가 우리에게 없었을 것입니다! 그들의 신학 이론을 따르면 필연적으로 당신은 멀리 있게 될 것입니다! 당신은 유일하게 예수님의 피를 통해 지성소에 들어갈 수 있습니다. 왜냐하면 그 피가 거기에 있기 때문입니다!

예수 그리스도의 피를 믿는 믿음이 없는 사람은 하나님 앞에서 자신의 죄를 해결하기 위한 화해 헌물이 없는 사람입니다.

모든 사람이 범죄하여 하나님의 영광에 이르지 못하더니 그리스도 예수님 안에 있는 구속을 통하여 하나님의 은혜로 값없이 의롭게 되었느니라. 이 예수님을 하나님께서 <u>그분의 피를 믿는 믿음을 통하여</u> 화해 헌물로 제시하셨으니 이것은 하나님께서 오래 참으심으로 과거의 죄들을 사면하사 자신의 의를 밝히 드러내려 하심이요. (롬 3:23-25)

잘 보셨습니까? 당신의 화해 헌물은 오직 한 가지 방법 즉 그분의 피를 믿는 믿음을 통해서만 나옵니다! 그분의 피를 믿는 믿음이 없이는 화해 헌물이 없습니다!

『웹스터 사전』을 보면 '화해시키다'(propitiate)라는 동사의 정의가 '호의를 얻다', '달래다' 임을 알 수 있습니다. 달래는 것은 침해를 당한 사람과 화평을 이루는 것입니다. 우리 모두는 우리의 악한 죄들로 하늘의 거룩하신 하나님께 대항하여 그분을 침해했습니다. 만일 그분을 달래는 일이 없다면 우리는 다 죽어서 지옥에 떨어집니다. 만일 우리가 하나님의 선한 호의를 얻지 못한다면 영원히 지옥에 던져질 것입니다.

그런데 성경은 달래는 것 혹은 하나님의 선한 호의를 얻는 것 즉 화해 헌물이 바로 우리 주 예수 그리스도라고 말합니다.

사랑은 여기 있으니 곧 우리가 하나님을 사랑한 것이 아니요, 오직 하나님께서 우리를 사랑하사 자신의 아들을 보내시고 우리의 죄들로 인한 화해 헌물로 삼으신 것이라. (요일 4:10)

나의 어린 자녀들아, 내가 이것들을 너희에게 쓰는 것은 너희로 하여금 범죄하지 아니하게 하려 함이라. 만일 누가 범죄하여도 우리에게 아버지와 함께 계신 변호자가 계시니 곧 의로우신 분 예수 그리스도시라. 그분께서는 우리의 죄로 인한 화해 헌물이시니 우리의 죄들뿐 아니요, 온 세상의 죄들로 인한 *화해 헌물이시라.* (요일 2:1-2)

주 예수 그리스도가 없다면 우리에게 화해 헌물이 없었을 것입니다.

왜냐하면 예수님께서 우리의 화해 헌물이기 때문입니다. 그런데 만일 예수님께서 갈보리에서 죽으실 때 자신의 피를 흘리지 않으셨다면 우리의 화해 헌물이 되시지 않았을 것입니다.

> 율법에 따라 거의 모든 것이 피로써 깨끗하게 되나니 피흘림이 없은즉 사면이 없느니라. (히 9:22)

> 이제는 전에 멀리 떨어져 있던 너희가 그리스도 예수님 안에서 그리스도의 피로 가까워졌느니라. (엡 2:13)

그러므로 예수님의 십자가를 믿는 믿음이 없이는 화해 헌물도 없으며 구원도 없습니다!

> 이 예수님을 하나님께서 그분의 피를 믿는 믿음을 통하여 화해 헌물로 제시하셨으니 이것은 하나님께서 오래 참으심으로 과거의 죄들을 사면하사 자신의 의를 밝히 드러내려 하심이요. (롬 3:25)

로마서 3장 25절에서 '화해 헌물'로 번역된 그리스어 '힐라스테리온'(hilasterion)이 신약성경에서 또 한 번 쓰였는데 거기서 그것은 '긍휼의 자리'로 번역되었습니다. 참으로 흥미롭지 않습니까? 히브리서 9장에서 바울은 광야에 있는 이중 성막의 가구와 기구들을 묘사하고 있습니다. 그는 '지성소'라 불리는 둘째 장막에 도달해서 언약궤를 묘사하고는 "그 위에 긍휼의 자리를 덮는 영광의 그룹들이 있었다."(히 9:5)고 하였습니다. 여기 나오는 '긍휼의 자리'가 곧 '힐라스테리온'(hilasterion)입니다.

저는 전능하신 하나님께서 영어를 사용하는 사람들에게 자신의 완전하고 절대 무오하고 불변하고 절대적인 말씀을 그들의 언어로 주시기 위해 『킹제임스 흠정역 성경』의 역자들을 지도하셨다고 확신합니다. 저는 또한 그분께서 그 안에 들어 있는

773,692 단어들을 지금 있는 그대로 보존해 주셨다고 확신합니다. 그분께서는 분명히 자신의 말씀을 보존해 주시겠다고 약속하셨습니다.

주의 말씀들은 순수한 말씀들이니 흙 도가니에서 단련하여 일곱 번 순수하게 만든 은 같도다. 오 주여, 주께서 이 말씀들을 지키시며 주께서 이 말씀들을 이 세대로부터 영원히 보존하시리이다. (시 12:6-7)

예수님께서 대답하여 이르시되, 기록된바, 사람이 빵으로만 살 것이 아니요, 오직 하나님의 입에서 나오는 모든 말씀으로 살 것이라, 하였느니라, 하시더라. (마 4:4)

하늘과 땅은 없어지겠으나 내 말들은 없어지지 아니하리라. (마 24:35)

저는 강단에 서서 말씀을 가르치거나 선포할 때에 귀중한 『킹 제임스 흠정역 성경』을 손에 들고 "주께서 이같이 말씀하신다."라고 진지하게 말할 수 있습니다. 저는 결코 "학자들이 이렇게 말합니다." 혹은 "더 좋은 사본은 이렇게 말합니다." 혹은 "원본에는 이렇게 되어 있습니다." 등과 같은 말을 하지 않을 것입니다. 그들이 말하는 원본은 이 땅에 존재하지 않습니다. 그들이 말하는 좋은 사본이란 언제나 왜곡되어 형편없는 로마 카톨릭 사본을 가리킵니다.

지금까지 저는 딤 목사와 맥아더 목사의 예를 들어 학자들이 어떤 사람들인가를 보여 드렸습니다. 이들은 글을 쓰면서 계속해서 하나님의 말씀을 수정합니다. 제가 말씀드렸듯이 당신이 이런 사람들의 말을 자꾸 듣게 되면 하나님으로부터 멀리 떨어질 수밖에 없으며 당신의 죄들 가운데서 죽을 수밖에 없습니다. 만일 천국(하늘)에 이 시간 예수님의 피가 없다면 땅에 사는 사람들이 구원받는 일은 불가능합니다.

자, 이제 다시 제가 말씀드리던 것을 다시 살펴보십시다. 하나님께서는 자신의 말씀들이 자신의 성경 책에 자신이 원하는 대로 배치되기를 바라셨으며 그래서 『킹제임스 흠정역 성경』의 역자들이 '힐라스테리온'을 로마서 3장 25절에서는 '화해 헌물'로, 히브리서 9장 5절에서는 '긍휼의 자리'로 번역하도록 하셨습니다.

한편 요한일서 2장 2절과 4장 10절은 예수님이 우리의 화해 헌물이라고 말합니다. 그런데 거기에서 성령님은 다른 단어를 택하셨습니다. 이 단어는 '힐라스테리온'과 같은 어원에서 나온 '힐라스모'(hilasmo)입니다. '힐라스모'의 뜻은 '화해를 이루는 것'(That which propitiates)입니다. '힐라스테리온'은 앞에서 살펴보았듯이 '화해를 이루는 장소'입니다.

그러므로 요한일서 2장 2절과 4장 10절에서 예수님은 '화해를 이루는 화해 헌물'이십니다.

로마서 3장 25절에서 예수님은 화해를 이루는 장소입니다. 그런데 한 가지 확실한 것은 우리가 그분의 피를 믿지 않는 한 그분이 우리의 화해를 위한 장소가 아니라는 점입니다.

사람이 예수 그리스도를 믿는다고 말하면서 자기의 화해 헌물인 그분의 피를 믿지 않는다는 것은 참으로 이상한 일입니다. 그런데 딤과 맥아더는 로마서 3장 25절을 변개시켜 자기들의 이단 교리를 지지하게 만들었습니다. 그러나 그럼에도 불구하고 진리는 여전히 우뚝 서 있으며 하나님은 그리스도의 피를 믿는 믿음을 통하여 그분을 화해 헌물로 세우셨습니다.

히브리서 9장 5절에서 '힐라스테리온'을 긍휼의 자리로 번역하게 하심으로써 하나님은 우리에게 놀라운 능력의 메시지를 주고 있습니다. 그분은 한 마디로 이렇게 말씀하고 있습니다.

너희는 절대로 너희의 화해 헌물인 내 아들과 그가 갈보리에서 흘리고 하늘의 긍휼의 자리에 뿌린 그의 피를 분리시키지 말라! 내 아들의 피를 믿을 때에만 비로소 그가 너희의 화해 헌물이 될 수 있다.

이제 다시 한 번 로마서 말씀을 보도록 하겠습니다.

그리스도 예수님 안에 있는 구속을 통하여 하나님의 은혜로 값없이 의롭게 되었느니라. 이 예수님을 하나님께서 그분의 피를 믿는 믿음을 통하여 화해 헌물로 제시하셨으니 이것은 하나님께서 오래 참으심으로 과거의 죄들을 사면하사 자신의 의를 밝히 드러내려 하심이요. (롬 3:24-25)

이제 저는 이것이 단지 신약성경의 교리가 아님을 보여 드리고자 합니다. 이런 믿음은 심지어 아담과 이브 때에까지 거슬러 올라갑니다. 어떻게 아벨은 하나님께 양을 가져다가 희생을 드려야 함을 알았을까요? 그의 부모가 그것을 말해 주었습니다. 아담과 이브는 하나님께서 가죽옷을 만들어 주려고 어린양을 잡는 것을 보았을 때 이 사실을 알았습니다. 아벨은 이 사실을 믿었습니다. 다시 말해 그는 피를 믿었습니다. 그러나 가인은 그것을 믿지 않았습니다. 그는 야채를 믿었고 또 동시에 자기가 야채를 키우기 위해 노력한 수고를 믿었습니다. 그런데 지금 아벨은 천국에 있고(히 11:4) 가인은 지옥에 있습니다(유 1:11-13). 하나님은 아벨의 제물을 기뻐하셨습니다. 왜냐하면 그것이 피의 희생물이었기 때문입니다.

구약의 의식 율법을 준수한 것은 사람들이 모세 세대(율법 시대)에 피로 구원받았음을 보여 줍니다. 그 당시 사람들은 자신의 피를 흘리려고 오실 하나님의 어린양을 믿었습니다. 그들은 피의 희생물을 바침으로써 그것을 보여 주었습니다. 구약 시대의 상징적 희생물들은 사실 주 예수 그리스도께서 이루신 단 하나의 희생물로 대치되었습니다. 그러나 구원은 항상 그분의 피로 이루어졌습니다. 예수님의 피가 십자가 이전과 이후의 맨 끝 부분까지 도달할 수 있었던 이유는 예수님께서 창세 이후로 죽임을 당하신 하나님의 어린양이기 때문입니다(계 13:8).

어떤 사람들은 구약 시대의 사람들이 '믿음 더하기 행위'로 구원받았다고 가르칩니다. 그들은 또한 교회 시대의 마지막에 있을 '7년 환난기'에 사람들이 순교함으로써 구원받게 될 것이고 그리스도의 천년 왕국 시대의 사람들은 구약 시대 사람들처럼 '믿음 더하기 행위'로 구원받게 될 것이라고 가르칩니다. 결코 아닙니다! 요한계시록 5장 9절을 다시 보기 바랍니다. 먼저 8절은 노래를 부르고 있는 사람들이 '성도들'임을 보여 줍니다. 구약과 신약 시대에 구원받은 사람들은 다 '성도들'이라 불립니다.

주의 성도들의 죽음은 주의 눈앞에서 귀중한 것이로다. (시 116:15)

하나님의 뜻으로 말미암아 예수 그리스도의 사도 된 바울은 에베소에 있는 성도들과 그리스도 예수님 안에 있는 신실한 자들에게 편지하노니 (엡 1:1)

자, 이제 구약과 신약의 성도들이 천국에서 무엇을 노래하는지 알아봅시다.

그들이 새 노래를 불러 이르되, 주께서 그 책을 취하시고 그 책의 봉인들을 열기에 합당하시오니 이는 주께서 죽임을 당하사 주의 피로 모든 족속과 언어와 백성과 민족 가운데서 우리를 구속하여 하나님께 드리시고 (계 5:9)

'믿음 더하기 행위'가 조금이라도 나타나 있습니까? 성경은 어느 누구도 믿음과 행위를 결합시킬 수 없음을 매우 분명하게 선포합니다. 성경이 "믿음으로 구원받는다."고 할 때 그것이 곧 자동적으로 "은혜로 구원받는다."를 의미함을 이해해야 합니다. 로마서 4장에서 사도 바울은 아브라함이 행위가 아니라 믿음으로 의롭게 된 것을 이야기하고 있습니다.

이는 만일 아브라함이 행위로 의롭게 되었으면 그 일에 대하여 자랑할 것이 있으려니와 하나님 앞에서는 없기 때문이니라. 성경이 무어라 말하느냐? 아브라함이 하나님의 말씀을 믿으매 이것을 그에게 의로 여기셨느니라, 하느니라. 이제 일하는 자는 품삯을 은혜로 여기지 아니하고 빚으로 여기거니와 일을 하지 아니할지라도 경건치 아니한 자를 의롭다 하시는 이를 믿는 자에게는 그의 믿음을 의로 여기시느니라. (롬 4:2-5)

이 구절은 분명하게 아브라함이 행위가 아니라 믿음으로 구원받았음을 보여 줍니다. 같은 장에서 바울은 또 이렇게 말합니다.

그러므로 이 일이 은혜로 되게 하려고 믿음에서 나나니 그 목적은 그 약속을 모든 씨에게 확고하게 하려 하심이라. 그것은 곧 율법에 속한 자들에게뿐만 아니라 아브라함의 믿음에 속한 자들에게도 그 약속을 확고하게 하려 하심이니 아브라함은 하나님 앞에서 우리 모두의 조상이라. (롬 4:16)

그러므로 결론이 났습니다! 만일 이 일이 믿음으로 된다면 그것은 곧 은혜로 되는 것입니다! 이제 저는 다시 한번 '믿음 더하기 행위'가 어디에 조금이라도 나타나 있는지 묻고 싶습니다. 바울은 또한 이렇게 말했습니다.

만일 은혜로 된 것이면 더 이상 행위에서 난 것이 아니니 그렇지 않으면 은혜가 더 이상 은혜가 아니니라. 그러나 만일 행위에서 난 것이면 더 이상 은혜가 아니니 그렇지 않으면 행위가 더 이상 행위가 아니니라. (롬 11:6)

구원이 믿음으로 이루어지므로 그것은 자동적으로 은혜로 되는 것입니다! 그리고 성경은 매우 분명하므로 당신은 은혜와 행위를 결합시킬 수 없습니다. 당신은 결코 믿음과 행위를 결합시킬 수 없습니다! 그러므로 저는 '믿음 더하기 행위'가 어디에서 조금이라도 나타나 있는지 알고 싶습니다. 아브라함은 "주께서 우리를 주의 피로 구속하시고 하나님께 드리셨습니다."라고 노래하는 천국의 무리들 가운데 있습니다.

구원은 항상 예수님의 십자가의 피로 이루어졌고 앞으로도 항상 그렇게 될 것입니다! 이로써 예수님께서 홀로 모든 영광을 받으십니다. 그리고 그것은 합당합니다. 다시 로마서 4장 2절을 봅시다.

> 이는 만일 아브라함이 행위로 의롭게 되었으면 그 일에 대하여 자랑할 것이 있으려니와 하나님 앞에서는 없기 때문이니라.

만일 어느 시대에 사람들이 자기 자신을 구원하기 위해 무슨 일을 했거나 구원자를 도왔다면 그들 자신이 영광을 받았을 것입니다. 만일 구약 시대 사람이 믿음과 행위로 구원받았다면 그들은 자기들을 천국에 들어가게 해 준 그런 행위를 자랑해야 합니다. 만일 7년 환난기에 사람이 순교함으로써 구원을 받을 수 있다면 그들은 스스로 영광을 받을 것입니다. 만일 천년 왕국에서 사람이 믿음과 행위로 구원을 받을 수 있다면 그들은 스스로 영광을 얻을 것입니다. 다시 말해 그들은 자기들의 위대한 업적으로 인해 영광을 받으며 천국 주위를 활보할 수 있을 것입니다. 만일 사람이 자기의 구원과 관련해서 어떠한 역할을 했다면 그들은 그것으로 인해 영광을 받아야 합니다. 그들은 자기 자신을 자랑할 수 있으나 바울은 "하나님 앞에서는 그럴 수 없다."고 말했습니다!

하나님 아버지께서는 그것을 그렇게 정해 놓으심으로써 자신의 아들을 제외한 어느 누구도 세세토록 천국에서 어떤 영광도 받을 수 없게 하셨습니다. 그 이유는 구원 사역이 오직 하나님의 어린양께서 세상의 죄인들을 위해 십자가에서 자신의 보배로운 피를 흘리고 죽으심으로 이루어졌기 때문입니다. 예수님께서는 자신이 말씀하셨던 것처럼 사흘만에 무덤에서 나오셔서 이 시간에 살아 계시며 영원히 모든 영광을 받으실 것입니다.

사도 바울은 이렇게 기록하고 있습니다.

이는 십자가를 선포함이 멸망하는 자들에게는 어리석은 것이로되 구원받은 우리에게는 하나님의 권능이 되기 때문이라. (고전 1:18)

왜 십자가를 선포하는 것이 하나님의 능력일까요? 그것은 십자가 위에 뿌려진 피 때문입니다! 그래서 바울은 참되고 진실한 하나님의 사역자들에 대해 말하면서 "우리는 십자가에 못박히신 그리스도를 선포한다."(고전 1:23)라고 했습니다. 우리는 하나님의 권능이 예수님의 십자가의 피 안에 있음을 압니다! 하나님은 모든 시대의 모든 죄인들을 구속하는 일을 주 예수 그리스도의 피로 이루셨고 그래서 그분께서 모든 영광을 받으십니다! 로마서 4장 2절에서 아브라함은 하나님 앞에서 자기의 행위를 자랑할 수 없었다는 점을 명심하십시오. 이제 바울이 십자가를 선포함이 하나님의 권능이라고 쓴 후에 무엇이라고 말했는지 살펴봅시다.

하나님께서 있는 것들을 쓸모 없게 하시려고 세상의 천한 것들과 멸시받는 것들을 택하시고 참으로 없는 것들을 택하셨나니 이것은 어떤 육체도 하나님의 눈앞에서 자랑하지 못하게 하려 하심이라. 그러나 너희는 하나님에게서 나서 그리스도 예수님 안에 있고 예수님은 하나님에게서 나사 우리에게 지혜와 의와 성별과 구속이 되셨으니 이것은 기록된 바, 자랑하는 자는 주를 자랑할지니라, 함과 같게 하려 하심이라. (고전 1:28-31)

구원받은 사람들 중 어느 누구도 스스로 영광을 취하며 하나님 앞에서 자랑할 수 없을 것입니다. 주 예수 그리스도는 우리에게 구속이 되셨으므로 홀로 영원히 모든 영광을 받으십니다! 그래서 우리가 자랑할 때는 그분을 자랑할 것입니다. 이것의 완벽한 예가 모든 시대의 모든 성도들이 합창으로 소리 높여 천국에서 노래하는 것을 통해 나타납니다. 왜냐하면 그들은 같은 방법으로 모두 구원받았기 때문입니다.

> 그들이 새 노래를 불러 이르되, 주께서 그 책을 취하시고 그 책의 봉인들을 열기에 합당하시오니 이는 주께서 죽임을 당하사 주의 피로 모든 족속과 언어와 백성과 민족 가운데서 우리를 구속하여 하나님께 드리시고 (계 5:9)

창세기에서 말라기에 이르기까지 예수님은 구약 시대의 구원받은 모든 사람에게 구속(救贖)이 되셨습니다. 마태복음에서 요한계시록에 이르기까지 예수님은 신약 시대의 구원받은 모든 사람에게 구속이 되셨습니다. 계시록의 밧모 섬 시대로부터 천년 왕국의 끝 날까지 예수님께서 구원받은 모든 사람에게 구속(救贖)이 되실 것입니다. 그러면 어떻게 예수님께서 그 일을 이루셨을까요? 바로 그분의 십자가의 피로 그 일을 이루셨습니다!

하나님의 모든 성도는 하늘의 왕좌 주위에 서서 "주께서 우리를 주의 피로 구속하사 하나님께 드리셨습니다."라고 노래하며 어린양께 영광을 돌릴 것입니다. 아벨도 그것을 노래할 것입니다. 이브라함, 모세, 사무엘, 룻, 라합, 다윗, 이사야, 다니엘, 예레미야, 침례자 요한, 바울, 나다나엘, 베드로, 예수님의 어머니 마리아, 막달라 마리아, 요한 등 구원받은 모든 성도들이 그것을 노래할 것입니다. 지금부터 천년 왕국의 끝 날까지 구원받은 모든 사람들은 "주께서 우리를 주의 피로 구속하사 하나님께 드리셨습니다."라고 노래할 것입니다!

만일 구속(救贖)이 모든 시대를 통해 오직 어린양의 피로써 이루어지지 않는다면 대언자들은 그들의 메시아를 잘못 전한 것입니다! 만일 구속이 모든 시대를 통해 오직 어린양의 피로써 이루어지지 않는다면 사도들은 자기들의 기록한 글에서 십자가에 대해 잘못 설명을 한 것입니다! 만일 구속이 모든 시대를 통해 오직 어린양의 피로 이루어지지 않는다면 예수 그리스도께서 우리의 죄들을 사면하기 위해 자신의 피를 흘렸다고 하심으로써 우리를 그릇된 길로 인도하신 것입니다.

그러나 다음과 같은 일이 사실이므로 하나님께 감사를 드립시다!

> 그들이 새 노래를 불러 이르되, 주께서 그 책을 취하시고 그 책의 봉인들을 열기에 합당하시오니 이는 주께서 죽임을 당하사 주의 피로 모든 족속과 언어와 백성과 민족 가운데서 우리를 구속하여 하나님께 드리시고 (계 5:9)

구약 시대의 사람이 믿음과 행위로 구원받았다고 믿는 것은, 7년 환난기의 사람들이 순교자로서 자기 자신을 내어줌으로써 구원받을 것이라고 믿는 것은, 천년 왕국 시대의 사람들이 믿음과 행위로 구원받을 것이라고 믿는 것은 예수님에게서 영광을 취하여 사람에게 돌리는 것일 뿐 아니라 그분의 피가 모든 사람들의 죄에 대해 효력이 없게 하는 것이고 이로써 하늘의 왕좌 주위에 서서 "주께서 우리를 주의 피로 구속하사 하나님께 드리셨습니다!"라고 노래하는 많은 무리의 사람들을 거짓말쟁이로 만드는 것입니다.

그들은 무엇을 노래합니까? "주께서 죽임을 당하사 주의 피로 모든 족속과 언어와 백성과 민족 가운데서 우리를 구속하여 하나님께 드리셨습니다!" 만일 예수님의 십자가 이후부터 휴거가 될 때까지 사람들 즉 교회 시대의 사람들만이 유일하게 예수님께서 흘리신 피를 믿는 믿음을 통해 은혜로 구원받는 사람들이라면 천국의 왕좌에 모여든 사람들 중에서 이들을 제외한 다른 사람들은 다 거짓말쟁이가 될 것입니다!

예수님께서 십자가에 달리기 전에 이 세상에 태어나 살다가 죽은 족속과 언어와 백성과 민족이 있었습니다. 그리고 7년 환난기와 천년 왕국 기간에는 이보다 더 많은 족속과 언어와 백성과 민족이 있게 될 것입니다. 하나님은 사람의 외모를 취하지 아니하시는데(행 10:34) 어떻게 한 사람은 이렇게 구원하고 다른 사람은 저렇게 구원할 수 있습니까? 만일 구약 성도들이 십자가 이후부터 휴거 때까지의 교회 시대 성도들과 다른 방법으로 구원을 받았다면 그들이 왕좌 앞에서 "주께서 죽임을 당하사 주의 피로 모든 족속과 언어와 백성과 민족 가운데서 우리를 구속하여 하나님께 드리셨습니다."라고 말하는 것은 거짓입니다.

천국에는 결코 거짓말이 없을 것임을 알기 때문에(계 21:27) 우리는 안심하고 모든 시대 구속받은 모든 사람들이 예수님의 십자가의 피로 구속받은 것이라고 담대히 말할 수 있습니다. 어린양을 찬송하십시다!

십자가를 찬송하십시다! 그분의 피를 찬송하십시다!

그분의 십자가의 피는 사랑의 루비 반지입니다. 어린양의 선물 중 죄인들을 향한 최고의 선물은 바로 그분의 십자가의 피입니다. 하나님의 모든 긍휼은 우리 앞에서 별처럼 빛납니다. 그러나 하나님의 독생자가 지옥에 떨어질 사악한 죄인들을 위해 피 흘리고 죽으신 것은 그분의 모든 긍휼보다 더 밝은 태양이라고 말씀드릴 수 있습니다. 바로 그런 은총의 빛이 강하게 빛나고 있습니다.

멀리 있던 우리가 가까워질 수 있는 것은 십자가 위에서 예수님께서 피를 흘리고 죽으셨기 때문입니다! 지옥의 어둠에 있어야 할 우리가 담대히 지성소에 나아가 전능하신 하나님과 교제할 수 있는 것은 예수님의 십자가의 피 때문입니다.

> 그러므로 형제들아, 우리가 예수님의 피를 힘입어 새롭고 살아 있는 길로 지성소에 들어갈 담대함을 얻게 되었나니 … 우리가 마음에 뿌림을 받아 악한 양심으로부터 벗어나고 몸은 정결한 물로 씻겨졌으니 믿음의 충만한 확신 속에서 진실한 마음으로 가까이 다가가자. (히 10:19, 22)

그리스도 안에서 우리의 모든 복을 확신할 수 있는 것은 그분의 십자가의 피 때문입니다. 당신은 예수님께서 십자가에 달리시기 전날 밤 다락방에서 자신의 제자들과 함께 만찬을 들면서 다음과 같이 말씀하셨음을 기억할 것입니다.

> 그 까닭은 이것이 죄들의 사면을 얻게 하려고 많은 사람을 위하여 흘린 나의 피 곧 새 상속 언약의 피이기 때문이라. (마 26:28)

예수님이 자신의 피를 새 상속 언약(신약)의 피라고 부른 이유는 구약 시대에 하나님께 제물로 바친 짐승의 피가 예수님의 피를 상징했기 때문입니다. 예수님의 피는 우리의 죄를 제거함으로써 그 피 아래 있는 성도들이 확신을 갖고 지성소에 들어가게 해 줍니다. 모세는 송아지와 염소의 피를 흘려 그것을 백성에게 뿌리며 하나님의 언약 즉 옛 상속 언약(구약)에 대해 말했습니다.

> 이러므로 첫 상속 언약도 피 없이 세운 것이 아니니 이는 모세가 율법에 따라 온 백성에게 모든 훈계를 말한 뒤에 송아지와 염소의 피를 물과 주홍색 양털과 우슬초와 함께 취하여 그 책과 온 백성에게 뿌리며 이르되, 이것은 하나님께서 너희에게 명하신 상속 언약의 피라, 하고 (히 9:18-20)

저는 여기서 '상속 언약'이란 단어가 사용된 것을 지적하고자 하는데 그 이유는 그것이 예수님의 십자가의 피와 특별한 연관이 있기 때문입니다. 모세가 "이것은 상속 언약의 피다."라고 말했던 것을 주목하기 바랍니다. 우리 예수님은 "이것은 새 상속 언약의 피다."라고 말씀하셨습니다.

바울은 다음 구절에서 피와 상속 언약을 연관시킵니다.

> 염소와 송아지의 피가 아니라 오직 자기 피를 힘입어 단 한 번 거룩한 곳에 들어가사 우리를 위하여 영원한 구속을 얻으셨느니라. 황소와 염소의 피와 암송아지의 재를 부정한 자에게 뿌려 그 육체를 거룩히 구별하고 정결하게

하거든 하물며 영원하신 성령을 통하여 자신을 점 없이 하나님께 드린 그리스도의 피가 어찌 죽은 행위로부터 너희 양심을 깨끗하게 하여 살아 계신 하나님을 섬기게 하지 못하겠느냐?

이런 까닭에 그분께서는 새 상속 언약의 중재자이시니 이것은 죽음을 통하여 첫 상속 언약 아래 있던 범죄들을 구속하시고 부르심을 받은 자들로 하여금 영원한 상속의 약속을 받게 하려 하심이라. 상속 언약이 있는 곳에는 또한 반드시 상속 언약하는 자의 죽음이 있어야 하나니 이는 상속 언약이 사람이 죽은 뒤에라야 효력이 있고 상속 언약하는 자가 살아 있는 동안에는 아무 힘이 없기 때문이니라. (히 9:12-17)

위의 내용은 그리스도의 새 상속 언약(신약)의 피가 첫 상속 언약(구약) 때에 사람들이 범한 죄를 속하였음을 분명하게 보여 줍니다. 이런 식으로 십자가 이전과 이후의 사람들은 영원한 상속의 약속을 받습니다.

바로 이것입니다. '상속 언약'(testament)은 곧 상속에 관한 것입니다. 우리 주 예수님의 피는 '새 상속 언약'의 피입니다. 우리의 구원자는 하나의 상속 계약서를 작성하셨습니다. 그분은 그것을 통해 자기의 백성에게 큰 유산을 남기셨습니다. 바울은 우리가 방금 읽은 성경 구절에서 상속 언약이 효력이 있으려면 상속 언약하는 자가 죽어야 한다고 말했습니다. 비록 예수님께서 부활하셨지만 그것은 문제가 아닙니다. 중요한 것은 예수님께서 죽으셨다는 것입니다. 그러므로 이제 그분의 상속 언약은 우리에게 효력이 있습니다! 여기서 저는 예수님이 피를 흘리지 않았다면 상속 언약이 있을 수 없음을 지적하고 싶습니다. 그것은 새 상속 언약의 피이기 때문입니다.

예수님께서 상속 언약의 피를 통해 지성소에 들어가셨으므로 또한 멀리 있던 우리도 그 상속 언약의 피를 통해 가깝게 되어 지성소로 들어갈 수 있는 것입니다(히 9:12, 10:19)!

그러므로 상속 언약의 피는 구원의 피요, 정결하게 하는 피요, 그리고 헌신의 피입니다.

1. 구원의 피

예수님께서 갈보리에서 흘리신 피는 세상의 죄들을 사면하시기 위해 십자가에서 죽으실 때에 흘린 것입니다(요 1:29; 요일 2:2). 만일 예수님께서 죽지 않았다면 우리에게 대한 그분의 상속 언약은 효력이 없었을 것이고 복음은 무효가 되었을 것입니다. 복음의 첫 부분이 "그리스도께서 죽으셨다."는 것이며(고전 15:3) 복음이 구원을 주시는 하나님의 권능이므로(롬 1:16) 저는 예수님께서 십자가에서 흘리신 피가 구원의 피라고 분명하게 주장할 수 있습니다. 그리스도께서 십자가 위에서 죽으시면서 피를 흘리셨기 때문에 그리스도 안에 있는 구원의 약속은 우리에게 아멘이 되고 참으로 진실한 것이 됩니다(히 9:22).

죄를 회개하고 예수님을 구원자로 받아들인 무리들에게 남겨 주신 그분의 많은 상속들 가운데 하나는 죄들의 사면인데 그것은 그분께서 자신의 피로 상속 계약서에 서명을 했기 때문에 가능합니다. 그것은 상속 언약의 피입니다. 상속 언약의 피로 인해 우리는 예수님과 함께 만물의 공동 상속자가 되어 우리의 상속을 붙들고 있습니다(롬 8:17; 고전 3:21-22). 예수님께서 피를 흘리고 죽으심으로 하나님의 은혜의 보물이 가득 채워졌으며 하나님의 상속자들에게 주어진 모든 복은 상속 언약의 피 때문에 가능했습니다. 그분의 피를 찬미하십시오! 그것은 구원의 피입니다. 그것은 또한 정결하게 하는 피입니다.

2. 정결하게 하는 피

깨끗하게 되지 않는 한 우리는 지성소에 들어갈 수 없습니다. 그런데 정결하게 되는 일은 오직 한 가지 방법을 통해서만 가능합니다.

> 율법에 따라 거의 모든 것이 피로써 깨끗하게 되나니 피흘림이 없은즉 사면이 없느니라. 그러므로 하늘들에 있는 것들의 모형은 이런 것들로 깨끗하게 할 필요가 있었으나 하늘에 있는 것들 그 자체는 이런 것들보다 더 나은 희생물로 하여야 할지니 (히 9:22-23)

상속 언약의 피는 우리가 그리스도를 구원자로 받아들이는 순간 우리를 깨끗하게 하기 위해 뿌려집니다. 그것은 우리가 전에 지은 모든 죄를 없애 버립니다(롬 3:25). 이 피는 사면 받은 죄인이 본성으로 인해 습관적으로 범했던 죄의 더러움을 그에게서 제거하면서 큰 정화 작용을 합니다. 그래서 상속 언약의 피로 씻음 받은 죄인은 한 때 자기가 즐겼던 죄를 더 이상 사랑하지 않습니다. 그는 자기가 전에 즐거움으로 택했던 것을 싫어하게 됩니다. 순결을 사랑하는 마음이 자동적으로 그의 새로운 성품 안에 존재합니다. 그의 옛 성품이 새 성품과 싸우게 될 것입니다. 그러나 순결을 사랑하는 마음이 상속 언약의 피로 인해 그의 새 성품 안에 존재합니다.

그리스도 안에서 새롭게 태어난 피조물은(고후 5:17) 상속 언약의 피로 영향을 받아 깨끗하게 되었기 때문에 자신이 여전히 악을 좋아하는 것을 느낄 때 번민합니다. 그는 한 때 자신이 즐겼던 유혹들이 이제 유쾌하지 않다는 것을 알게 됩니다. 한 때 그를 유혹했던 악한 것들이 이제는 피로 깨끗하게 된 그의 혼에게 성가신 존재가 됩니다. 피의 능력에 빠져들면 빠져들수록 그리스도인의 마음은 깨끗하게 되며 그는 혼 안에 있는 죄의 능력을 몰아 낼 수 있습니다. 이것은 정결하게 하는 피입니다. 이것은 또한 헌신의 피입니다.

3. 헌신의 피

바울이 상속 언약의 피에 대해 기록한 것을 다시 살펴봅시다.

하물며 영원하신 성령을 통하여 자신을 점 없이 하나님께 드린 그리스도의 피가 어찌 죽은 행위로부터 너희 양심을 깨끗하게 하여 살아 계신 하나님을 섬기게 하지 못하겠느냐? (히 9:14)

예수님의 십자가의 피 속에는 피로 정결하게 된 하나님의 자녀를 움직여 하나님을 섬기고 싶어하는 욕구를 일으키는 요소가 있습니다. 우리가 방금 전에 읽은 구절은 그렇게 말하고 있습니다! 저는 9년 동안(1963-1972) 점점 성장하는 교회에서 목회를 했습니다. 저는 그 후 복음 전도자의 일을 했습니다. 저는 침례교인들을 다루면서 많은 경험을 했습니다. 저는 너무나도 많은 사람들이 단지 쓸모 없는 자들임을 깨달았습니다. 그들 중 많은 수가 단지 가끔 교회에 들를 뿐입니다. 이들은 일 년 동안 단 일 분도 주님께 드리지 않습니다. 또 다른 사람들은 교회에 가기는 하는데 의자만 따뜻하게 데우는 그런 사람들입니다. 그들은 교회의 머리이신 예수님께 봉사를 하지 않습니다. 그런데도 불구하고 이 두 부류의 사람들은 모두 자기들이 구원받아 천국에 갈 것이라고 맹세할 것입니다. 그러나 저는 의심스럽습니다.

히브리서 9장 14절은 그리스도의 피가 사람의 양심을 깨끗하게 하고 하나님을 섬기게 할 것이라고 말합니다. 바울은 그분의 피가 여러분으로 하여금 하나님을 섬기게 할 것이라고 분명하게 말합니다. 그리고 그는 다음 구절에서 이렇게 말합니다. "이런 까닭에 그분께서는 새 상속 언약의 중재자이시니"(히 9:15). 중재자는 두 사람 또는 두 가지 요소를 함께 이어 주는 사람입니다. 피가 새 상속 언약의 피라 불리고 예수님은 새 상속 언약의 중재자이시므로 회개한 죄인과 그분의 피를 함께 이어 주는 사람은 예수님이십니다.

중재자께서 죄 있는 사람에게 자신의 피를 적용하실 때 죄인은 깨끗하게 되고 그 혼은 구원을 받습니다. 중재자로 인해 피가 양심에 뿌려질 때 거듭나지 않은 죄인의 죽은 행실은 정화되고 구원받은 사람은 살아 계신 하나님의 종이 됩니다.

죽은 듯한 침례교인들에 대해 제가 의아해하는 것은 만일 그들이 구원받기 위해 그 피를 마음에 뿌렸다면 그 피가 그들의 양심에 적용되었을 때 무슨 일이 일어났는가 하는 것입니다. 왜 그들은 주님을 섬기지 않을까요? 성경을 보니 섬김이 없으면 구원이 없음을 알 수 있습니다. 그러므로 구원의 피는 또한 헌신의 피입니다!

모세가 백성에게 상속 언약의 피를 뿌리던 날에(히 9:19-20) 그 피는 그들이 하나님을 섬기기 위해 따로 성별된 선택받은 백성이라는 것을 의미했습니다. 그 피가 그들을 주님 앞에 구분하여 하나님을 섬기도록 했습니다. 만일 피가 여러분 위에 있다면 여러분은 구원받은 것입니다. 그러나 만일 여러분이 구원받았다면 여러분을 구원했던 피는 또한 여러분이 주님을 잘 섬기도록 만들 것입니다. 교회에 참석은 하되 죽은 자들은 결코 살아 계신 하나님을 섬기지 않습니다. 왜냐하면 그들은 죽어 있기 때문입니다. 상속 언약의 피는 헌신의 피입니다.

상속 언약의 피를 가지고 우리 예수님께서는 지성소에 들어가셔서 우리를 위해 영원한 구속을 이루셨습니다. 그리고 그 피가 하늘에 있는 긍휼의 자리 위에 있기 때문에 멀리 있던 우리가 이제 지성소에서 살아 계신 하나님 앞으로 나아갈 수 있습니다! 더욱이 우리는 담대하게 나아갈 수 있습니다!

그러므로 형제들아, 우리가 예수님의 피를 힘입어 새롭고 살아 있는 길로 지성소에 들어갈 담대함을 얻게 되었나니 (히 10:19)

이제는 전에 멀리 떨어져 있던 너희가 그리스도 예수님 안에서 그리스도의 피로 가까워졌느니라. (엡 2:13)

이는 아버지께서는 그분 안에 모든 충만이 거하는 것을 기뻐하시고 그분의 십자가의 피를 통하여 화평을 이루사 모든 것 곧 땅에 있는 것들이나 하늘에 있는 것들이 그분으로 말미암아 자신과 화해하게 하셨음이니라. (골 1:19-20)

어린양을 찬송합시다!
십자가를 찬송합시다!
그분의 피를 찬송합시다!

만왕의 왕 내 주께서 왜 고초당했나
이 벌레 같은 날 위해 그 보혈 흘렸네.

주 십자가 못박힘은 속죄함 아닌가
그 긍휼함과 큰 은혜 말할 수 없도다.

늘 울어도 그 큰 은혜 다 갚을 수 없네.
그 주님께 몸 바쳐서 주의 일 힘쓰네.

십자가 십자가 내가 처음 볼 때에
나의 맘에 큰 고통 사라져
오늘 믿고서 내 눈 밝았네.
참 내 기쁨 영원하도다.

제6장

 ## 십자가의 피로 깨끗하게 되다
The Blood of His Cross

성경에는 전능하신 하나님의 심중에 들어 있는 계획과 목적의 단일성을 보여 주는 뚜렷한 주제가 크게 조화를 이루며 함께 존재합니다. 그 주제는 곧 구속(救贖)입니다. 아담이 죄로 타락한 이후로 인류는 죄에 사로잡혀 죄의 노예로 살아왔습니다. 그래서 인류의 모든 사람은 죄의 노예 시장에서 값을 치르고 구속되지 않는 한 영원한 지옥에 떨어지게 되어 있습니다. 하나님의 거룩과 공의와 공평은 죄가 처벌을 받고 죄인들이 하나님의 면전에서 파멸 당할 것을 요구합니다.

그러나 하나님의 사랑과 긍휼과 동정심으로 인해 사람은 죄의 노예에서 구속되는 방법을 얻습니다. 사람의 죄는 더럽고 비열하고 추악합니다. 그것은 하나님을 대적하는 것이며 거룩하신 하나님께 끝없이 반감을 품는 것입니다. 하나님께서는 그것을 자신의 면전에서 용납하실 수도 없으시며 그렇게 하지도 않을 것입니다. 그러므로 만일 죄를 범한 사람이 영원토록 하나님과 함께 천국에 있으려면 그들의 죄 많은 혼을 구속하고 그들의 죄를 깨끗하게 하는 일이 필요합니다.

우리는 사람들이 그 어느 때와 달리 무척이나 죄를 경시하는 시대에 살고 있습니다. 그들은 죄가 존재한다는 사실 자체를 직시하기를 원하지 않습니다. 그들은 그것을 '실수', '과실', '결점'이라고 말하며 부차적인 문제로 취급합니다. 그러나 하나님께서는 "죄의 삯은 사망이다."(롬 6:23)라고 하셨습니다. 사람들은 죄가 존재한다는 사실을 부인하고 일상생활의 어휘에서 그 단어를 빼내려고 하면서 죄의 무서운 결과를 피하려고 노력하고 있습니다.

일리노이 주에 있는 인본주의 대학 즉 하나님을 인정하지 않는 한 대학의 모우러 교수(Hobart Mourer)는 "우리 학교에서는 옳고 그름과 선과 악을 믿는 믿음을 포기했습니다."라고 말했습니다.

얼마 전에 미국심리학협회의 7천 명 회원들이 큰 집회를 열기 위해 함께 모였습니다. 그 모임의 주제는 '정신요법에 있어서의 죄의 개념의 역할'이었습니다. 타임지는 그 집회에 관한 기사를 실었습니다. 그 기사에서 뉴욕시 정신요법 치료자인 엘리스 박사(Dr. Albert Ellis)의 발언이 소개되었습니다. 그는 정신치료요법에서 죄라는 개념이 있어서는 안 된다고 말했습니다. 그는 어느 누구도 자신이 범한 행위에 대해 비난받아서는 안 되며 사람들에게 그들이 죄인들이라고 말하는 것은 잘못이라고 주장했습니다. 그는 한 사람이 자신이 행한 일에 대해 죄 의식을 느끼면 느낄수록 그들에게 더해지는 손해가 크다고 말했습니다.

이를 통해 우리는 우리 사회가 가지고 있는 죄에 대한 일반적인 개념을 살펴보았습니다. 그러나 이럼에도 불구하고 하나님께서는 여전히 다음과 같이 말씀하십니다.

죄의 삯은 사망이요. (롬 6:23)

범죄하는 그 혼은 죽을지니라. (겔 18:20)

욕심이 잉태한즉 죄를 낳고 죄가 완료된즉 사망을 낳느니라. (약 1:15)

바울은 "사람들이 스스로 지혜 있다 선언하나 어리석은 자가 되었다."(롬 1:22)고 말했습니다. 그러나 그들의 어리석음에도 불구하고 하나님은 여전히 죄를 죄라 부르시며 그것을 처벌하려 하십니다.

이는 하나님의 진노가 불의 안에서 진리를 억누르는 자들의 온갖 불경건과 불의를 대적하여 하늘로부터 계시되었음이니 (롬 1:18)

우리는 죄가 존재한다는 사실을 똑바로 인식해야 합니다. 죄의 무서운 본성은 금속이 자석을 끌어당기는 것처럼 하나님의 진노를 끌어당깁니다. 죄에는 처벌이 뒤따릅니다. 죄는 사망이고 사망은 무덤을 요구합니다. 죄는 노예 제도를 뜻하며 그래서 구원해 주는 사람을 필요로 합니다.

성경의 기본적인 주제는 사악한 사람을 구속하는 것과 그의 죄를 깨끗하게 하는 것입니다. 하나님께서 측량할 수 없는 자신의 무한한 지혜로 그 해결책을 만들어 내셨습니다. 하나님의 거룩이 죄의 삯은 사망이라고 요구하기 때문에 하나님께서는 사망과 대조가 되는 생명으로 그 죄의 값을 무효로 만들 것입니다. 물론 이 일은 그분의 계획을 받아들이는 사람에게만 적용됩니다. 그래서 하나님의 피의 계획이 생겨났습니다.

하나님께서 사람을 창조하시며 그에게 육체를 주셨습니다. 하나님은 흙으로 사람을 만드셨습니다(창 3:19, 23). 흙 안에는 물론 생명이 없었습니다. 육체가 만들어진 후에 하나님께서는 그것에게 생명을 주셨습니다.

주 하나님께서 땅의 흙으로 사람을 지으시고 생명의 숨을 그 코에 불어넣으시니 사람이 살아 있는 혼이 되니라. (창 2:7)

하나님께서 아담의 코에 생기를 불어넣으시기까지 아담은 단지 진흙덩어리에 불과했습니다. 그는 사람의 모습을 가졌지만 그 안에 생기가 없었고 단지 허수아비에 지나지 않았습니다. 하나님의 호흡이 아담에게 무엇인가를 불어넣었고 그것이 그를 살아나게 했다는 데는 의심의 여지가 없습니다. 하나님께서 아담에게 생명을 주기 위해 그에게 불어넣은 것이 호흡 즉 사람의 폐 속의 공기가 아니었을까 하고 저는 생각했습니다. 그러나 어느 날 저는 사도행전에서 바울이 말한 것으로 인해 그것에 대한 저의 생각을 바꾸게 되었습니다. 바울은 아테네의 마르스 언덕에 서서 우상숭배를 하는 무리에게 설교를 하며 그들이 '알지 못하는 신'이라고 불러온 '참되고 진정한 하나님'을 증거하였습니다. 바울이 말하는 것을 주의해 봅시다.

> 이는 내가 지나다니며 너희가 경배하는 것들을 보다가, **알지 못하는 신에게,** 라고 새긴 제단을 발견하였음이니 그런즉 너희가 알지 못하고 경배하는 그분을 내가 너희에게 밝히 알게 하리라. 세상과 그 안의 모든 것을 만드신 하나님은 하늘과 땅의 주시므로 손으로 만든 전들에 거하지 아니하시고 또 무엇인가를 필요로 하시는 것처럼 사람들의 손을 통해 경배를 받지 아니하시나니 이는 <u>그분께서 모든 사람에게 생명과 호흡과 만물을 주시기 때문이라.</u> (행 17:23-25)

위의 마지막 진술이 사람의 창조를 되돌아보게 합니다. "그분께서 모든 사람에게 생명과 호흡과 만물을 주시느니라." 하나님은 사람에게 생명과 호흡을 주셨습니다. 만일 우리가 호흡이 없다면 죽은 것입니다. 이것은 매우 분명한 사실입니다. 그러나 사람을 살아 있는 존재로 만들기 위해서는 호흡 이상의 어떤 것이 필요합니다. 하나님께서는 그에게 생명을 주셔야 했습니다. 하나님께서 사람을 '살아 있는 혼'으로 만들기 위하여 그에게 생명과 호흡을 주셔야 했음이 분명합니다. 그러므로 이제 "생명이란 무엇인가?"라는 의문이 생깁니다. 하나님께서는 그것에 대해 친히 답변해 주십니다.

노아와 그의 가족이 홍수가 끝난 후 방주에서 나왔을 때에 하나님께서는 그들에게 먹을 것에 관한 가르침을 주셨습니다. 그 가르침 안에는 생명에 관한 절대적 진리가 담겨 있습니다. 그것을 살펴보도록 합시다.

> 하나님께서 노아와 그의 아들들에게 복을 주시며 그들에게 이르시되, 다산하고 번성하여 땅에 충만하라 … 살아서 움직이는 것은 다 너희에게 먹을 것이 될 것이요, 푸른 채소와 같이 내가 이 모든 것을 너희에게 주노라. 그러나 너희는 고기를 그 생명 되는 피 째 먹지 말지니라. (창 9:1, 3-4)

하나님은 바로 여기에서 육체의 생명이 피라고 분명히 말씀하십니다. 저는 하나님께서 여기서 특별히 짐승의 피를 말씀하고 계신다는 것을 압니다. 그러나 사람도 또한 육체(살)와 피를 지닌 피조물이므로 같은 원리가 사람에게도 그대로 적용됩니다. 하나님의 말씀을 들어봅시다.

> 이는 육체의 생명이 피에 있기 때문이니라. 내가 이 피를 너희에게 주어 제단 위에 뿌려 너희 혼을 위해 속죄하게 하였나니 이는 피가 혼을 위해 속죄하기 때문이니라. (레 17:11)

이것은 오직 짐승에게만 해당되는 말이라고 주장할 사람이 있습니다. 다시 하나님의 말씀을 들어봅시다.

> 이는 피가 모든 육체의 생명이기 때문이니 육체의 피는 육체의 생명을 위한 것이니라. 그러므로 내가 이스라엘 자손에게 말하기를, 너희는 어떤 육체의 피든지 먹지 말라, 하였나니 모든 육체의 피가 그 육체의 생명인즉 누구든지 피를 먹는 자는 끊어지리라. (레 17:14)

잘 이해하셨습니까? 피는 모든 육체의 생명입니다! 그러므로 잘 확립된 이 사실을 들고 하나님께서 사람을 창조하신 사건으로 되돌아갑시다.

주 하나님께서 땅의 흙으로 사람을 지으시고 생명의 숨을 그 코에 불어넣으시니 사람이 살아 있는 혼이 되니라. (창 2:7)

이는 육체의 생명이 피에 있기 때문이니라. (레 17:11)

하나님의 호흡은 아담의 폐에 공기를 불어넣었을 뿐만 아니라 그에게 생명의 본질인 피를 넣어주었습니다! "그분께서 모든 사람에게 생명과 호흡과 만물을 주시기 때문이라"(행 17:25). 그러므로 하나님께서는 아담의 코에 생명의 호흡을 불어넣으시면서 그의 폐 안에 공기를 불어넣었고 또 동시에 그의 혈관 속에 피를 넣으셨습니다. 사람이 살아 있으려면 피와 호흡이 동시에 필요하기 때문에 하나님은 그렇게 하셔야 했습니다. 만일 우리의 혈관 속에 피가 있으나 폐의 호흡이 없다면 우리는 죽은 것입니다. 만일 폐 안에 호흡이 있지만 혈관에 피가 없다면 역시 죽은 것입니다. 사실 혈관에서 피를 흘리면 아주 빠르게 호흡이 떨어지게 됩니다!

아담의 몸은 흙으로 만들어졌습니다. 그러나 그의 피와 호흡은 그와 별개의 선물로서 그로 하여금 살아 있는 혼이 되게 하기 위해 하나님으로부터 나왔습니다.

사악한 사람을 구속하고 그의 죄를 깨끗하게 하기 위한 방법을 찾으려고 노력하시면서 하나님은 죄의 삯을 무효화시키기 위해 피의 계획을 만들어 내셨습니다. 육체의 생명이 그 피에 있고 육체 안에 있는 사람은 구속과 깨끗하게 함을 필요로 하는 죄인이므로 하나님께서는 완전한 희생 제물의 피가 뿌려질 수 있다고 오래 전에 작정하셨습니다. 하나님께서는 그 뿌려진 피를 손수 죄인과 그의 죄들에게 적용시키십니다. 그래서 그 피가 적용될 때 죄인은 죄의 삯으로부터 구속되며 그의 죄는 깨끗이 사라져 버립니다.

완전한 희생을 만들어 내기 위하여 하나님께서는 스스로 그 임무를 수행하셔야 했습니다. 그러므로 전능하신 하나님께서 버림받은 죄인들을 구속하고 그들의 죄들을 깨끗하게 하기 위하여 친히 몸을 입고 이 땅에 오시고 자신을 희생하여 자신의 피를 흘리심으로 피의 계획을 실행하셨습니다. 자신의 무한한 지혜로 하나님은 자신의 계획을 실행할 시간표를 정하셨습니다. 하나님은 자신의 계획을 수행하기 위하여 실제로 하늘을 떠나시기 전에 약 4천 년 동안 사람이 이 땅에 살기까지 기다리셨습니다. 그때까지 하나님께서는 죄인들을 구속하고 깨끗하게 하기 위하여 사람들로 하여금 짐승의 피를 흘리게 함으로써 사람을 위한 완전한 희생물로 오시겠다는 자신의 약속을 믿는 믿음을 그들이 보여 주게 하셨습니다. 그들이 이렇게 했을 때 하나님은 친히 완전한 희생물로 갈보리의 십자가에 오셔서 자신의 피로 모든 죄인들의 죄를 없애 버릴 그 날까지 그들의 죄를 덮어 주시고 그것을 제거하는 것을 미루어 놓으셨습니다.

이와 같은 희생물이 되기 위하여 하나님은 주 예수 그리스도 또는 성경에서 하나님의 어린양이라 불리는 하나님의 독생자로 이 세상에 오셨습니다.

> 이는 황소와 염소의 피로는 죄들을 제거함이 불가능하기 때문이라 … 이는 그리하였더라면 그분께서 반드시 창세 이래로 자주 고난을 당하셨어야 할 것이로되 이제 세상 끝에 단 한 번 나타나사 자신을 희생물로 드려 죄를 제거하셨음이니라 … 제사장마다 날마다 서서 섬기며 자주 같은 희생물들을 드리되 이것들은 결코 죄들을 제거하지 못하거니와 오직 이 사람은 죄들로 인하여 한 희생물을 영원히 드리신 뒤에 하나님의 오른편에 앉으사 (히 10:4, 9:26, 10:11-12)

> 그분께서 우리의 죄들을 제거하려고 나타나신 것을 너희가 아나니 그분 안에는 죄가 없느니라. (요일 3:5)

예수님께서는 우리의 죄를 제거하시기 위하여 자신의 피로 우리를 씻기심으로 우리를 죄들로부터 깨끗하게 해야만 했습니다. 이것이 바로 자신의 죄를 회개한 뒤 깨끗하게 되고 구속받기 위해 전적으로 예수님만을 믿는 사람들을 위하여 그분께서 행하시는 일입니다. 사도 요한은 하나님을 찬미하면서 밧모 섬에서 이 사실을 분명하게 나타내었습니다.

또 신실한 증인이시요, 죽은 자들 중에서 처음 나신 분이시며 땅의 왕들의 통치자이신 예수 그리스도로부터 은혜와 평강이 너희에게 있을지어다. 우리를 사랑하사 자신의 피로 우리의 죄들로부터 우리를 씻으시고 (계 1:5)

요한은 자신이 피로 씻겨졌음을 개인적인 체험을 통해 알았습니다. 그는 이에 앞서 그분의 피의 깨끗하게 하는 능력에 관해 썼습니다.

만일 그분께서 빛 가운데 계신 것같이 우리가 빛 가운데 걸으면 우리가 서로 사귐이 있고 그분의 아들 예수 그리스도의 피가 모든 죄에서 우리를 깨끗하게 하시느니라. (요일 1:7)

그러므로 이것이 바로 하나님께서 세우신 피의 계획이었습니다. 하나님은 최초로 죄를 범한 아담과 이브가 타락하기 전에 이미 이 계획을 고안하셨고 그 이후의 인류 역사를 통하여 죄인들에게 그것을 가르쳐 주셨습니다.

이는 육체의 생명이 피에 있기 때문이니라. 내가 이 피를 너희에게 주어 제단 위에 뿌려 너희 혼을 위해 속죄하게 하였나니 이는 피가 혼을 위해 속죄하기 때문이니라. (레 17:11)

율법에 따라 거의 모든 것이 피로써 깨끗하게 되나니 피흘림이 없은즉 사면이 없느니라. (히 9:22)

그래서 때가 되었을 때 완전한 희생물로 오신 주 예수 그리스도께서는 친히 "이것이 죄들의 사면을 얻게 하려고 많은 사람을 위하여 흘린 나의 피 곧 새 상속 언약의 피니라."(마 26:28)고 선언하셨습니다.

이제 그분의 십자가의 피로 깨끗하게 된다는 것을 살펴보면서 저는 피에 관한 세 가지 놀라운 것을 여러분에게 보여 주고자 합니다. 그것은 분명히 죄 없는 피이고 능력 있는 피이고 영원한 피입니다. 그러면 먼저 첫 번째를 살펴봅시다.

1. 죄 없는 피

이 놀라운 사실을 제대로 이해하기 위하여 우리는 먼저 우리 자신의 죄 많은 피에 관해 충분히 살펴보아야 합니다. 그것은 에덴동산에서 시작되었습니다. 사람이 로봇이 되지 않도록 하나님께서는 사람에게 자유 의지를 주사 선택할 수 있게 하셨습니다. 그는 자기의 창조주이신 하나님을 사랑하고 복종하고 섬기든지 아니면 악을 행하든지 둘 중 하나를 선택할 수 있었습니다. 하나님은 사람에게 자신의 사랑을 부어 주시기 위하여 사람이 하나님을 사랑하기를 원하셨습니다. 그러나 참 사랑은 강요하거나 값을 주고 살 수 없습니다. 그것은 사람의 마음으로부터 자발적으로 나와야 합니다. 그러므로 아담과 이브는 선택을 해야 했습니다. 하나님은 아담과 이브가 창조되기 전에 선택 사항을 고안하셨습니다.

> 주 하나님께서 그 남자에게 명령하여 이르시되, 동산 모든 나무에서 나는 것은 네가 마음대로 먹어도 되나 선악을 알게 하는 나무에서 나는 것은 먹지 말라. 이는 그 나무에서 나는 것을 먹는 날에 네가 반드시 죽을 것임이라, 하시니라. (창 2:16-17)

여러분은 이 이야기를 잘 압니다. 하나님께서 이브를 만드셨고 그녀를 아담에게 아내로 주셨습니다. 사탄 즉 더러운 뱀은 이브에게 접근하여 그녀를 속이고는 마치 하나님께서 그녀에게 금지된 나무의 실과를 먹지 말라고 명령하심으로 그녀가 매우 좋은 것에 손을 대지 못하게 하신 것처럼 생각하게 만들었습니다. 이브는 마귀를 믿었고 그 열매를 먹었습니다. 그녀는 아담이 왔을 때에도 여전히 손가락을 핥고 있었습니다. 그리고 그녀는 그에게 열매를 주었습니다. 죄를 범한 그들은 그 날 바로 영적으로 죽었고 그들의 불순종 때문에 후에 육체적으로 죽었습니다. "죄의 삯은 사망이니라"(롬 6:23).

이브의 죄도 나빴지만 아담의 죄는 더 나빴습니다. 그 이유를 조금 후에 다루겠지만 성경은 이브가 모든 인류를 죄악에 빠뜨렸다고 하지 않으며 아담이 그렇게 했다고 말합니다.

> 그러므로 한 사람(one man)으로 말미암아 죄가 세상에 들어오고 죄로 말미암아 사망이 들어왔나니 이와 같이 모든 사람이 죄를 범하였으므로 사망이 모든 사람에게 임하였느니라. (롬 5:12)

죄를 세상에 들어오게 한 '그 한 사람'이 아담이라는 것을 의심하는 독자가 있다면 로마서 5장을 조금 더 읽기 바랍니다. 14절에는 "아담으로부터 모세까지 아담의 범죄와 같은 종류의 죄를 짓지 아니한 자들 위에도 사망이 군림(君臨)하였나니 아담은 오실 분의 모형이라."라고 기록되어 있습니다. 아담은 자기가 하나님께 불순종한다면 자기 죄의 결과로 사망이 임할 것이라는 경고를 하나님으로부터 받았습니다. 그것은 영적 사망이요 육체적 사망이었습니다. 아담이 죄를 범하였을 때 무시무시하고 두려운 일이 그의 피에 일어났습니다. 그 일은 이브의 피에도 일어났지만 우리가 나중에 알게 되듯이 이브의 피가 오염된 것은 인류에게 영향을 끼치지 않았습니다. 그러나 아담의 피는 영향을 끼쳤습니다. 이제 저는 사람의 영과 혼과 육 중에서 실제로 범죄하는 부분이 혼이라고 하나님이 말씀하시는 것을 확증하고자 합니다.

> 보라, 모든 혼은 내 것이라. 아버지의 혼과 마찬가지로 아들의 혼도 내 것이니 범죄하는 그 혼은 죽을지니라. (겔 18:4)

같은 장에서 하나님께서는 다시 말씀하십니다.

> 범죄하는 그 혼은 죽을지니라. 아들이 아버지의 불법을 담당하지 아니하며 아버지가 아들의 불법을 담당하지 아니하리니 의로운 자의 의가 그 의로운 자 위에 임하겠고 사악한 자의 악이 그 사악한 자 위에 임하리로다. (겔 18:20)

이 사실을 확고히 했으니 이제 레위기 17장 11절을 봅시다.

> 이는 육체의 생명이 피에 있기 때문이니라. 내가 이 피를 너희에게 주어 제단 위에 뿌려 너희 혼을 위해 속죄하게 하였나니 이는 피가 혼을 위해 속죄하기 때문이니라.

여기서 '생명'으로 번역된 히브리어가 '네페쉬'(nephesh)라는 점은 참으로 흥미롭습니다. 그것은 구약성경에서 여러 차례 '생명'으로 번역됩니다. 창세기 2장 7절을 다시 봅시다.

> 주 하나님께서 땅의 흙으로 사람을 지으시고 생명의 숨을 그 코에 불어넣으시니 사람이 살아 있는 혼이 되니라.

여기서 '혼'으로 번역된 히브리어 역시 '네페쉬'입니다. 그것은 구약에서 수백 번 '혼'으로 번역됩니다. 그러므로 하나님께는 이 두 가지가 같다는 사실을 쉽게 알 수 있습니다.

혼은 생명이고 생명은 혼입니다. 이것은 성경의 나머지 부분과도 일치합니다.

> 그들이 벧엘에서 이동하다가 에브랏에 조금 못 미친 곳에서 라헬이 진통을 겪는데 산고가 매우 심하더니 그녀가 심한 산고를 겪을 때에 산파가 그녀에게 이르되, 두려워하지 말라. 지금 그대가 이 아들도 갖게 되리라, 하니라. 그녀의 혼이 떠나려할 때에 (이는 그녀가 죽었음이더라.) 그녀가 그의 이름을 베노니라 하였으나 그의 아버지가 그를 베냐민이라 하였더라. (창 35:16-18)

성경은 여기서 라헬의 혼이 그녀의 육체를 떠났을 때 그녀가 죽었다고 합니다. 이것은 사리에 맞습니다. 생명은 혼입니다. 혼은 생명입니다. 그러므로 하나님께서 "육체의 생명은 피에 있다."고 말씀하실 때 이것은 곧 "육체의 혼은 피에 있다."고 말한 것과 같음을 이해할 수 있습니다. 그러면 우리는 아담이 죄를 범하였을 때 그의 피에 무슨 일이 일어났는지 이해할 수 있습니다.

범죄하는 것은 사람의 혼이며(겔 18:4, 20) 혼이 피를 타고 다니므로(레 17:11) 혼의 죄가 아담의 피에 영향을 주었습니다. 비록 우리가 선악을 알게 하는 나무 열매의 특성을 알지는 못하지만 그것을 먹음으로 피가 더럽혀졌음을 알 수 있습니다! 그것은 사망으로 끝납니다. 왜냐하면 하나님께서 "선악을 알게 하는 나무에서 나는 것은 먹지 말라. 이는 그 나무에서 나는 것을 먹는 날에 네가 반드시 죽을 것임이라."(창 2:17)고 경고하셨기 때문입니다.

죄는 아담의 피에 영향을 주었습니다. 그것은 물론 그의 육체에도 영향을 주었지만 그것은 간접적인 영향이었습니다. 왜냐하면 육체는 피에 의해 영양을 공급받고 생명을 유지하기 때문입니다. 육체는 죄가 있는 피로 말미암아 양분을 공급받고 유지되기 때문에 죄가 있는 육체라 불릴 수 있습니다. 그리고 아담의 죄가 그의 피에 영향을 주었기 때문에 그 죄는 또한 저와 여러분의 피에도 영향을 줍니다! 모든 사람은 아담의 피와 연관되어 있습니다. 성경도 그렇게 말합니다. 아테네의 마르스 언덕에서 바울이 선포한 말씀을 좀 더 살펴봅시다.

> 이는 내가 지나다니며 너희가 경배하는 것들을 보다가, **알지 못하는 신에게,** 라고 새긴 제단을 발견하였음이니 그런즉 너희가 알지 못하고 경배하는 그분을 내가 너희에게 밝히 알게 하리라. 세상과 그 안의 모든 것을 만드신 하나님은 하늘과 땅의 주시므로 손으로 만든 전들에 거하지 아니하시고 또 무엇인가를 필요로 하시는 것처럼 사람들의 손을 통해 경배를 받지 아니하시나니 이는 그분께서 모든 사람에게 생명과 호흡과 만물을 주시기 때문이라. 또 그분께서 인류의 모든 민족들을 <u>한 피로</u> 만드사 온 지면에 거하게 하시고 미리 작정하신 때와 모든 민족들을 위한 거주의 경계를 정하셨으니 (행 17:23-26)

아담이 첫 사람이었고(고전 15:45) 앞에서 언급했듯이 사람의 피는 어머니가 아니라 아버지로부터 아이에게 전달되기 때문에 모든 인류는 아담의 피를 가지고 있습니다! 하나님은 인류의 모든 족속을 한 피로 만드셨습니다.

그런데 이것은 진화론이 거짓임을 증명하는 또 하나의 증거입니다. 한 방울의 사람의 피와 한 방울의 짐승의 피를 현미경 밑에 나란히 놓은 생리학자는 즉각적으로 이 둘 사이에 커다란 차이가 있다는 것을 말할 수 있습니다. 그러나 그 생리학자는 중국 사람의 피와 독일 사람의 피를 현미경 밑에 놓을 경우 결코 차이점을 말할 수 없습니다. 비록 흑인들에게서만 발견되고 다른 종족에게서는 발견되지 않는 혈액 결함이 하나 있기는 하지만 만일 그 결함이 특정한 흑인의 피에 있지 않다면 그의 피와 다른 종족의 피 사이에는 전혀 차이점이 없을 것입니다. 제가 말하는 그 결함은 '겸상 적혈구 빈혈증'(Sickle Cell Anemia)으로 알려진 결함입니다. 이것은 오직 흑인에게서만 발견되는 유전 결함이며 이 병에 걸리면 적혈구 모양이 결함을 가진 헤모글로빈 때문에 낫 모습으로 변합니다. 그러나 만일 '겸상 적혈구 빈혈증'이 피에 있지 않다면 그 피는 다른 종족에 속한 모든 사람의 피와 다를 수 없습니다.

하나님은 인류의 모든 민족을 한 피로 만드셨습니다. 모든 인류는 공통적으로 아담의 피를 갖고 있습니다. 모든 인류는 백인이든 황인이든 흑인이든 혹은 유대인이든 이방인이든 혹은 남성이든 여성이든 다 아담의 피를 받았습니다. 이런 이유로 성경은 전 인류를 죄와 사망에 빠지게 한 책임이 이브에게 있지 않고 아담에게 있다고 합니다. 그 이유는 이브가 우리에게 단 한 방울의 피도 주지 않았기 때문입니다. 그러므로 그녀의 죄는 우리에게 영향을 주지 않았습니다. 그러나 피는 아버지로부터 물려받기 때문에 아담의 죄는 분명히 우리에게 영향을 끼쳤습니다. 우리는 아담으로부터 더럽혀지고 죄를 범한 피를 받았습니다. 하나님은 인류의 모든 족속을 한 피로 만드셨고 그 피는 한 사람 즉 아담으로부터 유래했습니다. 그렇기 때문에 하나님께서는 다음과 같이 말씀하십니다.

> 그러므로 한 사람으로 말미암아 죄가 세상에 들어오고 죄로 말미암아 사망이 들어왔나니 이와 같이 모든 사람이 죄를 범하였으므로 사망이 모든 사람에게 임하였느니라. (롬 5:12)

바로 이 순간 당신의 혈관에는 아담의 피가 흐르고 있습니다. 그리고 제게도 또한 이 땅의 모든 인류에게도 이 일은 동일합니다! 기술적으로 볼 때 우리 혈관의 피는 약 6000년이 되었습니다! 그럼에도 불구하고 그것은 여전히 신선하고 생명이 넘치고 우리의 육체에 양분을 주며 우리가 계속 살아 있게 할 수 있습니다. 첫 아담의 피를 6000년 동안 이 땅에서 보존할 수 있던 분이 마지막 아담이신 예수님의 피를 하늘에서 지난 2000년 동안 보존할 수 없으셨을까요? 딤과 맥아더와 또 그들의 의견에 동조하는 자들의 '학식'을 따르면 하나님은 그렇게 할 수 없습니다.

우리는 모두 혈관에 아담의 피를 지니며 그것과 함께 사망 선고를 지닙니다. 우리의 피는 해로운 영향에 의해 오염되었으므로 그것은 우리에게 육체적으로 그리고 영적으로 영향을 끼쳤습니다. 우리가 이미 죽고 있는 육체를 갖고 태어난 것과 같이 우리는 이미 영적으로 죽은 상태로 태어났습니다(롬 5:12; 엡 2:1, 5 참조).

그러므로 하나님께서 주 예수 그리스도의 피로 우리 죄를 깨끗하게 하시려면 반드시 그분의 피에 죄가 없어야만 했습니다. 그렇지 않았다면 그분의 피 역시 우리의 피와 똑같으며 깨끗하게 하는 능력을 갖고 있지 않았을 것입니다. 모든 인류가 죄를 범하고 더럽혀지고 부패하기 쉬운 아담의 피를 가지고 있기 때문에 죄 없고 더럽혀지지 않은 그리고 부패하지 않는 예수 그리스도의 피를 필요로 합니다. 이리하여 하나님은 자신의 무한한 지혜와 능력으로 예수님의 처녀 탄생을 이루셨습니다. 이미 앞 장에서 처녀 탄생에 관해 논의했지만 이번 장에서 설명하려는 사실을 좀더 쉽게 이해하도록 하기 위해 여기서 좀더 자세히 살펴보겠습니다.

예수님께서는 사람들을 구원하기 위하여 사람의 몸을 입고 이 땅에 오셔야 했습니다. 그분은 아담의 아들이 되셔야만 했으나 죄 없는 피를 가진 죄 없는 사람이 되어야 하셨습니다. 바로 이 이유 때문에 예수님은 본래 죄가 없는 아담의 육체에는 참여할 수 있었지만 죄가 가득한 아담의 피에는 참여할 수 없었습니다. 예수님께서 사람이 되시되 죄가 없는 사람이 될 수 있는 방법은 단 한 가지뿐이 없었습니다. 예수님은 사람인 아버지 없이 이 세상에 태어나야 하셨습니다. 그분은 마리아에게 자신의 인성을 받았지만 자신의 피는 하나님으로부터 받았습니다!

옛날에 에덴동산에서 사람이 죄를 범하자마자 하나님께서는 뱀에게 다음과 같이 말씀하셨습니다.

> 내가 너와 여자 사이에 또 네 씨와 여자의 씨 사이에 적대감을 두리니 여자의 씨는 네 머리를 상하게 할 것이요, 너는 그의 발꿈치를 상하게 할 것이니라, 하시고 (창 3:15)

물론 이 여자는 나사렛의 마리아입니다. 그녀의 후손은 예수님이십니다. 사탄의 후손은 적그리스도입니다(살후 2:3). 우리는 여기서 곧장 처녀 탄생과 그녀의 씨를 보게 됩니다. 수태에 관하여 알고 있는 사람이라면 누구나 그 씨가 정액(semen)의 정자에 있음을 압니다. 영어의 정액(semen)이란 단어의 어근에 해당하는 라틴어가 '씨'(seed)를 의미하는 것은 참으로 흥미롭습니다. 이와 같은 것이 그리스어를 통해서도 그대로 발견됩니다. 그리스어 '스페르마'(sperma)에서 영어의 '정자'(spermatozoon, 간단히 sperm이라 함)란 단어가 나왔습니다. 그리스어 '스페르마'는 '씨'를 말합니다.

제가 가지고 있는 의학용어사전은 "정자란 정액에서 발견되는 '씨' 혹은 '남성의 생식 세포'이며 이것은 수태를 위해 여성의 난세포를 관통한다."고 말하면서 제가 말한 것의 요점을 뒷받침합니다. 성경 역시 사람의 '씨'라는 표현을 사용하며 이를 지지합니다.

아론의 '씨' (레 21:21)

다윗의 '씨' (왕상 11:39)

야곱의 '씨' (시 22:23)

에브라임의 '씨' (렘 7:15)

사독의 '씨' (겔 43:19)

그러므로 하나님께서 '그녀의 씨'를 말씀하실 때 이것은 곧 그분께서 자신의 독생자의 몸을 만들기 위해 마리아에게 씨를 심으셨고 그래서 다른 남자가 그녀에게 손을 대지 못하게 했음을 뜻합니다. 하나님의 독생자의 몸을 형성했던 씨는 사람에게서 온 것이 아니라 하나님 자신에게서 왔습니다. 그래서 바울은 아래와 예수님께서 말씀하신 것을 인용합니다.

그러므로 그분께서 세상에 들어오실 때에 이르시되, 희생물과 헌물은 주께서 원치 아니하시고 오직 나를 위하여 한 몸을 예비하셨도다. (히 10:5)

이와 같은 주제는 바울이 성령의 영감 하에서 다음과 같은 기록을 남김으로써 전달되고 있습니다.

그러나 충만한 때가 이르매 하나님께서 자신의 아들을 보내사 여자에게서 나게 하시고 율법 아래 있게 하셨나니 (갈 4:4)

사람의 역사를 통해서 여자에게서 만들어진 아기는 하나도 없습니다. 아기를 출산하기 위해서는 반드시 남자와 여자를 필요로 합니다. 아, 그러나 전능하신 만유의 하나님께서는 친히 피의 계획을 고안해 내시면서 버림받은 죄인들을 구속하시려고 임신(수태)에 관한 생리학상의 법칙을 무시하시고 자신의 아들을 여자에게서 나게 하셨습니다! 하나님은 창세기 3장 15절에서 그렇게 하실 것을 미리 예언하셨습니다. 하나님은 대언자 이사야의 글을 통해 그것을 다시 예언하셨습니다.

그러므로 주께서 친히 한 표적을 너희에게 주시리라. 보라, 처녀가 수태하여 아들을 낳을 것이요, 그의 이름을 임마누엘이라 하리라. (사 7:14)

이것은 정말로 하나의 표적이었을 것입니다! 하나님은 대언자 예레미야의 글을 통해 그것을 다시 예언하셨습니다.

오 너 타락한 딸아, 네가 어느 때까지 떠돌아다니겠느냐? 이는 주가 새 일을 땅에 창조하였음이니 곧 한 여자가 한 남자를 둘러싸리라. (렘 31:22)

제 손에 들어 있는 사전에 의하면 '둘러싸다'(compass)의 정의 중 하나가 '가져온다', '낸다' 입니다. 이것은 정말로 새 일이었을 것입니다. 여자가 남자와 어떠한 관계도 갖지 않은 채 스스로 한 사람을 세상에 내놓는 것이기 때문입니다. 하나님은 이 일을 나사렛의 요셉에게 주의 천사를 통해 설명하셨습니다.

이제 예수 그리스도의 태어나심은 이러하니라. 그분의 어머니 마리아가 요셉과 정혼하고 동거하기 전에 성령님으로 말미암아 아이를 밴 것이 드러났더니 그때에 그녀의 남편 요셉은 의로운 사람이므로 그녀를 사람들 앞의 본보기로 삼고자 하지 아니하여 은밀히 그녀를 버리려고 마음먹었으나 이 일들을 생각할 때에, 보라, 주의 천사가 꿈에 그에게 나타나 이르되, 다윗의 자손 요셉아, 네 아내 마리아 데려오기를 두려워하지 말라. 이는 그녀 안에 수태된 이가 성령님으로 말미암았음이니라. 그녀가 아들을 낳으리니 너는 그의 이름을 예수라 하라. 이는 그가 자기 백성을 그들의 죄들에서 구원할 것임이라, 하니라.

이제 이 모든 일이 일어난 것은 주에 관하여 대언자를 통해 말씀하신 것을 성취하려 하심이라. 이르시되, 보라, 처녀가 아이를 배어 아들을 낳을 것이요, 사람들이 그의 이름을 임마누엘이라 하리라, 하셨으니 이것을 번역하면, 우리와 함께 계시는 하나님, 이라는 뜻이라. 이에 요셉이 잠에서 깨어 일어나 주의 천사가 지시한 대로 행하여 자기 아내를 데려오고 (마 1:18-24)

저는 앞에서 아직 태어나지 않은 아기의 정맥과 동맥을 흐르는 피는 어머니에게서 유래하는 것이 아니라 아버지의 정액으로부터 아기에게 주어진다는 사실을 지적한 바 있습니다. 이것은 과학적이고도 의학적인 사실입니다.

아버지로부터 전수된 피는 태아의 몸 안에서 발달 과정을 거칩니다. 제가 가진 의학사전은 그 일이 정자가 난자로 들어간 후에 생기며 태아는 피가 생기도록 발달하기 시작함을 보여 줍니다. 이렇게 해서 수정 후 불과 몇 시간 뒤에 피는 눈에 보이게 발달하며 매우 작은 붉은 선의 모습을 갖습니다.

어머니는 자기의 안전한 자궁 내에서 태아의 작은 신체를 형성하기 위하여 태아에게 영양분을 공급합니다. 그러나 단 한 방울의 피도 어머니로부터 아이에게 전해지지 않습니다! 어머니와 아기를 연결하는 태반 즉 일시적인 조직 덩어리인 태반은 단백질, 지방, 탄수화물, 염분 그리고 무기질 같이 녹기 쉬운 모든 영양분이 어머니로부터 아기에게 자유롭게 전달되고 태아의 몸에서 나오는 분비물은 어머니의 순환기로 다시 나오게 하는 역할을 하지만 결코 그 안에서 실제적으로 피가 교환되는 일은 일어나지 않습니다. 태아 안에 존재하는 모든 피는 아버지로부터 왔으며 작은 태아의 몸 자체에서 발달합니다. 어머니는 전혀 피를 공급하지 않습니다.

이 부분에 관하여 전문가의 의견을 인용하겠습니다. 자브리스키(Louise Zavniskie, R.N.)의 『조산술에 관한 간호사 핸드북』(*Nurse's Hand book of Obsterics*) 75페이지에는 이렇게 기록되어 있습니다.

태아 내에서 피의 순환이 시작하면 그것은 어머니의 피 순환으로부터 분리되어 확연히 구분된다.

같은 책 82페이지에는 이렇게 기록되어 있습니다.

태아는 어머니의 피로부터 태반을 통하여 자기의 피 안에 영양분과 산소를 받는다. 그러나 두 개의 피 흐름이 직접적으로 혼합되는 일은 전혀 없다. 다시 말해 어머니의 피가 사실상 태아에게로 흘러 들어가지 않으며 태아의 피도 모체로 흐르지 않는다.

이제 윌리암스(Williams)의 『조산술 실습』(Practice of Obstertrics)이란 책의 133페이지를 인용하면 다음과 같습니다.

융모막의 관에 있는 태아의 피는 융모막의 상복조직의 이중 층에 의해 서로 분리되어 단 한 순간도 어머니의 피에 접근하지 않는다.

같은 책 136페이지에는 이렇게 기록되어 있습니다.

태아의 피와 어머니의 피 사이에는 전혀 왕래가 없다.

하나님께서는 참으로 훌륭하게 자신의 독생자가 죄를 갖지 않도록 이 모든 일을 준비하셨습니다. 놀랍지 않습니까! 성모 마리아가 죄 없이 태어났다는 로마 카톨릭주의의 '무염시태' 교리는 거짓이므로 하나님은 마리아가 죄인이었음을(실제로 누가복음 1장 47절에서 그녀는 자신이 다른 사람들처럼 구원받을 필요가 있음을 인정했음) 아셨고 그래서 하나님께서는 여자를 창조하시면서 이것을 확고히 결정해서 어머니가 단 한 방울의 피도 자기 아기에게 전해 주지 않게 하셨습니다. 그러므로 마리아는 자신의 자궁에 하나님의 아들을 품고 있는 동안 그분에게 자신의 더러운 피를 단 한 방울도 전해 주지 않았습니다. 예수님은 자신의 어머니를 통해 사람이 되셨지만 죄로 더럽혀진 그녀의 피 즉 사람의 피에는 참여하지 않았습니다. 하나님께서는 다음과 같이 말씀하십니다.

자녀들은 살과 피에 함께 참여한 자들(partakers)이므로 그분도 마찬가지로 같은 것의 일부를 취하셨으니(took part of the same) 이것은 죽음을

통하여 죽음의 권능을 가진 자 곧 마귀를 멸하시고 (히 2:14)

여기서 말하는 '자녀들' 이란 사람의 자녀들을 가리킵니다. 하나님은 그들이 살과 피에 함께 참여했다고 말씀하십니다. 그러나 예수님에 관한 한 그분께서는 오직 같은 것의 일부를 취하셨습니다. 그분은 살 즉 육체에는 참여하셨으나 피에는 참여하지 않았습니다! 그분은 마리아로부터 육체를 받았지만 피는 모든 아기들처럼 자신의 아버지 즉 하나님 아버지로부터 받았습니다. 그러므로 예수님의 혈관 속의 피는 하나님의 피였습니다! 성경은 그것이 하나님의 피였다고 분명히 이야기합니다!

그러므로 너희 자신과 모든 양떼에게 주의를 기울이라. 성령님께서 너희를 그들의 감독자로 삼으사 하나님께서 자신의 피로 사신 하나님의 교회를 먹이게 하셨나니 (행 20:28)

여러분은 이 책의 앞에서 저의 친한 친구인 캘리포니아 카노가파크에 있는 페이쓰침례교회의 목사인 라스므센 박사가 쓴 추천의 글을 읽었을 것입니다. 라스므센 박사의 교회는 맥아더 목사의 교회에서 겨우 몇 킬로미터 거리에 있습니다. 라스므센 박사는 예수님의 피에 관하여 맥아더 목사와 개인적인 토론을 벌였던 것을 저에게 말해 주었습니다. 그 토론에서 맥아더는 예수님의 피를 사람의 피라고 불렀습니다. 라스므센 박사는 즉시 그에게 사도행전 20장 28절을 보여 주었습니다. 그런데 맥아더는 사도행전 20장 28절에 나온 피를 하나님의 피라고 해석하지 않는다고 말함으로써 그를 무시하였습니다.

저는 맥아더가 사도행전 20장 28절의 피가 그리스도의 피지만 결국 사람의 피라고 말하려 했다고 가정해 봅니다. 그러나 어떻게 그가 사도행전 20장 28절에서 그러한 생각을 얻어 낼 수 있습니까? 그리스도는 심지어 그 구절에서 언급조차 되지 않습니다! '피'보다 앞서 나오는 말은 '하나님'입니다! 성경은 단호하게 신약 교회를 사신 피를 '하나님의 피'라고 부릅니다! 그리고 이것은 성경의 나머지 부분과 생리학상의 과학적 사실들과 일치합니다.

만일 예수님께서 자신의 혈관 속에 사람의 피를 가졌다면 역시 죄인이었을 것입니다! 만일 그분이 죄인이었다면 그분 역시 버림받은 자로서 우리들과 같이 지옥으로 향했을 것입니다! 물론 어느 누구도 구원할 수 없었을 것입니다. 그러나 하나님께 감사합시다. 예수님의 혈관 속의 피는 하나님의 피였습니다! 그것은 죄가 없는 피입니다! 오직 예수님만이 유일하게 죄 없는 삶을 사신 죄 없는 사람이십니다!

예수님은 어느 날 자기를 비난하는 사람들에게 이렇게 말했습니다.

너희 중에 누가 내게 죄를 깨닫게 하겠느냐? 또한 내기 진리를 말할진대 어찌하여 나를 믿지 아니하느냐? (요 8:46)

그들은 즉시 입을 다물었습니다. 아무도 예수님의 삶에서 단한 가지 죄도 지적할 수 없었습니다! 성경은 아래와 같이 선언합니다.

그러므로 우리에게 위대하신 대제사장이 계시니 하늘들 안으로 지나가신 분 곧 하나님의 아들 예수님이시라. 우리가 고백하는 믿음을 굳게 붙들지어다. 이는 우리에게 계신 대제사장이 우리의 연약함을 몸소 느끼지 못하시는 분이 아니요, 모든 점에서 우리와 똑같이 시험을 받으시되 죄는 없으신 분이시기 때문이라. (히 4:14-15)

이는 참으로 너희가 이것을 위하여 부르심을 받았기 때문이니 그리스도께서도 우리를 위하여 고난을 당하심으로 우리에게 본을 남기사 너희로 하여금 자신의 발자취를 따라오게 하셨느니라. 그분께서는 죄를 범하지 아니하시고

그 입에 교활함도 없으시며 (벧전 2:21, 22)

심지어 사악한 가룟 유다 역시 예수님의 피가 순수하며 죄가 없음을 잘 알고 있었습니다. 그의 말을 들어 봅시다.

이르되, 내가 무죄한 피를 배반하여 넘기고 범죄하였다, 하니 그들이 이르되, 그것이 우리와 무슨 상관이 있느냐? 네가 그것과 상관하라, 하거늘 (마 27:4)

아담으로부터 오늘날에 이르기까지 모든 사람은 아담의 죄성을 갖고 태어납니다. 그들은 아담의 피를 갖고 있습니다. 그러므로 그들은 사망의 저주를 받게 되었습니다. 그러나 예수 그리스도는 죄가 없으셨으므로 다른 사람들의 죄를 스스로 지고 그들을 대신하여 죽기까지 죽을 수 없었습니다.

첫 아담(고전 15:45)의 죄가 전 인류의 피를 더럽힌 것같이 마지막 아담의 깨끗하고 죄 없는 피는 세상의 죄를 위해 속죄합니다.

또 아담 안에서 모든 사람이 죽은 것같이 그리스도 안에서 모든 사람이 살아날 것이기 때문이라. (고전 15:22)

비록 이브가 아담보다 먼저 죄를 범했다 할지라도 그녀의 죄는 우리에게 영향을 주지 않습니다. 모든 인류에게 사망을 가져온 것은 우리 모두의 조상인 아담이었습니다. 왜냐하면 우리는 다 아담으로부터 피를 받았기 때문입니다! 오직 예수님만이 여자의 씨라고 불립니다. 왜냐하면 그분만이 하나님을 아버지로 해서 여자에게서 만들어졌기 때문입니다. 그래서 그분의 피에는 아담의 죄가 없었습니다. 하나님의 피 계획 속에는 죄에 대한 단 한 가지 구제책이 있었는데 그것은 곧 죄 없는 피였습니다! 그리고 죄 없는 피를 공급할 수 있었던 유일한 존재는 처녀에게서 태어난 죄가 없는 하나님의 아들뿐입니다!

할렐루야! 우리는 예수님의 피로 깨끗하게 될 수 있습니다. 왜냐하면 그 피가 죄 없는 피이기 때문입니다!

두 번째로 우리는 예수님의 피로 깨끗하게 될 수 있습니다. 왜냐하면 그것이 능력 있는 피이기 때문입니다.

2. 능력 있는 피

예수 그리스도의 피는 완전하고 흠 없고 죄 없는 피이기 때문에 우리의 죄를 깨끗하게 하는 능력을 갖습니다. 더러운 것으로 더러운 것을 깨끗하게 하는 일이 불가능하다는 것을 우리는 잘 알고 있습니다. 옷을 더러운 물로 세탁하면 그 옷은 여전히 더러울 것입니다.

더러운 의복은 스스로 깨끗하게 할 수 없습니다. 병에 걸린 폐는 스스로를 치료할 수 없습니다. 더러운 피는 스스로 깨끗하게 할 수 없습니다. 오직 깨끗하고 죄 없는 것만이 깨끗하게 할 수 있습니다! 예수님의 피는 깨끗하고 순수하기 때문에 죄를 깨끗이 씻을 수 있는 능력을 가집니다!

우리는 어떻게 물건을 깨끗하게 합니까? 우리는 물건을 씻어서 깨끗하게 합니다. 그리스도께서도 바로 이런 방법으로 우리의 죄를 처리하십니다. 그분은 죄를 씻어 버리십니다! 그리고 그분은 자신의 깨끗하고 흠 없고 죄 없는 피를 세제로 사용하십니다. 오직 예수님의 십자가의 피만이 그 일을 할 수 있습니다! 밧모 섬에서의 요한의 찬가를 다시 살펴봅시다.

또 신실한 증인이시요, 죽은 자들 중에서 처음 나신 분이시며 땅의 왕들의 통치자이신 예수 그리스도로부터 은혜와 평강이 너희에게 있을지어다. 우리를 사랑하사 자신의 피로 우리의 죄들로부터 우리를 씻으시고 하나님 곧 자신의 아버지를 위하여 우리를 왕과 제사장으로 삼으신 그분께 영광과 통치가 영원무궁토록 있기를 원하노라. 아멘. (계 1:5-6)

어린양의 피는 죄의 바이러스에 의해 더럽혀지지 않은 채 그분의 혈관을 흐르고 있었고 그 안에는 추호도 더러움의 여지가 없었습니다. 그러므로 그분의 피는 우리의 죄를 깨끗하게 하는 무한한 능력을 갖습니다!

구속에 관한 하나님의 모든 계획은 주 예수 그리스도의 피의 능력에 달려 있습니다. 우리는 이 책 전체에서 "피흘림이 없은즉 사면이 없다."는 진리를 되풀이하여 보아 왔습니다. 그러나 예수님께서 자신의 피를 흘리셨다 해도 그 안에 권능이 없었다면 그 일은 쓸모 없는 일이었을 것입니다. 구약 시대 짐승의 피의 희생은 죄를 깨끗하게 하는 능력을 지니지 않았습니다. 그것은 하나님의 어린양이 자신의 피를 흘리고 그분의 피가 죄를 영원히 씻어 버리는 날까지 죄를 덮고 있었을 뿐입니다.

디한(M.R. DeHaan)박사는 『피의 화학적 작용』(The Chemistry of Blood)이란 훌륭한 책에서 '피의 생리학'에 관한 항목을 썼습니다. 디한 박사는 의학 박사였으므로 자신이 이야기하고 있는 것에 관해 잘 알고 있었습니다. 그는 어떻게 사람의 몸에 근육, 신경, 지방, 분비선, 뼈, 연결조직 등과 같은 매우 다른 종류의 조직이 존재하는지 설명했습니다. 이러한 모든 조직은 한 가지의 공통점을 가집니다. 그것들은 고정된 세포들이며 특정하고 한정된 기능을 합니다.

이러한 고정된 조직들과는 달리 피는 유동체입니다. 그것은 이동합니다. 피는 몸의 한 부분에 제한되어 있지 않고 자유로이 이동하며 고정된 세포들에게 영양분을 공급하며 세포 활동의 분비물을 가져갑니다.

우리는 이러한 정화 과정을 '신진 대사'라 합니다. 정상적인 사람의 신체에는 약 6리터 가량의 피가 있습니다. 심장에 의해 공급된 피는 약 23초에 한 번씩 모든 기관을 순환하며 이로써 몸 안의 모든 세포는 양분을 공급받아 끊임없이 생명을 유지할 수 있고 또 이것을 통해 정화됩니다.

피가 정화 작용을 하는 요소임은 확실합니다. 만일 한 순간이라도 순환하는 피가 신체의 어떤 세포에 도달하기를 멈춘다면 그 세포는 빠르게 더럽혀져서 죽게 됩니다. 우리 창조주께서는 성경에서 그 사실을 우리에게 정확하게 말씀하셨습니다.

이는 육체의 생명이 피에 있기 때문이니라. 내가 이 피를 너희에게 주어 제단 위에 뿌려 너희 혼을 위해 속죄하게 하였나니 이는 피가 혼을 위해 속죄하기 때문이니라. (레 17:11)

피는 몸 안에서 어디든지 이동할 수 있는 유일한 조직입니다. 다른 조직들은 다 한 곳에 머물러 있습니다. 피말고도 움직이는 액체로는 침, 위액, 눈물, 담즙, 땀 그리고 소변 등이 있습니다. 그러나 이것들은 분비물이지 조직이 아닙니다. 이것들은 몸의 일부분이 아닙니다. 다만 몸에서 생성되는 물질입니다. 피만이 이동성을 가진 조직으로서 몸의 모든 세포에 도달하여 신장, 내장, 피부 그리고 폐를 통해 배출되는 노폐물을 깨끗하게 청소합니다. 6리터의 피를 지닌 사람의 신체는 전적으로 이 유동체의 순환에 의거하여 생명을 유지합니다. 피는 고체와 액체 성분으로 구성되어 있습니다. 액체 성분은 혈장이라 하는데 이것은 피가 정맥과 동맥을 통해 몸의 모든 부분에 전달되도록 하며 다양한 세포질 성분으로 구성된 무색의 용액입니다. 피의 고체 성분은 주로 세 가지 세포 즉 혈소판, 적혈구 그리고 백혈구로 구성되어 있습니다. 혈소판의 기능은 여전히 명확하지 않습니다. 적혈구는 붉은 세포입니다. 이것은 영양분이 결합된 산소의 형태로 된 연료를 피로부터 신체의 세포들에게 전달합니다. 그리고 이것은 또한 피에게 붉은 색을 줍니다.

백혈구는 흰 세포입니다. 이것의 기능은 기본적으로 감염을 물리치며 신체를 방어하는 것입니다.

피는 또한 두 개의 다른 성분을 함유하는데 하나는 응고하는 용액이며 다른 하나는 병균과 싸우는 기능을 지닌 항체의 모임입니다.

이러한 과학적인 사실을 주 예수 그리스도의 피에 적용할 때 우리는 어떻게 그 피가 우리 죄를 깨끗하게 하기 위한 하나님의 요소인가를 쉽게 알 수 있습니다. 우리 중 어느 누구도 어떻게 그 일이 이루어지는지 모릅니다. 그러나 그것이 이루어진다는 것은 압니다. 마치 우리 몸의 피가 몸 안에서 생성되는 더러움을 깨끗하게 하는 능력을 지닌 것같이 예수님의 피는 우리의 죄를 씻어 버리는 능력을 지닙니다!

또 신실한 증인이시요, 죽은 자들 중에서 처음 나신 분이시며 땅의 왕들의 통치자이신 예수 그리스도로부터 은혜와 평강이 너희에게 있을지어다. 우리를 사랑하사 자신의 피로 우리의 죄들로부터 우리를 씻으시고 (계 1:5)

피는 무슨 색깔입니까? 물론 여러분은 붉은 색이라고 대답할 것입니다. 그렇습니다. 그러면 죄는 무슨 색깔입니까? 유의하십시오. 대부분의 그리스도인들은 "검은 색이다."라고 대답할 것입니다. 이들은 어디서 그런 생각을 얻었을까요? 그것은 성경에서 나온 것이 아닙니다. 그런 생각은 주로 죄를 표현하기 위해 검은 종이를 사용하는 주일학교의 시청각 학습에서 나왔습니다. 또는 죄에 대하여 설교하면서 "당신의 먹보다도 더 검은 죄를 회개하십시오!"라고 외치는 목사의 설교에서 나왔습니다.

성경에는 죄가 검은 색이라고 말하는 곳이 한 군데도 없습니다. 그러면 죄가 정말로 무슨 색깔인지 살펴봅시다.

주께서 이르시되, 이제 오라. 우리가 함께 변론하자. 너희 죄들이 주홍 같을지라도 눈같이 희어질 것이요, 진홍같이 붉을지라도 양털같이 희어지리라. (사 1:18)

『웹스터 사전』은 주홍색을 가리켜 "밝은 붉은 색으로 죄성이 있는 어떤 것을 묘사하기 위하여 종종 쓰인다."라고 정의하는데 이는 참 흥미로운 일입니다. 또 이 사전은 진홍색에 관해 "짙은 붉은 색"이라 정의하고 있습니다. 그러므로 우리는 이사야 1장 18절에서 죄는 검은 색이 아니라 붉은 색임을 알 수 있습니다!

그런데 하나님께서 우리의 죄 곧 붉은 색의 죄가 눈같이 희어질 수 있다고 말씀하신 것을 유의하십시오! 이것은 오직 한 가지 방법으로 이루어집니다.

또 신실한 증인이시요, 죽은 자들 중에서 처음 나신 분이시며 땅의 왕들의 통치자이신 예수 그리스도로부터 은혜와 평강이 너희에게 있을지어다. 우리를 사랑하사 자신의 피로 우리의 죄들로부터 우리를 씻으시고 (계 1:5)

여기에 바로 하나님의 고귀하고도 놀라운 화학 작용이 있습니다. 우리의 죄는 붉은 색입니다. 붉은 피가 붉은 죄를 씻을 때 붉은 죄가 희게 됩니다! 우리는 이 사실을 요한계시록에서 다시 볼 수 있습니다.

장로들 중에서 한 사람이 응답하여 내게 이르되, 흰 예복을 차려 입은 이 사람들은 누구며 또 어디서 왔느냐? 하매 내가 그에게 이르되, 장로여, 당신이 아시나이다, 하니 그가 내게 이르되, 이 사람들은 큰 환난으로부터 나온 자들인데 어린양의 피로 자기 예복을 씻어 희게 하였느니라. (계 7:13-14)

생각해 보시기 바랍니다. 붉은 피로 씻음으로 하얗게 됩니다!

놀랍지 않습니까? 당신의 흰 셔츠나 흰 블라우스를 사람의 피로 세탁하면 무슨 색이 되겠습니까? 붉은 색입니다. 어떤 것도 사람의 피로 씻어 희게 만들 수는 없습니다. 아, 그러나 사람의 구속(救贖)을 위한 화학 연구실에서 하나님께서는 우리 죄를 희게 씻을 수 있는 한 가지 유일한 방법을 마련하셨습니다. 그것은 하나님의 어린양의 혈관을 흐르고 있던 피 즉 자신의 피로 죄를 씻는 것입니다. 갈보리에서 예수님께서는 낡고 험한 십자가를 붉게 물들이면서 그 피를 흘리셨습니다. 그런데 그 고귀한 피가 우리의 죄에 적용될 때는 죄의 얼룩을 씻어 버리고 희게 만듭니다!

오직 예수님의 십자가의 피만이 이러한 능력을 지닙니다!

또 신실한 증인이시요, 죽은 자들 중에서 처음 나신 분이시며 땅의 왕들의 통치자이신 예수 그리스도로부터 은혜와 평강이 너희에게 있을지어다. 우리를 사랑하사 자신의 피로 우리의 죄들로부터 우리를 씻으시고 (계 1:5)

바로 이 부분에 관하여 맥아더는 이단 교리를 표명한 적이 있습니다. 앞에서 내용 전체를 소개한 편지 즉 '학습 회원'에게 보내는 편지에서 그는 이렇게 말했습니다.

저는 『킹제임스 흠정역 성경』에서 혼란을 주고 있는 요한계시록 1장 5절에 대하여 주를 덧붙이고자 합니다. 거기에 나오는 '씻으시고'(Washed)라는 말은 맞지 않습니다. 그리스어는 '해방하시고'(Delivered)입니다.

맥아더는 부정확한 사람입니다. 요한계시록 1장 5절에 쓰인 그리스어는 '로우오'(louo)입니다. 『킹제임스 흠정역 성경』 번역자들은 그것을 정확하게 번역하였습니다. 제가 가지고 있는 그리스어 사전에 의하면 '로우오'는 '씻다'(Wash), '깨끗하게 하다'(cleanse), '목욕시키다'(bathe)의 뜻을 가집니다. 그것은 '해방하다' 혹은 '건져내다'(deliver)를 의미할 수도 없고 의미하지도 않습니다.

독자께서는 요한복음 13장 10절, 사도행전 9장 37절, 16장 33절, 히브리서 10장 22절, 베드로후서 2장 22절을 검토해 보기 바랍니다. 그리스어 '로우오'는 한 형태 또는 다른 형태로 '씻다'(wash)로 번역되어 있습니다. 이것은 단 한 번도 '해방하다' 혹은 '건져내다'로 번역된 적이 없습니다. 그것은 언제나 '씻다', '깨끗하게 하다' 등으로 번역되었습니다.

맥아더 목사는 '해방하다' 혹은 '건져내다'(deliver)에 해당하는 그리스어가 세 가지 있음을 알아야 합니다. 첫째는 '해방시키다' 또는 '변화시키다'를 의미하는 '아팔라쏘'(apallasso)이고 둘째는 '안전을 주다' 또는 '구원을 주다'를 의미하는 '디도미'(didomi)이며 셋째는 '제거하다'를 의미하는 '엑사이레오'(exaireo)입니다. 그런데 성령님께서는 요한계시록 1장 5절에서 이것들 중 어느 것도 사용하지 않았습니다. 그분은 '로우오'(louo)를 사용하셨습니다.

저는 단지 콜로라도 산골 출신의 시골사람이지만 『흠정역 성경』에 진술된 그 구절이 전혀 혼란을 일으키지 않습니다. 하나님께서는 분명하게 예수님께서 자신의 피로 저를 저의 모든 죄에서 씻어 주셨다고 말씀하십니다. 도대체 이것이 무슨 혼동과 혼란을 가져온단 말입니까?

맥아더의 생각 속에 존재하는 혼동은 그가 웨스트코트(Westcott)와 호르트(Hort)의 왜곡된 사본을 하나님의 말씀으로 받아들였기 때문에 생겼을 것입니다. 잘못된 사본에서는 '아팔라쏘'(apallasso)나 또는 '디도미'(didomi) 또는 '엑사이레오'(exaireo)라 되어 있을지 모릅니다. 그러나 완전하게 순수하게 보존된 『그리스어 공인 본문』(*Textus Receptus*)에서는 '로우오'(louo)입니다. 맥아더의 실수는 분명합니다.

그는 예수님의 피가 말라서 먼지로 사라졌다고 생각하기 때문에 그것이 어떤 것을 씻을 수 있다는 사실을 인식할 수 없습니다.

플로리다주 펜사콜라에 사는 테일러(Bob Taylor)에게 보내는 1986년 7월 23일자 편지에서 맥아더는 이렇게 말합니다.

> 그리스도의 피에 관한 나의 가르침은 문자적 의미의 그리스도의 피가 신비하고도 불가사의한 구원의 능력을 갖고 있지 않다는 것입니다. 신자들의 죄를 씻어 주는 것은 그리스도의 실제적인 피 즉 초자연적으로 보존된 형태의 피가 아닙니다. … 문자적 의미의 그리스도의 피는 먼지와 티끌 속으로 스며들었습니다.

예수님께서 흘리신 피가 문자적 의미의 피가 아니면 과연 어떤 종류의 피란 말입니까? 예수님께서 하늘의 긍휼의 자리 위에 뿌리신 피가 문자적 의미의 피가 아니라면 과연 어떤 종류의 피란 말입니까? 저는 "제 구원자의 피가 신비하고도 불가사의한 구원의 능력을 갖고 있지 않습니다."라고 주장하는 맥아더의 의견에는 동의합니다. 왜냐하면 그 피는 '신비하고도 불가사의한' 구원의 능력을 갖고 있는 것이 아니라 '실제적인' 구원의 능력을 갖고 있기 때문입니다!

맥아더는 자기의 글에서 그리스도의 문자적 의미의 피가 어떻게 우리의 죄를 깨끗하게 하기 위하여 우리에게 적용될 수 있느냐고 물었습니다. 이에 관해 저는 알지 못한다고 답할 수밖에 없습니다. 그것은 제게 너무 어렵습니다. 그러나 하나님께서는 제가 이해하지 못하는 많은 것을 하셨습니다.

어떻게 하나님께서 동시에 모든 곳에 계시며 이 지구상의 도처에서 자신의 자녀들의 기도를 들으실 수 있는지 저는 알지 못합니다. 그러나 저는 하나님께서 그렇게 하시는 것을 전혀 의심하지 않습니다. 성경은 하나님께서 그것을 하신다고 말합니다.

어떻게 마귀의 자녀였던 제가 그리스도를 받아들임으로 하나님의 자녀가 되는지 알 수 없지만 저는 그 사실을 의심하지 않습니다. 하나님께서 성경을 통해 그것이 사실임을 제게 말씀해 주십니다.

또 어떻게 구원받는 순간 성령님께서 내 몸 안으로 들어오셨는지 알지 못하지만 저는 바로 이 순간 성령님께서 내 안에 거하심을 의심하지 않습니다. 하나님은 성경을 통해 성령님께서 지금 이 시간 나의 육체 가운데 거하신다는 것을 말씀하십니다. 그러므로 저는 어떻게 그것이 그렇게 되는가 알려 하지 않고 다만 그것을 믿습니다.

또 저는 어떻게 그리스도의 문자적인 피가 나의 죄에서 나를 깨끗하게 하셨는지 모릅니다! 그러나 하나님은 성경에서 그것이 사실임을 내게 말씀하셨습니다!

> 또 신실한 증인이시요, 죽은 자들 중에서 처음 나신 분이시며 땅의 왕들의 통치자이신 예수 그리스도로부터 은혜와 평강이 너희에게 있을지어다. 우리를 사랑하사 자신의 피로 우리의 죄들로부터 우리를 씻으시고 (계 1:5)

그리스도의 피가 바로 이 순간 존재하지 않는다면 그리스도께서 자신의 피로 우리를 씻어서 우리 죄에서 우리를 깨끗하게 할 수 없었을 것입니다. 만일 그 피가 먼지와 티끌로 변해 다 말라버렸다면 그리스도께서 자신의 피로 우리를 씻어서 우리 죄에서 우리를 깨끗하게 할 수 없었을 것입니다. 하나님은 분명하게 그분께서 자신의 피로 우리를 씻어서 우리의 죄에서 우리를 깨끗하게 하셨다고 말씀하십니다. 그러므로 "신자들의 죄를 씻어 주는 것은 그리스도의 실제적인 피 즉 초자연적으로 보존된 형태의 피가 아니다."라는 맥아더의 주장은 완전히 틀린 것입니다. 피는 초자연적으로 보존되어 왔습니다. 그렇지 않았다면 그 피는 우리 죄에서 우리를 씻어 깨끗하게 하기 위하여 하늘에 존재하지 않았을 것입니다. 요한은 성령의 영감 하에서 아래와 같이 썼습니다.

> 만일 그분께서 빛 가운데 계신 것같이 우리가 빛 가운데 걸으면 우리가 서로 사귐이 있고 그분의 아들 예수 그리스도의 피가 모든 죄에서 우리를 깨끗하게 하시느니라 … 만일 우리가 우리의 죄들을 자백하면 그분께서는 신실하시고 의로우사 우리의 죄들을 용서하시며 모든 불의에서 우리를 깨끗하게 하실 것이요. (요일 1:7, 9)

위의 구절은 지금 이 시간 우리가 우리 죄에서 깨끗하게 되는 일에 대해 말하고 있습니다. 만일 예수님의 피가 말라서 사라져 버렸다면 어떻게 이것이 가능하겠습니까? 그렇게 되었다면 우리 죄에서 우리를 씻어 깨끗하게 하는 능력이 아무데도 없었을 것입니다.

크리스천들이여, 우리가 '학식 있는 사람'에게 귀를 기울일 필요도 없고 그들이 우리에게 말하는 것을 믿을 필요도 없음으로 인해 기쁘지 않습니까? 이들은 우리와 같은 보잘것없는 대중들이 가지지 않은 일종의 특별한 통찰력을 가졌다고 생각하기에 늘 문제를 일으킵니다. 우리는 '원래의 사본'(혹은 저 좋은 원본)에 기록된 것에 관해 걱정할 필요가 없습니다. 오늘날 이 땅의 어느 누구도 그런 원본을 본 적이 없습니다.

우리는 지금 이 시간 하나님께서 순수하게 보존해 주신 순수한 말씀을 우리 손에 쥐고 그것을 스스로 읽을 수 있습니다.

> 만일 그분께서 빛 가운데 계신 것같이 우리가 빛 가운데 걸으면 우리가 서로 사귐이 있고 그분의 아들 예수 그리스도의 피가 모든 죄에서 우리를 깨끗하게 하시느니라. (요일 1:7)

당신은 '모든'이란 단어를 보았을 것입니다. 할렐루야! 저의 구원자의 피는 모든 죄에서 저를 깨끗하게 하십니다. 그리고 주 예수 그리스도와 그분의 피를 믿는 누구든지 모든 죄에서 깨끗하게 될 수 있습니다.

아! 우리가 예수님의 권능의 피로 깨끗하게 되었을 때 우리에게는 한 점의 흠도 없습니다! 우리가 예수님의 피로 씻김을 받았을 때 그분께서는 우리에게 이렇게 말씀하십니다.

내 사랑아, 네가 참으로 어여쁘니 아무 흠이 없구나. (아 4:7)

그분의 보배로운 피에 이런 능력이 없다면 그분께서는 감히 우리에게 그렇게 말씀하실 수 없었을 것입니다. 오, 더러운 죄인을 깨끗하게 하며 표범의 반점 같은 죄를 빼내는 권능의 보혈이여! 오, 지옥의 죄악을 제거하고 죄인을 변화시켜 거룩하신 하나님 앞에 깨끗하고 사랑스런 자로 수용될 수 있게 만드는 권능의 보혈이여!

오, 피가 피가
나를 깨끗하게 하네!
할렐루야, 그 피가 나를 깨끗하게 하네!
오, 피가 피가
나를 깨끗하게 하네!
할렐루야, 그 피가 나를 깨끗하게 하네!

어떻게 권능의 그 십자가의 보혈이 저를 깨끗하게 하는지 저는 잘 모릅니다. 다만 제가 아는 것은 그 피가 그렇게 한다는 것입니다. 하나님도 그렇게 말씀하셨습니다!

만일 그분께서 빛 가운데 계신 것같이 우리가 빛 가운데 걸으면 우리가 서

로 사귐이 있고 그분의 아들 예수 그리스도의 피가 모든 죄에서 우리를 깨끗하게 하시느니라. (요일 1:7)

한 번은 성경을 믿는 설교자가 강단에서 요한일서 1장 7절 말씀을 설교하고 있었습니다. 그런데 갑자기 한 무신론자가 일어서서 "어떻게 그리스도의 피가 우리의 죄를 깨끗하게 할 수 있습니까?"라고 소리치며 설교를 방해했습니다.

설교자는 잠시 침묵을 지켰습니다. 그런 다음 그는 회중이 주목하고 있을 때 "어떻게 물이 갈증을 가시게 할 수 있습니까?"라고 응수했습니다.

"저는 모릅니다." 그 무신론자는 대답하였습니다. "그러나 물이 그렇게 할 수 있음은 알고 있습니다."

"저도 어떻게 그리스도의 피가 우리의 죄를 깨끗하게 하는지 모릅니다." 그 설교자는 말했습니다. "그러나 저는 그것이 그렇게 할 수 있음을 압니다!"

그렇습니다. 하나님의 아들 예수 그리스도의 피는 모든 죄에서 우리를 깨끗하게 합니다! 이것은 사실입니다! 그분의 피는 너무나 능력이 크시므로 만일 그것을 적용하기만 하면 모든 인류가 범했던 모든 죄를 씻어 깨끗하게 할 수 있습니다.

예수님께서는 하나님의 어린양으로서 죽으시고 자신의 피를 흘리셨습니다. 침례자 요한은 외쳤습니다.

이튿날 요한이 예수님께서 자기에게 나오시는 것을 보고 이르되, 보라, 세상 죄를 제거하시는 하나님의 어린양이시로다. (요 1:29)

비록 칼빈주의자들이 이것을 좋아하지 않지만 이것은 여전히 사실입니다! 예수님께서 자신의 피를 흘리셨으므로 만일 전 세계의 사람들이 깨끗하게 되려고 예수님께 나오면 그들은 다 구원받을 수 있습니다! 예수님께서는 이렇게 말씀하셨습니다.

> 사람이 내 말들을 듣고 믿지 아니할지라도 내가 그를 심판하지 아니하노라. 이는 내가 세상을 심판하러 온 것이 아니요, 세상을 구원하러 왔음이라. (요 12:47)

이것은 사실입니다! 만일 전 인류가 예수님께로 돌아선다 해도 그들의 죄를 깨끗하게 하기에 충분한 능력이 예수님의 피 안에 있으므로 그들은 다 구원을 받을 수 있습니다. 바울은 디모데에게 다음과 같이 말했습니다.

> 그러므로 우리가 수고하고 치욕을 당하는 것은 살아 계신 하나님을 신뢰하기 때문이니 그분은 모든 사람들의 구원자시요, 특히 믿는 자들의 구원자시라. (딤전 4:10)

바울의 말은 옳습니다! 할렐루야! 그분의 피는 모든 사람에게 유효합니다! 그리고 만일 모든 사람이 구원받기 위해 갑자기 예수님께 돌아선다 해도 그분의 피 안에는 모든 사람의 죄를 씻어 깨끗하게 하기에 충분한 능력이 있습니다!

바울이 고린도에 있는 교회의 성도들에게 말했던 것을 살펴봅시다.

> 불의한 자가 하나님의 왕국을 상속받지 못할 줄을 너희가 알지 못하느냐? 속지 말라. 음행하는 자나 우상 숭배하는 자나 간음하는 자나 여성화된 남자나 남자와 더불어 자신을 욕되게 하는 남자나 도둑질하는 자나 탐욕을 부리는 자나 술 취하는 자나 욕하는 자나 착취하는 자들은 하나님의 왕국을 상속받지 못하리라. 전에는 너희 가운데 이 같은 자들이 더러 있었으나 이제는 너희가 우리 하나님의 영을 통하여 주 예수님의 이름으로 씻김을 받고 거룩히 구별되어 의롭게 되었느니라. (고전 6:9-11)

우리는 이처럼 더러운 사람들이 온갖 더럽고 추악하고 지독하고 흉악하고 혐오스러운 죄에서 씻김을 받은 사실을 알 수 있습니다. 그러면 그들이 무엇으로 씻김을 받았습니까?

> 만일 그분께서 빛 가운데 계신 것같이 우리가 빛 가운데 걸으면 우리가 서로 사귐이 있고 그분의 아들 예수 그리스도의 피가 모든 죄에서 우리를 깨끗하게 하시느니라. (요일 1:7)

> 또 신실한 증인이시요, 죽은 자들 중에서 처음 나신 분이시며 땅의 왕들의 통치자이신 예수 그리스도로부터 은혜와 평강이 너희에게 있을지어다. 우리를 사랑하사 자신의 피로 우리의 죄들로부터 우리를 씻으시고 (계 1:5)

찬송합시다! 예수님의 십자가의 피에는 경이로운 작용을 일으키는 능력이 있습니다! 만일 예수님의 피가 단 한 방울이라도 지옥에 떨어졌다면 불못의 불이 다 꺼졌을 것이라고 저는 개인적으로 믿습니다! 그분의 피는 능력 있는 피입니다!

예수님의 피는 능력 있는 피이므로 우리는 그것으로 깨끗하게 될 수 있습니다! 셋째로, 예수님의 피는 영원한 피이기 때문에 우리는 그것으로 깨끗하게 될 수 있습니다.

3. 영원한 피

한 가지 질문을 함으로써 이 부분을 시작하겠습니다. 버림받은 죄인이 자기의 죄를 회개하고 주 예수 그리스도를 개인의 구원자로 마음 가운데 받아들임으로 어린양의 피로 씻김을 받을 때 어떤 생명이 그에게 주어질까요?

당신은 잘 알고 있지 않습니까? 그렇지요? 성경은 이 물음에 관한 답을 보여줍니다.

> 또 그 증거는 이것이니 곧 하나님께서 우리에게 영원한 생명을 주신 것과 이 생명이 그분의 아들 안에 있는 것이니라. (요일 5:11)

그렇습니다! 어린양의 피로 씻김을 받을 때 우리는 영원한 생명을 얻습니다! 만일 예수님의 피가 맥아더와 딤이 말하는 것처럼 사람의 피였다면 그것은 일시적인 피였을 것입니다. 어떻게 일시적인 피가 영원한 생명을 줄 수 있겠습니까? 자연의 법칙이 이 일을 절대적으로 불가능하게 만들었을 것입니다. 우리에게 영원한 생명을 주려면 그 피는 영원한 피여야 합니다.

주님을 찬양하십시오! 그분의 피가 영원하다는 사실에는 문제가 없습니다. 저는 예수님의 혈관 속의 피가 하나님의 피였음을 이미 입증했습니다. 하나님은 영원하십니다! 하나님에게는 영원하지 않은 것이 하나도 없습니다! 그분의 거룩하심은 영원합니다. 그분의 긍휼은 영원합니다. 그분의 사랑은 영원합니다. 그분의 광채는 영원합니다. 그분의 존재는 영원합니다. 그분의 지혜는 영원합니다. 그분의 목소리는 영원합니다. 그분의 호흡은 영원합니다. 그분의 능력은 영원합니다. 그분의 힘은 영원합니다. 그러면 그분의 피는 어떠합니까? 그분의 피는 영원합니다.

그러므로 너희 자신과 모든 양떼에게 주의를 기울이라. 성령님께서 너희를 그들의 감독자로 삼으사 하나님께서 자신의 피로 사신 하나님의 교회를 먹이게 하셨나니 (행 20:28)

주 예수 그리스도는 죄를 범한 인간 아버지에게서 수태되지 않았습니다. 그분은 죄가 없는 하나님에 의해 수태되었습니다. 그 결과 예수님은 생리학적으로 자신의 혈관 속에 하나님의 피 즉 신성하고 영원한 피를 받으셨습니다. 하나님은 영원하십니다.

영원한 하나님께서 네 피난처가 되시니 그분의 영존하는 팔이 네 밑에 있도다. 그분께서 네 앞에서 원수를 쫓으시며 그들을 멸하라 하시는도다. (신

33:27)

이는 그분의 보이지 아니하는 것들 곧 그분의 <u>영원하신 권능과 신격은</u> 창세로부터 분명히 보이며 그 만드신 것들로 깨달아 알 수 있기 때문이라. 그러므로 그들이 변명할 수 없나니 (롬 1:20)

이제 <u>영원하신 왕</u> 곧 죽지 아니하시고 보이지 아니하시고 홀로 지혜로우신 하나님께 존귀와 영광이 영원무궁토록 있기를 원하노라. 아멘. (딤전 1:17)

그분께서 자신의 때에 그 나타나심을 보이시리니 그분은 찬송받으실 유일한 권능자이시며 왕들의 왕이시며 주들의 주시요, 오직 <u>그분께만 죽지 아니함이 있고</u> 그분은 아무도 접근하지 못할 빛에 거하시며 아무도 보지 못하였고 또 볼 수도 없는 분이시니 그분께 존귀와 영존하는 권능이 있기를 원하노라. 아멘. (딤전 6:15-16)

하나님은 영원하시고 그분에게 있는 모든 것이 영원하므로 우리는 그분의 피가 영원하다고 말할 수 있습니다. 사람의 피는 부패로 가득 차 있습니다. 그것은 부패하기 쉽습니다. 죄가 그것을 부패하도록 만들었습니다. 사람이 죽자마자 부패가 생깁니다. 부패가 어디에서 시작되는가 장의사에게 물어 보기 바랍니다. 그는 피에서부터 시작된다고 대답할 것입니다. 그래서 장의사가 장례를 위해 시체를 처리할 때 제일 먼저 피를 유출시키고 거기에 방부제 용액을 주입하는 것입니다.

검시 해부를 하는 장의사와 의사들은 시체의 피가 부패하는 일이 사망 후 거의 즉시 나타난다고 말할 것입니다.

심지어 2천 년 전에도 사람들은 사망 후 곧바로 시체가 부패하기 시작한다는 것을 알았습니다. 여러분은 베다니의 마리아와 마르다가 예수님을 자기들의 오라비가 매장된 무덤으로 모셔갔던 것을 기억할 것입니다. 예수님께서 무덤 입구에서 돌을 옮겨 놓으라고 명령하셨을 때 마르다가 무엇이라고 말했습니까?

예수님께서 이르시되, 돌을 옮겨 놓으라, 하시매 그 죽은 자의 누이 마르다가 그분께 이르되, 주여, 그가 죽은 지 나흘이 되었으므로 지금은 냄새가 나나이다, 하니 (요 11:39)

마르다는 자기의 오라비가 죽은 후 곧바로 부패가 시작되었음을 잘 알고 있었습니다. 나흘 후 그는 정말로 고약한 냄새를 풍겼을 것입니다. 왜 나사로가 악취를 풍겼습니까? 그것은 간단합니다. 그의 혈관 속의 피가 부패하기 쉬운 피였기 때문입니다. 그러나 성경은 예수님께서 죽어서 매장되었을 때 예수님에 관해 무어라 말하고 있습니까?

이는 주께서 내 혼을 지옥에 버려 두지 아니하시며 주의 거룩한 자로 하여금 썩음(부패)을 보지 아니하게 하실 것임이니이다. (시 16:10)

이것은 예수님께서 십자가에서 죽으시고 무덤에 매장되기 1000년 전에 다윗이 주님의 거룩한 자 주 예수 그리스도에 관해 예언한 말씀입니다. 이 구절은 예수님께서 돌아가셨을 때 그분의 몸이 전혀 썩지(부패하지) 않았음을 보여 주기 위하여 사도행전에서 두 번이나 인용되었습니다.

그분은 밤낮으로 사흘을 땅 속에 계셨습니다(마 12:40). 예수님께서 십자가에서 많은 피를 흘리셨지만 피를 다 흘려 죽으신 것은 아닙니다. 잘 알다시피 그분의 몸에 남아 있는 피를 빼내고 방부제 용액을 주입할 시간도 결코 없었습니다.

질문 : 피는 사망 후 시체에서 가장 먼저 부패를 일으키는 부분인데 왜 예수님의 시체는 무덤에서 72시간이란 긴 시간이 지난 후에도 부패하지 않았을까요?

대답 : 왜냐하면 예수님의 혈관을 흐르는 피는 사람의 피처럼 부패하기 쉬운 피가 아니었기 때문입니다!

너희가 알거니와 너희 조상들로부터 전통으로 물려받은 헛된 행실에서 너희가 구속 받은 것은 금이나 은같이 썩을 것으로 된 것이 아니요, 오직 흠도 없고 점도 없는 어린양의 피 같은 그리스도의 보배로운 피로 된 것이니라.
(벧전 1:18-19)

오직 영원한 것만이 부패하지 않습니다. 일시적인 모든 것은 부패하기 쉽습니다. 일시적이고 부패하기 쉬운 것은 그 어느 것도 우리에게 영원한 생명을 줄 수 없습니다. 예수님의 십자가의 피로 우리 죄에서 깨끗하게 씻김을 받고 영원한 생명을 얻었으므로 우리는 우리를 씻기어 깨끗하게 한 그 피가 영원한 피라는 것을 쉽게 알 수 있습니다! 만일 그것이 영원하지 않다면 우리의 구원은 단지 일시적인 것이며 영원한 것이 아닐 것입니다. 그러나 하나님은 우리에게 영원한 생명을 주셨습니다(요일 5:11).

그러므로 하나님을 찬양합시다. 우리를 사고 구속하고 구원하고 우리를 씻기고 깨끗하게 한 피는 영원한 피입니다!

혈액 은행에 관해 우리는 잘 알고 있습니다. 자기 자신이나 또는 다른 사람의 장래의 필요를 위해 사람에게서 취한 피는 살균 용기에 보관됩니다. 또 사람들은 방부제를 첨가하여 수개월 후에 그것이 필요할 때 사용할 수 있게 합니다. 의학자들은 그것을 오랫동안 보존하는 방법을 연구해 왔습니다. 그러나 피를 보존하기 위해 화학약품을 피에 첨가한다 해도 때가 되면 그것은 결국 나빠질 것입니다. 왜냐하면 방부제를 첨가해도 그 피는 부패하기 쉬운 사람의 피이므로 시간이 지나면 어쩔 수 없이 그렇게 되기 때문입니다.

그러나 임마누엘의 피는 영원합니다. 그분의 보배로운 피는 부패할 수 없으므로 어떠한 방부제도 첨가할 필요가 없습니다. 그분의 피는 한 방울도 훼손되지 않았습니다. 그 피는 부패하지 않습니다. 부패하지 않는 그것은 영원합니다. 그 피는 예수님의 몸의 상처에서 흘러나왔을 때와 마찬가지로 지금도 신선합니다! 그것은 그래야만 합니다! 그것은 부패하지 않습니다.

그래서 오늘날 예수님의 몸에는 아무 흉터가 없습니다. 그분은 결코 흉터를 가질 수 없습니다. 우리는 오늘날 교회에서 예수님의 흉터에 관한 여러 종류의 찬송을 듣습니다. 그러나 그와 같은 흉터는 존재하지 않습니다. 여러분은 성경에서 예수님께서 흉터를 가지고 있다는 것을 읽어 본 적이 없었을 것입니다. 천국에 계신 예수님을 살펴봅시다.

> 내가 또 보니, 보라, 왕좌와 네 짐승의 한가운데와 장로들의 한가운데에 어린양께서 서 계시는데 전에 죽임을 당하신 것 같더라. 그분께 일곱 뿔과 일곱 눈이 있으니 이 눈들은 온 땅에 보내심을 받은 하나님의 일곱 영이더라. (계 5:6)

천국의 모든 눈이 예수님을 '죽임을 당한 어린양'으로 봅니다. 죽임을 당한 사람이나 짐승에는 흉터가 남지 않습니다! 분명히 상처가 보이고 피가 있지만 흉터는 없습니다. 그들은 마치 그분께서 방금 십자가에서 올라오시는 듯한 모습으로 그분을 보았습니다. 비록 갈보리의 사건이 약 2천 년 전에 일어났지만 천국의 사람들은 방금 죽임을 당하신 듯한 모습으로 그분을 보았습니다. 왜냐하면 그분의 십자가 처형의 흔적은 여전히 선명한 피로 젖어 있기 때문입니다! 그 피는 부패하지 않습니다! 그것은 나이를 먹지도 않고 말라서 사라지지도 않습니다! 그것은 영원한 피입니다!

죽임을 당한 어린양의 생생함은 천국의 존재들에게 놀라운 광경입니다. 어린양은 서 계시며 그분의 상처로 인한 피는 마치 방금 그분의 손과 발에서 못을 뺐을 때처럼 선명합니다. 그분의 피는 죄성이 있는 사람의 피와는 다릅니다. 우리의 부패하기 쉬운 피는 응고되고 말라 버리고 먼지로 변하며 사라져 버립니다. 우리의 상처는 아물어서 말라 버린 피부 조직과 함께 흉터가 됩니다. 그러나 예수님에게는 그런 일이 생기지 않습니다. 그분의 피는 부패하지 않습니다. 그것은 말라서 사라져 버리지 않습니다. 그분에게는 흉터가 없습니다. 그분의 상처로 인한 피는 언제나 신선합니다.

다가올 모든 시대를 통하여 천국에 거할 모든 존재들은 예수님의 상처에서 나는 피가 마치 방금 죽은 사람의 피처럼 생생함을 볼 것입니다.

예수님의 피는 영원합니다. 영원한 것에는 시간이 영향을 미치지 못합니다. 그것은 항상 똑같습니다.

대언자 스가랴는 유대인들이 천년 왕국의 초기에 예수님을 보게 될 미래의 날로 우리를 데려갑니다. 갈보리는 2000년 전의 사건입니다. 그럼에도 불구하고 유대인들이 자기들이 보고 있는 분이 자기들의 메시아임을 깨달았을 때 무어라 말하는지 살펴봅시다.

> 또 사람이 그에게 이르기를, 네 두 손에 있는 이 상처들은 무엇이냐? 하면 그가 대답하기를, 이 상처들은 내 친구들 집에서 입은 상처들이라, 하리라. (슥 13:6)

그들은 "네 두 손에 있는 흉터는 무엇이냐?"라고 묻지 않았습니다. 그들은 흉터를 보고 있지 않았습니다. 그분의 피는 영원하며 신선하게 남아 있습니다. 그러므로 그분의 상처는 결코 흉터가 되지 않습니다! 그분의 피는 마르지 않기 때문에 흉터가 형성될 수 없습니다!

저는 주님께서 천국의 지성소에 있는 긍휼의 자리 위에 자신의 영원한 피를 뿌리셨다는 것을 당신에게 상기시켜 주고 싶습니다. 그분의 피가 그분의 손에서 말라 사라지지 않는 것 같이 하늘에 있는 그분의 피 역시 긍휼의 자리에서 말라 사라지지 않을 것입니다. 그것은 영원한 피입니다! 그것은 수억 년 전과 마찬가지로 오늘날에도 여전히 신선하고 능력이 있습니다.

"그리스도의 문자적 의미의 피는 먼지와 티끌로 사라졌고 성경에는 그 피가 지금 실제적이고 눈에 보이는 형태로 존재한다는 것을 암시하는 구절은 없다."는 맥아더의 주장은 쓰레기통에 집어넣기 바랍니다. 예수님의 십자가의 피는 부패하지 않으며 말라 버릴 수도 없습니다. 그것은 사라져 버릴 수 없는 영원한 것입니다. 요한일서 1장 7절을 살펴봅시다.

> 만일 그분께서 빛 가운데 계신 것같이 우리가 빛 가운데 걸으면 우리가 서로 사귐이 있고 그분의 아들 예수 그리스도의 피가 모든 죄에서 우리를 깨끗하게 하시느니라.

이 구절에는 갈보리의 십자가에서 뿌려진 피 즉 우리의 죄를 깨끗하게 하는 일에 항상 효력이 있는 우리 구원자의 피에 대한 경이로운 사실이 들어 있습니다. 깨끗하게 하는 피의 능력은 영원히 효력이 있습니다. '깨끗하게 하다'(cleanseth)라는 동사는 능동의 현재 시제입니다. 그것은 예수님께서 피를 흘리셨던 날과 마찬가지로 오늘날에도 여전히 우리 죄를 깨끗하게 함을 말합니다. 그 피는 계속해서 깨끗하게 합니다.

우리는 하나님의 또 다른 작품 속에서 어떻게 피가 계속해서 정화 작용을 하는지를 부분적으로나마 이해하는데 도움을 주는 것을 찾아볼 수 있습니다. 눈은 끊임없이 그 표면을 씻어 내고 있습니다. 우리는 그것을 좀처럼 인식할 수 없지만 눈은 이 과정을 끊임없이 계속해서 진행합니다. 이 미세한 기관 위를 흐르는 분비물이 눈을 깨끗하게 유지합니다. 정화 작용을 하는 유동체는 관을 통해 눈에 해를 끼치는 이물질을 전달하고 눈의 아랫부분에 있는 통로를 통해 그것을 배출합니다. 먼지처럼 작은 입자도 견딜 수 없는 눈은 이렇게 끊임없이 정화 작용을 일으킵니다.

우리가 주님과 함께 빛 가운데 걸으면 예수님의 피가 이런 식으로 우리의 죄를 깨끗하게 합니다. 그리스도의 경이로운 피는 영원토록 정화 작용을 일으킵니다. 그것은 하나님의 피로서 부패하지 않는 피입니다. 그것은 영원한 피입니다. 우리의 대제사장으로서 예수님은 언제나 살아 계셔서 우리를 위해 간구하십니다.

> 그러므로 그분께서는 또한 자기를 통하여 하나님께 나아오는 자들을 끝까지 구원하실 수 있나니 그 까닭은 그분께서 항상 살아 계셔서 그들을 위해 중보하시기 때문이라. (히 7:25)

예수님께서 어떻게 자신의 피 없이 우리를 위해 간구할 수 있겠습니까? 우리는 성막에서의 대제사장의 사역의 양식이 천국의 실체에서 가져온 것임을 성경을 통해 분명히 보았습니다. 대제사장은 피 없이 지성소에 들어갈 수 없었습니다(히 9:7). 그러므로 예수님은 자신의 피 없이는 대제사장의 직분을 취할 수 없었을 것입니다.

하나님께 감사합시다. 그분의 피가 거기에 있습니다! 살아 계셔서 우리를 위해 간구하시는 대제사장은 항상 살아서 우리를 깨끗하게 하는 그 피에 접근할 수 있습니다.

앞 장에서 이미 이것을 지적했지만 저는 다시 한번 다음을 반복해서 말씀드리고 싶습니다.

그러나 너희가 이른 곳은 시온 산과 살아 계신 하나님의 도시와 하늘에 있는 예루살렘과 무수한 천사들의 무리와 총회 곧 하늘에 기록된 처음 난 자들의 교회와 모든 것의 심판자 되시는 하나님과 완전하게 된 의인들의 영과 새 언약의 중재자이신 예수님과 아벨의 피보다 더 나은 것들을 <u>말하는 피</u> 곧 뿌리는 피니라. (히 12:22-24)

여기서 '말하는'(speaketh)은 현재 시제입니다! 아벨의 피는 가인을 복수해 달라고 하나님께 소리쳤습니다. 그러나 그리스도의 피는 아벨의 피보다 더 나은 것들을 '말합니다.' 그 피는 그리스도의 사람들을 위해 긍휼과 사랑을 요구합니다. '말하는'은 현재 시제입니다. 그것은 바울이 히브리서를 기록한 당시에도 말하고 있었고 오늘날에도 여전히 말하고 있습니다! 맥아더의 주장처럼 만일 그분의 피가 말라 사라졌다면 어떻게 그 피가 오늘날에도 말할 수 있겠습니까?

자, 제가 전에 말했듯이 맥아더는 틀렸습니다. 거짓이 없는 성경은 분명하게 "피가 … 말한다!"고 합니다. 이것은 확실합니다. 피는 살아 있고 지금 천국의 긍휼의 자리 위에서 아벨의 피보다 더 나은 것들을 말하고 있습니다. 그것은 항상 있을 것입니다. 그것은 영원한 피이고 하나님의 피입니다. 그것은 하나님 자신처럼 나이를 먹지 않습니다. 그것은 부패하지 않는 피입니다. 그것은 말라 버릴 수도 없고 사라져 없어질 수도 없습니다!

할렐루야! 우리는 예수님의 십자가의 피로 깨끗하게 됩니다. 왜냐하면 예수님의 피는 죄 없는 피이고 능력 있는 피이고 영원한 피이기 때문입니다!

당신은 깨끗하게 하는 능력을 얻기 위해 예수님께 간 일이 있습니까?

당신은 어린양의 피로 씻김을 받았습니까?

당신은 이 시간 그분의 은혜를 전적으로 믿습니까?

당신은 어린양의 피로 씻김을 받았습니까?

당신은 혼을 깨끗하게 하는 어린양의 피로 씻김을 받았습니까?

당신의 옷들은 흠이 없습니까?

그것들은 눈같이 흽니까?

당신은 어린양의 피로 씻김을 받았습니까?

예수 그리스도의 보혈

십자가의 피로 승리하다

The Blood of His Cross

어느 날 예수님께서 복음을 선포하라고 내보낸 칠십 명의 제자들이 기뻐하며 돌아와 흥분해서 말했습니다.

칠십 명이 기뻐하며 돌아와 이르되, 주여, 주의 이름으로 말미암아 마귀들도 우리에게 굴복하더이다, 하니 그분께서 그들에게 이르시되, 사탄이 하늘로부터 번개같이 떨어지는 것을 내가 보았노라. 보라, 내가 너희에게 뱀과 전갈을 밟으며 원수의 모든 능력을 제압할 권능을 주노니 어떤 방법으로도 너희를 해칠 것이 전혀 없으리라. (눅 10:17-19)

예수님께서 사탄을 '원수'라 부르셨음에 주목하기 바랍니다. 씨뿌리는 사람에 대한 비유에서 예수님은 이렇게 말씀하셨습니다.

예수님께서 또 그들에게 다른 비유를 들어 이르시되, 하늘의 왕국은 마치 좋은 씨를 자기 밭에 뿌린 사람과 같으니 사람들이 잠든 사이에 그의 <u>원수</u>가 와서 곡식 가운데 가라지를 뿌리고 가매 (마 13:24-25)

나중에 예수님께서는 이 비유를 설명하시면서 이 '원수'가 누구인지 설명해 주셨습니다.

그분께서 대답하여 이르시되, 좋은 씨를 뿌리는 자는 사람의 아들이요, 밭은 세상이요, 좋은 씨는 왕국의 자녀들이로되 가라지는 저 사악한 자의 자녀들이니라. 가라지를 뿌린 <u>원수는 마귀요</u>, 추수하는 때는 세상 끝이요, 거두는 자들은 천사들이니 (마 13:37-39)

그리스도인인 당신과 저는 우리에게 원수가 있다는 사실을 직시해야 합니다. 마귀인 사탄은 무엇보다도 하나님의 원수이며 당신이 하나님께 속하기 때문에 또한 당신의 원수입니다. 성령님은 베드로의 글을 통해 우리에게 이렇게 경고하십니다.

정신을 차리라. 깨어 있으라. 너희 대적 마귀가 울부짖는 사자같이 두루 다니며 삼킬 자를 찾나니 너희는 믿음에 굳게 서서 그를 대적하라. 이는 세상에 있는 너희 형제들도 동일한 고난을 겪는 줄 너희가 알기 때문이니라. (벧전 5:8-9)

대적(對敵)은 곧 원수입니다. 마귀가 우리의 대적이라고 베드로가 말했음을 주목하시기 바랍니다. 그는 우리에게 마귀를 대적하라고 말하면서 세상에 있는 우리의 형제 자매들도 우리와 같이 사탄의 공격으로 고난받고 있음을 알라고 말합니다. 저는 베드로가 우리에게 마귀를 대적하라고 했음을 다시 한 번 지적하고 싶습니다. 야고보는 우리에게 이렇게 말합니다.

그러므로 너희는 너희 자신을 낮추어 하나님께 복종하라. 마귀를 대적하라. 그리하면 그가 너희에게서 도망하리라. (약 4:7)

우리에게는 우리를 파멸시키려는 원수가 있습니다! 우리는 그를 대적하라는 명령을 받습니다. 어떻게 우리가 이 일을 할 수 있습니까? 어떻게 우리가 사탄을 누르고 승리를 얻을 수 있습니까? 몇 개의 성경 구절을 살펴봅시다.

자녀들은 살과 피에 함께 참여한 자들이므로 그분도 마찬가지로 같은 것의 일부를 취하셨으니 이것은 죽음을 통하여 죽음의 권능을 가진 자 곧 마귀를 멸하시고 (히 2:14)

[하나님께서는] 손으로 쓴 규례들 곧 우리를 대적하고 반대하는 것을 지우시고 그것을 길에서 치우사 그분의 십자가에 못박으시고 정사들과 권능들을 노략하사 십자가에서 그들을 이기시고 드러내어 구경거리로 삼으셨느니라.

(골 2:14-15)

죄를 범하는 자는 마귀에게 속하나니 이는 마귀가 처음부터 범죄하기 때문이라. 하나님의 아들이 나타나신 목적은 이것이니 곧 그분께서 마귀의 일들을 멸하시려는 것이라. (요일 3:8)

예수님께서 대답하여 이르시되, 이 음성이 난 것은 나를 위한 것이 아니요, 너희를 위한 것이니라. 이제 이 세상에 대한 심판이 이르렀으니 이제 이 세상의 통치자가 쫓겨나리라. 내가 땅에서 들리면 모든 사람을 내게로 이끌겠노라, 하시니라. 이렇게 말씀하신 것은 자신이 어떤 죽음으로 죽을 것인지 표적으로 보여 주신 것이라. (요 12:30-33)

여기서 무엇을 알 수 있습니까? 우리는 주 예수 그리스도께서 사악한 정사들과 사탄의 권능들을 파괴하셨음을 알 수 있습니다. (엡 6:11-12)

이런 진술의 문맥에서 우리는 예수님의 십자가를 봅니다. 우리는 예수님께서 자신의 죽음을 통해 마귀를 물리칠 수 있었음을 알 수 있습니다. 예수님이 나타나신 것은 마귀의 일을 멸하기 위함이었습니다. 예수님께서는 나타나셔서 십자가 위에서 죽으시고 자신의 보배로운 피를 흘리셨습니다. 예수님께서는 피를 흘리고 죽기 위해 십자가로 가기 직전에 "이제 이 세상의 통치자 즉 사탄이 쫓겨나리라."고 말씀하셨습니다.

우리는 하나님께 속한 자들 즉 다시 태어나고 피로 씻김을 받은 사람들이 사탄에 의해 전례 없는 고난을 당하는 시대에 살고 있습니다. 그리고 이런 핍박은 점점 심해질 것입니다. 우리가 이 시대의 마지막에 가까이 가면 갈수록 사탄은 더욱 심하게 주님과 그분의 백성을 괴롭힐 것입니다.

마귀는 자기의 때가 끝날 시점이 가까웠음을 압니다. 그래서 부상당해 코너에 몰린 맹수처럼 그는 극도의 진노를 퍼부으며 자기의 대적들을 맹렬히 공격할 것입니다.

그러므로 하늘들과 그 안에 거하는 자들아, 너희는 즐거워하라. 땅과 바다에 거하는 자들에게는 화가 있으리로다! 이는 마귀가 자기 때가 조금만 남은 줄 알므로 크게 진노하여 너희에게로 내려갔음이라, 하더라. (계 12:12)

물론 이 말씀은 7년 환난기 성도들에게 해당되지만 우리는 이 구절을 통해 주님의 종으로 이 땅에 거주하는 하나님의 자녀들이 사탄의 직접적인 공격 아래 놓여 있다는 것을 압니다. 그는 우리에게 큰 분노를 보이고 있습니다. 과연 우리가 무엇을 할 수 있겠습니까? 어떻게 우리가 우리의 사악한 원수를 물리칠 수 있습니까? 여기에 대한 답은 우리에게 사탄이 크게 분을 내고 있음을 경고하는 같은 구절에서 찾을 수 있습니다.

하늘에 전쟁이 있으니 미가엘과 그의 천사들이 용과 싸울 때에 용과 그의 천사들도 싸우나 이기지 못하고 또 하늘에서 자기들이 있을 곳을 더 이상 찾지 못하더라. 이에 그 큰 용이 내쫓기니 저 옛 뱀 곧 마귀라고도 하고 사탄이라고도 하며 온 세상을 속이는 자라. 그가 땅으로 내쫓기니 그의 천사들도 그와 함께 내쫓기니라. 또 내가 들으니 하늘에 큰 음성이 있어 이르되, 이제 구원과 힘과 우리 하나님의 왕국과 그분의 그리스도의 권능이 임하였으니 이는 우리 형제들을 고소하던 자 곧 우리 하나님 앞에서 그들을 밤낮으로 고소하던 자가 내쫓기었음이라. 그들이 어린양의 피와 자기들의 증거의 말로 그를 이기었으니 그들은 죽기까지 자기 생명을 사랑하지 아니하였도다. (계 12:7-11)

할렐루야! 그렇습니다! 예수님의 십자가의 피입니다! 그들은 그 피로 더러운 마귀를 물리칩니다!

사탄은 피를 증오합니다! 사탄은 피를 두려워합니다! 사탄은 성경을 읽을 수 있기 때문에 히브리서 2장 14절에서 예수님께서 이미 십자가에서 죽으심으로 자기를 파괴하기 시작하셨다는 것을 압니다. 사탄은 어린양의 피가 자기의 종말을 부르고 있음을 잘 압니다. 사탄은 요한계시록 12장 11절을 읽을 수 있으므로 성도들이 어린양의 피로 자기를 이긴다는 것을 압니다.

마귀는 한 때 우리의 아버지였습니다. 예수님은 마태복음 13장 13절과 요한복음 8장 44절에서 분명히 그렇게 말씀하셨습니다. 우리는 한 때 사탄에게 속했고 그에게 종노릇했습니다. 그러나 마귀는 우리를 잃었습니다! 우리는 구원받았습니다! 하나님께서 우리를 마귀에게서 구속하셨습니다. 어떻게 이런 구속이 일어났습니까? 구속받은 하나님의 사람들은 천국의 황금 해변에 서서 의기양양하게 이렇게 말합니다.

> 그들이 새 노래를 불러 이르되, 주께서 그 책을 취하시고 그 책의 봉인들을 열기에 합당하시오니 이는 주께서 죽임을 당하사 주의 피로 모든 족속과 언어와 백성과 민족 가운데서 우리를 구속하여 하나님께 드리시고 (계 5:9)

> 그들이 어린양의 피와 자기들의 증거의 말로 그를 이기었으니 그들은 죽기까지 자기 생명을 사랑하지 아니하였도다. (계 12:11)

하나님을 찬양합시다! 우리는 예수님의 십자가의 피로 승리합니다! 우리는 그분의 십자가의 피로 구원을 받았고 마귀를 이겼습니다. 그리고 우리가 이 땅에서의 삶을 살 때에도 그분의 십자가의 피로 마귀를 이길 수 있습니다!

앞 장에서 저는 피가 혈장, 혈소판, 적혈구, 백혈구, 응고하는 용액 그리고 항체 등으로 구성됨을 설명하였습니다. 적혈구는 붉은 세포들이며 그것들은 피에서 정화 작용을 하는 필수적 요소입니다.

백혈구는 흰 세포들입니다. 피 안의 흰 세포들은 붉은 세포들보다 다소 큽니다. 그러나 수적으로는 적습니다. 그러나 흰 세포들의 수는 비상 사태에 매우 급진적으로 증가될 수 있습니다. 제가 말하는 '비상 사태'란 몸 안으로 감염이 들어오려고 할 때입니다. 감염은 신체의 원수입니다.

신체의 어느 부분에서 감염이 일어나면 이것은 몸의 원수인 병균들 무리가 쳐들어왔음을 의미합니다. 이 소식이 백혈구에게 전달되면 공격이 일어납니다. 미국의 남북전쟁 때에 언제라도 동원 가능했던 민병처럼 백혈구는 전쟁터의 맨 앞으로 돌진합니다. 그와 같이 돌진하면서 그것들은 원수인 병원균 무리를 이기기 위해 자기들의 수를 늘립니다. 백혈구는 병균들을 죽이고 그것들을 삼키고 그것들을 이기는 능력을 하나님께 부여받았습니다. 당신의 몸에 감염된 부분이 부풀어올라 고름이 생기는데 그것은 곧 병균과 싸우다가 죽은 백혈구입니다. 그런데 이 작은 백혈구들은 자기들이 승리하기까지 스스로 수를 늘리며 번식하여 감염균을 공격할 것입니다.

우리 몸 안의 피가 우리를 위해 원수인 병균을 공격하듯이 어린양의 피는 우리를 위해 우리의 원수인 마귀를 공격합니다. 사탄에 대한 우리의 방어 무기는 오직 어린양의 피뿐이 없습니다.

그들이 어린양의 피와 자기들의 증거의 말로 그를 이기었으니 그들은 죽기까지 자기 생명을 사랑하지 아니하였도다. (계 12:11)

만일 예수님의 피가 사라졌다는 맥아더와 딤의 주장이 옳다면 그 피는 결국 먼지로 말라 버려 하늘에 도달하지 않았을 것이고 그 결과 우리는 절망적으로 버림을 받을 수밖에 없었을 것입니다. 사탄을 이길 피가 없으므로 우리는 구원받을 수 없으며 또 그가 이 시대에 우리를 공격한다 해도 그를 이길 피가 없습니다!

우리에게는 승리도 희망도 전혀 없을 것입니다. 우리는 패배하여 쓰러질 수밖에 없습니다. 그러나 거짓이 없는 성경은 다음과 같이 말합니다.

그들이 어린양의 피와 자기들의 증거의 말로 그를 이기었으니 그들은 죽기까지 자기 생명을 사랑하지 아니하였도다. (계 12:11)

마귀는 불결한 감염균처럼 우리를 추격합니다. 우리 자신에게는 그를 이길 능력이 없습니다. 그러면 어디에 우리의 승리가 있습니까? 그것은 예수님의 십자가의 피 안에 있습니다! 우리는 어린양의 피로 마귀의 감염균을 대적합니다!

그들이 어린양의 피와 자기들의 증거의 말로 그를 이기었으니 그들은 죽기까지 자기 생명을 사랑하지 아니하였도다. (계 12:11)

할렐루야! 우리는 예수님의 십자가의 피로 승리합니다! 하나님께서 우리를 전쟁터로 나가게 하십니다. 그러나 우리가 전투를 경험하지 않는 한 어떻게 승리를 알 수 있겠습니까? 우리가 전쟁터에 있는 동안 하나님께서는 우리에게 마귀를 대적하라고 하십니다. 우리 몸에서 피를 제외한다면 과연 어떤 저항력이 감염균과 싸우겠습니까? 이 세상에서 과연 어린양의 피를 제외한다면 그 어떤 저항력으로 마귀를 대적하겠습니까?

마귀를 이기는 것은 예수님의 피입니다. 그를 쫓아버리는 것은 그분의 피입니다. 그의 운명을 결정하는 것은 그분의 피입니다. 그를 정복하는 것은 그분의 피입니다.

"그러나 요한계시록 12장 11절은 그들이 또한 자기들의 증거의 말로 사탄을 이기었다고 말합니다."라고 말하는 사람이 있을 수 있습니다.

맞습니다. 저도 그 말에 동의합니다.

그러면 그들의 증거의 말은 무엇입니까? 그것은 예수님의 십자가의 피에 대한 증거의 말입니다! 만일 당신에게 어떻게 당신이 구원을 받았는지 간증하라고 한다면 그분의 피를 무시하고 간증할 수 있습니까? 만일 당신에게 무엇이 당신의 죄를 깨끗하게 하였는지 간증하라고 한다면 과연 그분의 피를 이야기하지 않고 정직하게 대답을 할 수 있습니까? 만일 당신에게 무슨 능력으로 사탄을 이겼으며 하나님으로부터 구속을 받았는지 간증하라고 한다면 당신은 어린양의 피로 하나님께 구속받았다고 간증하지 않겠습니까? 그것말고 어떻게 달리 대답할 수 있습니까?

성경은 우리에게 말씀이 성령님의 검이고(엡 6:17) 그것이 마귀를 대적하는 무기임을 분명하게 가르쳐 줍니다. 예수님은 광야에서 마귀의 시험을 받고 하나님의 말씀을 사용하셨습니다(마 4:1-11). 그러므로 그를 대적함에 있어 우리도 똑같이 해야 합니다. 저는 신앙생활을 시작한 이래로 마귀를 막아내기 위해 성경을 사용하였습니다. 저는 성경이 누차 마귀를 쫓아버리는 것을 지켜보았습니다. 마귀가 다가와 "너는 정말로 구원받은 것이 아니야!"라고 말하려 할 때마다 저는 그 검으로 그를 찔러서 도망가게 했습니다. 제가 전하는 메시지가 사실이 아니라고 내게 말하려 할 때 저는 그에게 검을 들이대고 대적했습니다.

그러나 또한 저는 사탄이 크게 분노하며 제게 다가와 저를 파괴하고 저의 사역을 부수려 하는 것을 압니다. 그때마다 그를 이기기 위해서 저는 예수 그리스도의 피를 필요로 합니다.

그들이 어린양의 피와 자기들의 증거의 말로 그를 이기었으니 그들은 죽기까지 자기 생명을 사랑하지 아니하였도다. (계 12:11)

예수님께서는 자신의 보배로운 피를 흘리며 죽기 위해 십자가로 나가기 바로 전에 "이제 이 세상에 대한 심판이 이르렀으니 이제 이 세상의 통치자가 쫓겨나리라."(요 12:31)고 하셨습니다. 하나님의 말씀과 같이 능력 있는 어린양의 피는 사탄을 완전히 이길 수 있습니다.

그들이 어린양의 피와 자기들의 증거의 말로 그를 이기었으니 그들은 죽기까지 자기 생명을 사랑하지 아니하였도다. (계 12:11)

사탄은 하나님의 말씀이 능력이 있음을 압니다. 그는 또한 그 것이 예리하다는 것을 압니다. 그는 성경에 의해 여러 차례 상처를 입었습니다. 그렇기 때문에 저는 그릇된 천주교 사본으로부터 많은 현대 성경 역본들이 번역되고 또 우매한 대중들이 이 것들을 하나님의 말씀으로 받아들이는 것을 보고도 그리 놀라지 않았습니다.

지난 몇 년 동안 마귀는 성경을 미워하는 자들을 사용해서 하나님의 말씀을 공격하게 했습니다. 그러나 우리 가운데 어느 누구도 사악하고 신성을 모독하는 미국교회협의회(National Council of Churches, NCC)가 1953년에 『개정표준역』(*Revised Standard Version*)을 발표했을 때 결코 놀라지 않았습니다. '근본주의자' 라고 주장하던 사람들은 공공연히 RSV를 대적하는 말을 거리낌없이 했으며 공공연히 그것을 무시하였습니다.

아, 그러나 오늘날에는 '근본주의자' 라고 주장하는 사람들마저도 『신미국표준역』(*New American Standard Version*), 『신국제역』(*New International Version*), 『신영어성경』(*New English Bible*), 『리빙바이블』(*Living Bible*) 그리고 RSV보다 더 나쁜 성경 역본들을 사용하고 있으며 그것들을 찬양하고 있습니다. 또한 대부분의 기독교인들은 그 일이 괜찮다고 동의하고 있습니다. 그들은 '근본주의자' 라고 주장하는 '학자들' 에 의해 최면에 걸리고 사탄의 교묘한 작전에 걸려 넘어가 오류의 길로 접어들었습니다.

사탄이 기독교인들의 수중에서 『흠정역 성경』을 탈취하기 위해 이런 방법을 택해 왔다는 사실로 인해 저는 크게 놀라지 않습니다. 사탄은 어떤 성경이 하나님의 말씀인지 잘 알고 있습니다. 그리고 저는 그가 그 성경을 세상에서 제거하려고 최선을 다하리라 기대합니다.

특히 피 문제에 이르렀을 때 사탄은 같은 방식으로 더 많은 일을 했습니다. 수년 후에 마귀는 그리스도의 피를 공격하기 위해 피를 미워하는 사람들을 이용했습니다. 옥스남(G. Bromley Oxnam), 포스딕(Harry Emerson Fosdick), 케네디(Gerald Kennedy) 그리고 기타 같은 종류의 사람들은 그분의 피를 공공연히 비난한 NCC의 이교도들이요 현대주의자들이었습니다. 아, 그러나 오늘날에는 소위 '근본주의자'라고 말하는 사람들 — 예를 들어 딤 목사와 맥아더 목사 같은 사람들 — 조차도 그리스도의 피에는 구원하는 능력이 없고 그것은 말라서 먼지로 사라졌으며 그러므로 천국으로 옮겨져 긍휼의 자리 위에 있지 않다고 말합니다.

이제 제가 묻겠습니다. 만일 여러분이 마귀라면, 그리고 하나님의 말씀의 능력과 궁극적으로 당신을 패퇴시킬 피의 능력을 알고 있다면, 사탄처럼 그분의 피를 없애려 하지 않겠습니까? 여러분은 성경의 자필 원본이 부서지고 쪼개져서 먼지가 되었으므로 어느 누구도 완전하고 무오한 하나님의 말씀을 가진 적이 없다고 주장하는 '학자들'을 동원하여 어리석은 대중들로 하여금 그런 말을 믿게 하지 않겠습니까? 여러분은 피를 경시하고 사람들로 하여금 그분의 피가 구원과 아무 상관이 없다고 믿게 하기 위해 신뢰받는 '근본주의 학자들'을 사용하려 하지 않겠습니까? 만일 지능과 지혜가 있는 존재가 마귀가 되었다고 가정했을 때에 어떻게 해야 할지 분명하지 않습니까?

전능하신 하나님을 제외하고 사탄이 가장 두려워하며 원수로 생각하는 것은 기록된 하나님의 말씀과 어린양의 피 두 가지입니다. 마귀는 허수아비가 아닙니다. 사탄이 하나님의 말씀과 어린양의 피의 능력에서 벗어날 수 있는 유일한 방법은 사람들로 하여금 하나님께서 자신의 모든 말씀을 보존하지 않았다고 믿게 하는 것입니다. 그럼에도 불구하고 하나님은 자신의 말씀을 보존하십니다(시 12:6-7; 마 4:4, 24:35). 또한 그는 사람들로 하여금 하나님께서 예수님의 십자가의 피를 보존하지 않았다고 믿게 하는 것입니다. 그러나 하나님은 이미 그것을 보존하시겠다고 말씀하셨습니다(히 9:11-14, 10:19, 12:24; 계 1:5, 5:9, 7:14, 12:11).

우리는 이제 깨어나야 합니다. 원수 마귀가 지금 활동을 하고 있음을 깨달아야 합니다! 사탄은 자신이 어린양의 피로 말미암아 궁극적으로 패배할 것을 누구보다 더 잘 알고 있습니다. 그래서 그분의 피를 경시하며 그것이 오늘날 존재하지 않는다고 말하는 소위 신뢰할 만한 '학자들'을 찾고 있습니다. 저는 이미 위에서 예수님의 십자가의 피가 지금 이 시간 천국에 존재한다는 것을 한 점의 의혹도 없이 증명하는 성경 구절들을 제시하였습니다. 천국에 존재하는 예수 그리스도의 십자가의 피는 그분을 믿는 사람들을 구원하고 구속하고 깨끗하게 하고 의롭게 하고 보호합니다.

이 주제에 관해 다른 성경 구절을 살펴봅시다.

이는 하늘에 증거하시는 세 분이 계시기 때문이니 곧 아버지와 말씀과 성령님이시라. 또한 이 세 분은 하나이시니라. 땅에 증거하는 셋이 있으니 (There are three …) 성령과 물과 피라. 또한 이 셋이 하나로 일치하느니라. (요일 5:7-8)

여기서 여러분은 'are'라는 현재 시제가 쓰였음을 보게 됩니다. 바로 이 순간 땅에서 증거하는 것이 셋 있습니다. 첫째는 성령님입니다. 성령님께서 바로 이 순간 땅에서 하나님의 진리를 증거하고 있지 않다고 말할 사람이 과연 어디에 있습니까?

둘째는 물입니다. '물'이란 무엇입니까? 저는 그것이 에베소서 5장 26절의 물 즉 말씀이라고 믿습니다. 성경은 하나님의 말씀이 살아 있고 영원히 존재한다고(벧전 1:23)하므로 생각할 줄 아는 사람이라면 그 말씀이 바로 이 순간 하나님의 진리를 증거하며 이 땅에 존재하지 않는다고 말할 수 없을 것입니다. 말씀은 실로 하나님의 진리입니다(요 17:17)!

셋째는 피입니다. 요한일서 5장 8절은 피가 바로 지금 이 시간 땅에서 증거하고 있다고 말합니다. 피가 천국에 있는데 어떻게 이 일이 가능할까요? 그 이유는 아주 간단합니다. 그 피가 천국에 있고 대제사장 예수님께서 회개하고 자신을 믿는 사람들의 죄를 제거하려고 계속해서 그 피를 적용하고 있기 때문에 그것은 땅에서 증거하고 있습니다. 왜냐하면 계속해서 그 피로 씻김을 받는 사람들이 아직 땅에 있기 때문입니다! 만일 그 피가 지금 이 시간 천국에 없다면 지금 이 시간 땅에서 증거할 수 없었을 것입니다!

예수님은 성경의 마지막 장에서 함부로 하나님의 말씀을 변개하는 일이 얼마나 위험한가를 보여 주시며 경고를 주셨습니다.

> 내가 이 책의 대언의 말씀들을 듣는 모든 사람에게 증언하노니 만일 누구든지 이것들에다 더하면 하나님께서 이 책에 기록된 재앙들을 그에게 더하실 것이요, 만일 누구든지 이 대언의 책의 말씀들에서 빼 버리면 하나님께서 생명 책과 거룩한 도시와 이 책에 기록된 것들로부터 그의 몫을 빼 버리시리라. (계 22:18-19)

우리는 여기서 예수님이 자신의 말씀을 변개시키는 사람을 매우 미워하심을 알 수 있습니다. 그런데 예수님은 자신의 피를 경멸하는 사람들 역시 성경을 변개시키는 사람들만큼이나 미워하십니다.

저는 위에서 예수 그리스도의 피가 죄 없고 흠 없고 순수하기 때문에 부패하지 않는다는 사실을 이미 증명했습니다. 그리고 그 피는 부패하지 않기 때문에 영원합니다. 그것은 사라져 버릴 수 없습니다. 어린양의 피는 거룩합니다.

『웹스터 사전』을 보면 '거룩하다' 의 정의가 세 가지로 나와 있습니다.

1. 깨끗하다, 죄 없다.
2. 종교적인 용도로 구분하다.
3. 경외심 또는 찬양을 받을 만함.

이제 첫 번째 용례를 잘 살펴봅시다. 예수님의 십자가의 피는 거룩한 피입니다. 그래서 그것은 깨끗하고 죄 없는 피입니다.

> 염소와 송아지의 피가 아니라 오직 자기 피를 힘입어 단 한 번 거룩한 곳에 들어가사 우리를 위하여 영원한 구속을 얻으셨느니라. (히 9:12)

예수님께서는 거룩하지 않은 피를 가지고 거룩한 곳에 들어갈 수 없었습니다. 그러므로 그분께서 천국의 지성소에 가져갈 수 있는 유일한 피는 거룩한 피입니다. 어느 누가 이 사실에 반대할 수 있습니까?

자칭 '근본주의 학자' 라 주장하는 사람들이 우리에게 말해 주는 것처럼 만일 예수님의 피가 사람의 피였다면 기필코 아담의 죄로 인해 더럽혀졌을 것입니다. 그것은 정결하지 않았을 것입니다. 그것은 깨끗하지 않았을 것입니다. 그것은 거룩하지 않았을 것입니다! 예수님의 피가 사람의 피였다고 말하는 것은 그 피가 거룩하지 않다고 말하는 것입니다! 과연 하나님께서 이런 주장에 대해 어떻게 느끼시는지 살펴봅시다.

> 하물며 하나님의 아들을 짓밟고 자기를 거룩히 구별한 언약의 피를 거룩하지 아니한 것으로 여기고 은혜의 영께 무례히 행한 자가 당연히 받을 형벌은 얼마나 더 무겁겠느냐? 너희는 생각해 보라. (히 10:29)

저는 예수님의 피가 사람의 피라고 말하는 사람들과 함께하고 싶지 않습니다. 그러한 이단 교리는 전능하신 하나님께서 처벌하실 것입니다! 사탄은 사람들이 그 언약의 피를 사람의 피로 생각하는 것을 좋아합니다. 또한 그는 사람들이 그 피가 영원히 먼지로 사라져 버렸다고 생각하는 것을 좋아합니다. 그는 그것이 사실이기를 바랍니다!

그러나 하나님께 감사하십시오! 그것은 사실이 아닙니다! 예수님의 십자가의 피는 살아 있고 그래서 구원받은 저와 여러분은 더러운 마귀를 이길 수 있습니다.

> 그들이 어린양의 피와 자기들의 증거의 말로 그를 이기었으니 그들은 죽기까지 자기 생명을 사랑하지 아니하였도다. (계 12:11)

예수님의 십자가의 피는 사탄을 몰아내어 무릎을 꿇게 하고 궁극적으로 벌벌 떨게 하는 무기입니다. 그분의 십자가의 피는 이 세상의 신 마귀를 이기는 유일한 능력입니다. 죄는 그분의 십자가의 피 앞에서 겁을 내며 피합니다. 사망은 그분의 십자가의 피 앞에서 그늘로 도망을 칩니다. 천국의 문은 그분의 십자가의 피로 열리며 지옥의 문은 그분의 십자가의 피로 인해 뒤로 물러가 닫힙니다!

그분의 십자가의 피는 구원받은 우리가 그 피를 흘려 주신 어린양에게 영광을 돌리며 천국에서 노래를 할 때 그 노래의 주제가 될 것입니다.

그분의 십자가의 피는 천국에 계신 왕의 이마 위에서 번쩍이는 왕관의 보석이 될 것입니다! 또한 사탄이 영원히 불못 지옥에서 고통받는 동안 그분의 십자가의 피는 그를 따라 다니며 괴롭힐 것입니다!

그들이 어린양의 피와 자기들의 증거의 말로 그를 이기었으니 그들은 죽기까지 자기 생명을 사랑하지 아니하였도다. (계 12:11)

할렐루야! 마귀는 영원토록 불못에 있을 것입니다! 그는 전쟁과 다툼과 소동을 일으키는 장본인입니다. 그는 혼란과 갈등과 투쟁과 경쟁과 증오와 분쟁을 일으키는 장본인입니다. 그러나 하나님을 찬양하십시오. 그분은 이렇게 말씀하십니다.

이는 아버지께서는 그분 안에 모든 충만이 거하는 것을 기뻐하시고 그분의 십자가의 피를 통하여 화평을 이루사 모든 것 곧 땅에 있는 것들이나 하늘에 있는 것들이 그분으로 말미암아 자신과 화해하게 하셨음이니라. (골 1:19-20)

하나님의 어린양을 찬양합시다! 그분의 십자가의 피로 인해 그분을 찬양합시다!

우리는 그분의 십자가의 피로 승리합니다!

죄에서 자유를 얻게 함은 보혈의 능력! 주의 보혈!
시험을 이기는 승리되니 참 놀라운 능력이로다.
주의 보혈 능력 있도다. 주의 피 믿으오.
주의 보혈 그 어린양의 매우 귀중한 피로다.

육체의 정욕을 이길 힘은 보혈의 능력! 주의 보혈!
정결한 마음을 얻게 하니 참 놀라운 능력이로다.
주의 보혈 능력 있도다. 주의 피 믿으오.
주의 보혈 그 어린양의 매우 귀중한 피로다.

눈보다 더 희게 맑히는 것 보혈의 능력! 주의 보혈!
부정한 모든 것 맑히시니 참 놀라운 능력이로다.

주의 보혈 능력 있도다. 주의 피 믿으오.
주의 보혈 그 어린양의 매우 귀중한 피로다.

구주의 복음을 전할 제목 보혈의 능력! 주의 보혈!
날마다 나에게 찬송 주니 참 놀라운 능력이로다.
주의 보혈 능력 있도다. 주의 피 믿으오.
주의 보혈 그 어린양의 매우 귀중한 피로다.

부록 1

 # 하나님의 선택과 사람의 자유 의지[10)]

성경에는 분명히 하나님의 선택(election)에 관한 교리가 있는데 이 선택은 봉사뿐만 아니라 구원에도 적용됩니다. 또한 어떤 조건 하에서 사람의 자유 의지(free will)에 대한 교리도 성경에 있습니다. 하나님의 주권적 의지와 사람의 자유 의지를 조화시키기란 어렵지만 그렇다고 그것이 전혀 불가능한 것은 아닙니다. 이것들은 구원의 교리를 이루는데 필요한 두 개의 짝으로 선택은 하나님 편에서의 일이고 자유 의지는 사람 편에서의 일입니다. 선택의 교리가 왜곡되면 운명론 혹은 무능력 교리에 빠지게 되는데, 이것은 사람이 선택할 수 있는 자유 의지를 부인하며 따라서 구원받는 일에 사람이 전혀 책임이 없다는 무서운 결과를 초래합니다. 찰스 피니 목사는 평생토록 복음 전도 사역을 하면서 바로 이 악한 교리를 대적하면서 하나님의 말씀에 근거해 바른 것을 가르쳤습니다.

---

10) 부록 1은 근본적 복음주의 목사로서 여러 가지 도표를 그려 하나님의 말씀을 잘 설명해 준 라킨(Clarence Larkin)의 『말씀을 바르게 나누어』(Rightly Dividing The Word)의 22장을 번역한 것입니다. 레이시 목사님의 글과 함께 읽으면 많은 도움이 될 줄로 믿습니다.

하나님의 선택

'하나님의 선택' 이란 말은 하나님이 무조건적으로 어떤 사람
은 선택해서 구원하고 어떤 사람은 버리셨다는 것을 뜻하지 않
습니다. 성경은 분명히 세상에 태어난 모든 사람이 '잃어버린
자들'(lost people) 즉 '구원받지 못한 자들' 이라고 말합니다.
"모든 사람이 범죄하여 하나님의 영광에 이르지 못하더니"(롬
3:23). 선택이란 하나님께서 자신만이 아는 특정만 목적 즉 자
기 자신을 정당화시킬 수 있는 어떤 목적을 위해 어떤 사람들을
선택하사 구원하신다는 뜻입니다. 그러나 잠시 후에 살펴보겠
지만 하나님은 구원받을 사람들의 숫자에 제한을 두시지 않았
습니다. 왜냐하면 구원의 문은 누구에게나 열려 있기 때문입니
다.

하나님의 선택은 성경 전체를 통해 볼 수 있습니다. 하나님은
가인 대신에 아벨을 택하셨고 함과 야벳 대신에 셈을, 나홀 대
신에 아브라함을, 마음이 후한 에서 대신에 꾀 많은 야곱을, 맏
아들 므낫세 대신에 동생인 에브라임을 택하셨습니다. 구약성
경 전체를 통해 우리는 하나님께서 개인뿐만 아니라 민족도 선
택한다는 것을 볼 수 있습니다. 다음의 말씀들이 이 사실을 증
명해 줍니다.

> 이는 그분께서 모세에게 이르시되, 내가 긍휼을 베풀 자에게 긍휼을 베풀고
> 불쌍히 여길 자를 불쌍히 여기리라, 하시기 때문이니 그런즉 그것이 원하는
> 자에게서 난 것도 아니요, 달리는 자에게서 난 것도 아니며 오직 긍휼을 베
> 푸시는 하나님에게서 난 것이니라. (롬 9:15-16)

> 그런즉 그분께서 긍휼을 베풀고자 하는 자에게 긍휼을 베푸시고 완악하게
> 하고자 하는 자를 완악하게 하시느니라. (롬 9:18)

토기장이가 같은 진흙 덩어리로 하나는 귀한 그릇을, 다른 하나는 천한 그릇을 만들 권한이 없겠느냐? (롬 9:21)

너희가 나를 택한 것이 아니요, 내가 너희를 택하여 세웠나니 이것은 너희로 하여금 가서 열매를 맺게 하고 또 너희 열매가 남아 있게 하여 너희가 내 이름으로 아버지께 무엇을 구하든지 그분께서 다 주시게 하려 함이라. (요 15:16)

이방인들이 이 말을 듣고 즐거워하며 주의 말씀을 찬양하고 <u>영원한 생명에 이르도록 정해진 자들은 다 믿더라.</u> (행 13:48)

[그분께서] 곧 창세 전에 그리스도 안에서 우리를 택하사 우리로 하여금 사랑 안에서 자신 앞에 거룩하고 흠이 없게 하시려고 자신의 크게 기뻐하시는 뜻에 따라 우리를 예정하사 예수 그리스도를 통하여 자신의 자녀로 입양하셨으니 (엡 1:4-5)

그러나 주께 사랑 받는 형제들아, 우리가 너희로 인하여 항상 하나님께 감사드려야 마땅함은 하나님께서 처음부터 너희를 택하사 진리를 믿는 것과 성령의 거룩히 구별하심을 통해 구원에 이르게 하셨음이라. (살후 2:13)

하나님께서 우리를 구원하시고 거룩한 부르심으로 부르신 것은 우리의 행위에 따른 것이 아니요, 자신의 목적과 은혜에 따른 것이라. 이 은혜는 세상이 시작되기 전에 그리스도 예수님 안에서 우리에게 주신 것이로되 (딤후 1:9)

위의 구절들에서 우리는 하나님께서 심지어 창세 전에 어떤 이들을 선택하셨다는 것을 알 수 있습니다. 사도행전 13장 48절 말씀 곧 "영원한 생명에 이르도록 정해진 자들은 다 믿더라."는 말씀은 이 중에서도 가장 놀라운 말씀입니다. 이 구절은 몇 가지를 시사합니다. 첫째, 믿는다는 깃은 하나님의 '작정하심' 혹은 '결심'(decree)의 결과이지 원인이 아니라는 것입니다. 둘째, 제한된 숫자만이 영원한 생명에 이르도록 정해져 있다는 것입니다. 셋째, 이처럼 하나님이 영원한 생명을 받도록 정하신 것은 구원에 관한 것이며 봉사에 관한 것이 아닙니다. 넷째, 사도 바울의 말을 들은 사람들 가운데 정해진 자들은 다 믿었다는 것입니다. 그 이하도 그 이상도 아닙니다.

사람의 자유 의지

한편 성경은 사람의 자유 의지에 대해서도 분명하게 가르치고 있습니다.

아버지께서 내게 주시는 자는 다 내게로 올 것이요, 내게 오는 자는 내가 결코 내쫓지 아니하리라. (요 6:37)

그분을 영접한 자 곧 그분의 이름을 믿는 자들에게는 다 하나님의 아들이 되는 권능을 주셨으니 (요 1:12)

그러나 너희는 생명을 얻기 위해 내게 오기를 원치 아니하는도다. (요 5:40)

성경에서 맨 마지막으로 사람들을 부르시는 것은 특정한 자들을 향한 것이 아니고 모두를 향한 일반적인 부르심입니다.

성령과 신부가 말씀하시기를, 오라, 하시는도다. 듣는 자도, 오라, 할 것이요, 목마른 자도 올 것이요, 또 누구든지 원하는 자는 값없이 생명수를 취하라, 하시더라. (계 22:17)

키포인트: 미리 아심

그렇다면 성경에 나타난 이 같은 모순을 어떻게 풀어야 할까요? 이것을 풀 수 있는 열쇠는 '미리 아심'(foreknowledge)이라는 단어입니다.

예수 그리스도의 사도 베드로는 본도와 갈라디아와 갑바도기아와 아시아와 비두니아에 두루 흩어진 나그네 곧 하나님 아버지의 미리 아심에 따라 택하심을 받고 성령의 거룩히 구별하심으로 순종함과 예수 그리스도의 피뿌림에

이른 자들에게 편지하노니 은혜와 평강이 너희에게 더욱 많이 있을지어다. (벧전 1:1-2)

이는 하나님께서 미리 아신 자들을 또한 예정하사 자신의 아들의 형상과 같은 모습이 되게 하셨음이니 이것은 그분으로 하여금 많은 형제들 가운데서 처음 난 자가 되게 하려 하심이니라. 뿐만 아니라 그분께서는 예정하신 그들을 또한 부르시고 부르신 그들을 또한 의롭다 하시고 의롭다 하신 그들을 또한 영화롭게 하셨느니라. (롬 8:29-30)

로마서 8장 말씀에서 중요한 단계가 하나 빠져 있는 것 같습니다. 곧 '거룩히 구별하는 단계' 즉 성화의 단계입니다. 이 성화의 단계는 '의롭게 하심'과 '영화롭게 하심' 사이에 있어야 합니다. 하지만 성화는 그 전의 말씀 즉 "아들의 형상과 같은 모습이 되게 하셨다."에 들어 있으며 그 위에 있는 베드로전서 1장 2절 말씀 곧 "성령의 거룩히 구별하심"이라는 말씀 또한 이를 보충해 주고 있습니다.

에베소서에서 사도 바울은 '택하다'(chosen), '예정되다'(predestinated), '미리 정하다'(foreordination 혹은 before ordained)라는 세 가지 단어를 사용했습니다. 먼저 '택하다'라는 단어는 영원 전에 하나님께서 우리를 택하신 사실을 보여 줍니다.

[그분께서] 곧 창세 전에 그리스도 안에서 우리를 택하사 (엡 1:4)

'예정되다'라는 단어는 앞으로 다가올 영원한 미래에서의 우리의 상속이 예정되었음을 보여 줍니다. 우리의 구원이 예정된 것이 아닙니다.

모든 일을 자신이 뜻하신 계획대로 이루시는 분의 목적에 따라 우리가 예정되어 또한 그분 안에서 상속을 얻었으니 (엡 1:11)

'미리 정하다'는 현재 우리가 행하는 선한 행위(엡 2:10)가 오래 전에 미리 정해졌음을 뜻합니다.

> 이는 우리가 그분의 작품이요, 그리스도 예수님 안에서 선한 행위를 위하여 창조된 자들이기 때문이니 하나님께서 이 행위를 미리 정하신 것은 우리로 하여금 그 가운데서 걷게 하려 하심이니라. (엡 2:11)

이 세 번째 단어 즉 '미리 정하다'라는 단어는 첫 번째 단어와 두 번째 단어를 연결해 주며 우리의 구원 과정에서 하나님의 의지와 사람의 의지가 어떻게 조화를 이루는지 잘 보여 줍니다.

성경의 모든 예언은 하나님의 '미리 아심'에 기반을 두고 있으나 예언 자체가 사람의 행위나 사건들을 미리 결정짓지 않습니다. 사람이 어떻게 할지를 하나님이 미리 아신다는 사실이 사람으로 하여금 반드시 그 일을 하게 만드는 것은 아닙니다. 하나님은 아담이 타락할 것과 가룟 유다가 예수님을 배반할 것도 미리 알고 계셨습니다. 그러나 그들이 무엇을 할지 하나님이 미리 아신다는 사실이 그들로 하여금 그들이 했던 일을 반드시 하게 강요하지는 않았습니다. 그들은 스스로 원했기 때문에 그 일들을 했으며 하나님은 그들이 선택한 일들에 대해 그들이 책임을 지게 하셨습니다.

위에서 살펴본 것처럼 <u>개인에 대한 하나님의 선택이나 예정은 그 사람이 복음을 접했을 때 그것을 받아들일지 혹은 거부할지 미리 아시는 하나님의 선견지명에 기초를 두고 있습니다.</u> 즉 하나님은 이런 '미리 아심'을 통해 복음을 받아들이는 자들을 예정하셔서 구원에 이르게 하시고 복음을 거부하는 자들을 예정하셔서 정죄에 이르게 하십니다. 그러므로 하나님의 선택은 임의적이거나 강압적인 선택이 아니며 사람의 자유 의지와도 전혀 모순을 일으키지 않는 선택입니다.

예를 하나 들면, 하나님은 영원 전 곧 이 세상을 창조하시기도 전에 이 글을 쓰고 있는 필자가 1850년 10월 28일에 태어날 것과 1869년 5월 어느 저녁에 YMCA에서의 기도 모임에서 예수 그리스도를 자기의 구세주로 영접하여 구원을 받게 될 것을 미리 알고 계셨습니다. 그리고 그렇게 미리 아신 대로 그분께서는 필자에게 영원한 생명을 정해 주시고 어린양의 생명 책에 필자의 이름을 기록하셨습니다. 또한 그분께서는 필자가 예술적 재주를 갖고 태어나 그림의 형식으로 성경의 진리를 제시할 것을 미리 아시고 그 목적을 위해 성령을 통하여 말씀을 올바로 나누는데 필요한 지혜를 주셨습니다. 그래서 필자는 하나님의 은혜로 허락하심을 받아 이처럼 성경에 대한 책들을 쓰고 출판하게 되었습니다.

필자가 지금 고백하고자 하는 것은 비록 필자가 종교적 성향을 많이 갖고 태어났지만 자연적으로 즉 내 자신의 내적 힘으로 예수님을 영접할 수는 없었으며 내 밖에 있는 외부적인 힘 즉 성령님께서 역사하셔서 필자를 그리스도께로 인도했다는 점입니다. 이런 의미에서 필자는 내 자신이 하나님의 택하심과 부르심을 받은 사람임을 인정합니다. 그러나 그렇다고 해서 필자가 어떤 힘에 의해 필자의 자유 의지에 역행하면서 이런 일을 하게 됐다고 주장하는 것은 결코 아닙니다. 이 모든 것은 필자가 자발적으로 한 것이며 필자의 소망과 부합합니다. 그래서 필자는 하나님의 주권적 의지와 사람의 자유 의지는 조화를 이루는 관계에 있다고 봅니다.

사람의 의지와 성령님의 역사

이제부터 사람의 의지에 관해서 살펴봅시다. 의지라는 것은 곧 선택을 하는 능력입니다. 의지는 스스로 생겨나지 않습니다. 또한 그것은 정신이 아닙니다. 의지는 단지 취해야 할 행로를 결정하는 기구입니다. 사람을 다스리는 역할을 하는 것은 마음입니다. 마음이 악하면 의지도 악하고 마음이 선하면 의지도 선합니다. 자연인 즉 본성에 속한 사람에게는 선이란 없습니다. 마음의 성향이란 그저 계속해서 악한 일을 꾀하려는 것뿐입니다. 그러므로 만일 그의 의지가 그 마음의 자연적 성향에 거슬려서 행동을 하려 한다면 그것은 그 사람밖에 있는 어떤 힘에 의해 조절을 받아야 할 것입니다. 이 힘이 바로 성령님의 힘입니다. 그러므로 거듭나지 못한 자연인은 그 의지가 성령님의 힘 아래에서 복종될 때까지 하나님께로 나아올 수 없습니다. 어떤 사람의 의지가 성령님의 힘 아래 있게 되면 자유 의지를 가진 그 사람은 하나님께로 돌아올 수 있습니다. 타락하기 전 아담의 의지는 자유로워서 선과 악을 선택할 수 있었습니다. 사실 아담은 무죄의 상태로 창조되었습니다. 그는 거룩하지도 않았고 그렇다고 거룩하지 않은 것도 아니었습니다. 그의 의지는 도덕적으로 평형 상태에 있었습니다. 선과 악에 대한 편견이 전혀 없었습니다.

그러나 타락한 사람의 경우는 그의 경우와는 다릅니다. 타락한 사람은 악을 행하려는 본능을 갖고 있으며 그의 의지는 더 이상 도덕적 평형 상태에 있지 않습니다. "모든 것보다 거짓되고 심히 사악한 것은 마음이라. 누가 능히 그것을 알 수 있으리요?"(렘 17:9) 마지막 아담이신 그리스도의 의지는 도덕적으로 평형 상태에 놓여 있던 첫 아담의 의지와 달랐을 뿐만 아니라 더더욱 자연인의 의지와는 정반대였습니다. 다시 말해 그분의 의지는 전혀 악을 향하지 않았고 오히려 거룩함을 향했습니다. 그러므로 그리스도의 의지가 그분으로 하여금 죄를 짓게 만들

가능성은 전혀 없었던 것입니다.

악한 마음의 지배를 받는 사람의 의지가 선택하는 바가 다 악을 향한 것이기 때문에 하나님의 은혜를 제외한 그 어떤 것도 자연인이 악을 좇는 것을 막을 수 없습니다. 여기서 악이라고 하는 것은 반드시 사악함을 의미하는 것은 아니며 마음이 완악해져서 외부에서 오는 좋은 영향을 거부하고 육신의 정욕에 몸을 맡기는 것을 의미합니다. 죄의 지배 하에 있는 본성은 스스로 거룩한 것을 만들어 낼 수 없습니다. 예수님께서는 이렇게 말씀하셨습니다.

> 나를 보내신 아버지께서 이끌어 주시지 아니하면 아무도 내게 올 수 없나니 내가 마지막 날에 그를 일으켜 세우리라. (요 6:44)[11]

또한 사도 바울도 이렇게 말했습니다.

> 그러므로 내가 너희에게 알게 하노니 하나님의 영을 힘입어 말하는 자는 아무도 예수님을 저주받은 자라 하지 아니하고 또 성령님을 힘입지 않고서는 아무도 예수님을 주라 할 수 없느니라. (고전 12:3)

여기에서 우리는 자연인의 무능함을 보게 됩니다. 그렇다고 해도 이 사실이 사람에게 변명의 기회를 주어 구원을 찾지 못하게 하지는 않습니다. 따라서 어떤 사람이 주님께서 주신 빛에 따라 구원을 받아야겠다고 느끼며 또 그 일이 자기밖에 있는 외부의 힘에 의해 일어나야만 한다는 것을 깨닫는 순간부터 그는 어디에서 어떻게 그 힘을 찾아야 하는지 알아보아야 합니다.[12]

---

11) 요한복음 6장 44절 말씀을 들어 하나님의 무조건적인 선택을 이야기하면 안 됩니다. 왜냐하면 예수님께서 요한복음 12장 32절에서 모든 사람을 자신에게로 이끌겠다고 말씀하셨기 때문입니다. "내가 땅에서 들리면 모든 사람을 내게로 이끌겠노라."

12) 요한복음 1장 9절은 "예수님께서 참 빛으로 세상에 들어오는 모든 사람에게 빛을 준다."고 말합니다. 또 로마서 1, 2장은 하나님께서 모든 사람에게 일반 계시를 통해 자신을 알 수 있게 만드셨다고 말씀합니다. 그러므로 아무도 하나님에 대한 빛을 받지 못했다고 변명할 수 없습니다.

또한 바로 이런 이유로 인해 우리는 복음을 선포하라는 명령을 받았습니다. 왜냐하면 이 복음이 믿는 모든 자에게 구원을 주시는 하나님의 능력이 되기 때문입니다(롬 1:16). 그런데 이 믿음은 들음에서 나며 들음은 하나님의 말씀에서 납니다(롬 10:17). 따라서 사람이 무엇을 믿을지 알지 못한다면 아무것도 믿을 수가 없습니다. 사람으로 하여금 구원의 필요성을 느끼도록 하기 위해 그리고 그 사람 안에 새 본성을 만들어 내기 위해 성령님께서 사용하는 도구는 다름 아닌 하나님의 말씀입니다(요 3:5).

그런데 사람이 성령님의 부드러운 음성을 거부하면서 자신의 자유 의지를 발휘하는 때가 바로 이때입니다. 스데반은 자기를 핍박하는 자들에게 이렇게 말했습니다. "목이 뻣뻣하고 마음과 귀에 할례 받지 못한 자들아, 너희가 항상 성령님을 거역하되 너희 조상들이 행한 것같이 너희도 행하는도다"(행 7:51). 그러므로 교만하고 완악한 마음의 지배를 받는 의지 하에서 살고 있는 사람은 성령님의 간구를 거부하고 자신을 멸망으로 이끌고 갑니다. 이처럼 성령님의 사역에 복종하기를 거부하는 사람들의 경우는 그들이 자기들의 의지에 역행하면서 구원받을 수는 없음을 분명히 보여 줍니다.

그리스도를 통한 죄들의 용서가 모든 사람들에게 선포되었고(행 13:38), 하나님께서 모든 지역에 사는 모든 사람들에게 회개할 것을 명령하시며(행 17:30) 우리가 사람들에게 하나님과 화목할 것을 간청해야 한다면(고후 5:18-20) 분명 그리스도께서 십자가에서 이루신 사역은 선택받은 자들에게만 제한적으로 적용되는 것이 아닙니다. 하나님은 사람들을 조롱하지 않습니다. 하나님께서 누구든지 자신에게 나아오는 자들에게 구원을 주시겠다고 약속하셨다면 그것은 진실된 약속임에 틀림없습니다.

하나님께서 어떤 이를 구원하려고 택하셨으므로 그가 믿든지 믿지 않든지 구원받을 것이라고 생각하는 것은 큰 잘못입니다. 그 사람 역시 하나님께서 정하신 구원의 방법을 통해 구원을 받아야 합니다. 하나님의 선택의 후보자가 되지 못한다면 결코 어느 누구도 선택받을 수 없습니다. 그런데 이런 불상사는 생기지 않습니다. 왜냐하면 하나님의 선택의 원리는 한 마디로 다음과 같기 때문입니다.

선택받은 자들은 다 구원받기 원하는 사람들이고 선택받지 못한 자들은 다 구원받기 원하지 않는 자들이다.

끝으로 하나님의 선택의 표적에는 다음과 같은 것이 있습니다.

첫 번째, 새로운 탄생을 의식함
두 번째, 삶에서 성령님의 열매가 있음
세 번째, 점진적으로 성화됨
네 번째, 신앙의 굴곡이 없이 주님과 동행함
다섯 번째, 믿음 안에서 인내함

부록 2

 ## 역자 추천 참고 도서

1. 킹제임스 흠정역 성경

1. 『킹제임스 흠정역 성경』, 한글 및 한영 대역, 그리스도예수안에(www.InChristJesus.net).
2. 『전도자를 위한 신약 성경』, 그리스도예수안에.
3. 『킹제임스 성경의 역사』, S. 깁 저, 정동수 역, 말씀과만남.
4. 『킹제임스 성경에 관한 100가지 질문과 대답』, S. 깁 저, 정동수 역, 말씀과만남.
5. 『개역 성경과 킹제임스 성경 비교 분석』, 정동수 저, 말씀과만남.
6. 『킹제임스 성경 길라잡이』, 배리 버튼 저, 정동수 역, 말씀과만남.
7. 『개역 성경과 헬라어 표준 원문 비교 연구』, 한종수 저, 기독교문서선교회.
8. 『우리말 성경 연구』, 나채운 저, 기독교문사.
9. 『교회와 성경 무오성』, 해롤드 린셀 저, 김덕연 역, 기독교문서선교회.

2. 천주교

1. 『마틴 로이드 존스의 천주교 사상 평가』, 마틴 로이드 존스 외 저, 정동수 역, 말씀과만남.
2. 『무엇이 다른가?』, 프릿츠 리데나워 저, 생명의말씀사.
3. 『천주교가 기독교와 다른 37가지 이유』, 릭 존스 저, 정동수 · 박노찬 역, 말씀과만남.
4. 『천주교의 유래』, 우드로우 저, 정동수 역, 말씀과만남.
5. 『교황 대신 예수를 선택한 49인의 신부들』, 리처드 베닛, 마틴 버킹엄 저, 이길상 역, 아가페출판사.
6. 『종교에 매이지 않은 그리스도인』, 프릿츠 리데나워 저, 정창영 역, 생명의말씀사.
7. 『무모한 신앙과 영적 분별력』, 맥아더 저, 안보헌 역, 생명의말씀사.
8. 『천주교는 과연?』 허버트 카아슨 저, 박우석 역, 생명의말씀사.

9. 『로마 카톨릭 사상 평가』, 로레인 뵈트너 저, 이송훈 역, 기독교문서선교회.
10. 『천주교의 마리아 교리는 성경적인가?』, 로레인 뵈트너 저, 신복윤 역, 성광문화사.
11. 『천주교도 기독교인가?』 유선호 저, 하늘기획.

3. 뉴에이지 운동

1. 『뉴에이지 이단 운동(뉴에이지운동비판시리즈)』, 월터 마틴 저, 기독교문서선교회.
2. 『뉴에이지 운동 평가』, 박영호 저, 기독교문서선교회.
3. 『뉴에이지 운동(IVP소책자 57)』, 더글라스 룻하이스 저, 김기영 역, 한국기독학생회출판부(IVP).
4. 『뉴에이지 운동의 정체(작은책 묶음 1)』, 김웅광 저, 국민일보사.
5. 『뉴에이지 운동(비교종교시리즈 7)』, 론 로우즈 저, 은성.
6. 『뉴에이지 운동 정체(뉴에이지운동비판시리즈 2)』, 더글라스 R. 그루두이스 저, 기독교문서선교회.
7. 『전쟁을 위하여 준비하라』, 레베카 브라운 저, 정동수 역, 말씀과만남.
8. 『사탄은 마침내 대중 문화를 선택했습니다』, 신상언 저, 낮은울타리.

4. 창조와 진화

1. 『창세기 연구(상,하)』, 헨리 M. 모리스 저, 전도출판사.
2. 『진화론의 붕괴』, 스콧 휴스 저, 정동수 · 유상수 역, 말씀과만남.
3. 『진화론은 새빨간 거짓말』, 켄 A. 햄 저, 정동수 · 유상수 역, 두루마리.
4. 『기원 과학』, 한국창조과학회, 두란노.
5. 『놀라운 창조 이야기』, 듀얀 기쉬 저, 국민일보사.
6. 『밝혀진 만물 기원과 창조 신비(창조과학시리즈 1)』, 데니스 피터슨, 나침반.
7. 『한자에 담긴 창세기의 발견』, C.H. 강 · E.R. 넬슨 저, 미션하우스.
8. 『창세기 주석』, H.C. 류폴드 저, 크리스챤서적.
9. 『성경에 나타난 과학적 사실들』, 몰튼 저, 양승훈 역, 나침반.
10. 『창조와 진화/신앙 대 신념』, 켄 함 · 폴 테일러 저, 국민일보사.
11. 『궁금해? 궁금해!』, 한국창조과학회 편, 두란노.
12. 『과학으로 하는 성경공부』, 과학으로 하는 전도, 세계로 선교연구원편, 두루마리.
13. 『하늘 나라의 과학자들(1, 2)』, 조덕영 저, 두루마리.
14. 『진화론에 세뇌 당한 것은 아닙니까?』(만화전도책자), 그리스도예수안에.

5. 오순절 은사운동

1. 『은사(I), (II)』, 맥아더 저, 생명의샘.
2. 『사단은 성도를 어떻게 속이는가?』, 제시 펜 루이스 저, 전의우 역, 기독교문서선교회.
3. 『오순절 표적 부흥의 실체』, 정동수 편역, 두루마리.
4. 『은사운동 이대로 좋은가?』, 정동수 편역, 예향.
5. 『오순절 운동의 피리 부는 사나이』, 어윈 윌슨 저, 정동수 역, 예향.
6. 『성령님을 오해해서는 안 됩니다』, 윤명길 저, 로고스서원.
7. 『방언의 실체』, 윤명길 저, 로고스서원.

6. 기타

1. 『종말은 있다』, 헨리 모리스 저, 정동수 역, 말씀과만남.
2. 『천국은 있다』, 알 레이시 저, 정동수 역, 말씀과만남.
3. 『천사는 있다』, 알 레이시 저, 정동수 역, 말씀과만남.
4. 『지옥은 있다』, 알 레이시 저, 정동수 역, 말씀과만남.
5. 『아이들의 천국』, 알 레이시 저, 정동수 역, 말씀과만남.
6. 『예수 그리스도의 보혈』, 알 레이시 저, 정동수 역, 말씀과만남.
7. 『예수 그리스도의 얼굴』, 알 레이시 저, 정동수 · 유상수 역, 말씀과만남.
8. 『윌밍턴 종합성경연구 1, 2, 3』, H. L. 윌밍턴 저, 박광철 역, 생명의말씀사.
9. 『세대주의 종말론』, 드와이트 펜테코스트 저, 대한기독교서회.
10. 『하나님의 과학』, 리차드 디한 저, 정동수 · 서현정 역, 말씀과만남.
11. 『하나님의 열심』, 박영선 저, 새순출판사.
12. 『다시 보는 성경』, 라킨 저, 정동수 역, 두루마리.
13. 『교회당 문화가 남긴 유산 I, II』, 조성범 저, 기픈산.
14. 『기독교 순교사화』, 폭스 저, 양은순 역, 생명의말씀사.
15. 『재침례교도의 역사』, 에스텝 저, 정수영 역, 요단출판사.
16. 『성경은 해답을 가지고 있다』, 헨리 모리스 저, 전도출판사.
17. 『미혹을 뛰어 넘어서』, 데이브 헌트 저, 포도원.
18. 『기독교 속의 미혹』, 데이브 헌트 저, 포도원.
19. 『하나님의 예언의 달력』, 정동수 편역, 예향.
20. 『순례하는 교회』, E. H. 브로우드벤트 저, 전도출판사.
21. 『세대주의의 바른 이해』, 찰스 C. 라이리, 정병은 역, 전도출판사.
22. 『UFO는 있다』, 정동수 편역, 두루마리.